LA NATURALIZACIÓN DE LA FILOSOFÍA: PROBLEMAS Y LÍMITES

TOBIES GRIMALTOS y JULIÁN PACHO

Editores

COLECCIÓN *f*ILOSOFÍAS

La publicación de este libro ha sido financiada por el Ministerio de Ciencia y Tecnología, como parte del proyecto de investigación BFF 2000-1300, y por la Generalitat Valenciana, como parte de la ayuda al grupo de investigación Phrónesis (GRUPOS 04/48). Agradecemos a ambas instituciones su ayuda y estímulo.

Editores
TOBIES GRIMALTOS y JULIÁN PACHO

Colección dirigida por
NICOLÁS SÁNCHEZ DURÁ

Diseño gráfico: Pre-Textos (S.G.E.)

1ª edición: abril 2005

PRE-TEXTOS (SERVICIOS DE GESTIÓN EDITORIAL)
Luis Santángel, 10
46005 Valencia

Con la colaboración del Departament de Metafísica i Teoria del Coneixement de la Universitat de València

IMPRESO EN ESPAÑA
PRINTED IN SPAIN

ISBN: 84-8191-669-2
DEPÓSITO LEGAL: V-1787-2005

GUADA IMPRESORES - TEL. 961 519 060 - MONTCABRER 26- 46960 ALDAIA (VALENCIA)

ÍNDICE

Introducción 7
  Tobies Grimaltos
  Julián Pacho

Natural *versus* naturalista, y viceversa 17
  Julián Pacho

Holismo quineano y naturalismo quineano 47
  Christopher Hookway

La naturalización de la responsabilidad moral 59
  Carlos J. Moya

Emociones, estados de ánimo y rasgos de carácter 73
  Juan José Acero

Naturalismo, realismo psicológico y justificación 93
  Tobies Grimaltos
  Valeriano Iranzo

Intuiciones y contenidos no-conceptuales 109
  Manuel García-Carpintero

Naturalismo sobre la intencionalidad, propiedades secundarias
y propiedades narcisistas. 125
  Daniel Quesada

Relativismo, verdad y crisis de la epistemología 147
  Vicente Sanfélix

Naturalismo, autoorganización y un mundo secular 169
  Bernulf Kanitscheider

INTRODUCCIÓN

Tobies Grimaltos
Julián Pacho

EL presente libro es el resultado del proyecto de investigación «La naturalización de la filosofía: problemas y límites»,[1] cuyo investigador principal fue, hasta que la muerte le sorprendió, Josep Lluís Blasco Estellés (Sagunt, 1940-València, 2003). Así, este volumen quiere ser un pequeño homenaje a la labor que, en dicho ámbito, el profesor Blasco dejó prácticamente concluida.

A Blasco le interesaban y le preocupaban los florecientes intentos por naturalizar la filosofía (y, en particular, la teoría del conocimiento, que era la disciplina de sus estudios) que tan de moda estaban desde que se publicó en 1960 la *Epistemología Naturalizada* de William v. O. Quine. La obra de Quine merecía la simpatía de Blasco y era objeto de su estudio y análisis constante. Le fascinaba de ella la propuesta de secularización de la filosofía en el sentido más amplio; la huida, y la recomendación continua de huir, de fundamentaciones metafísicas (primeras) a las que tan aficionada ha sido siempre esta disciplina. La filosofía, pensaba Blasco con Quine, no ha de pretender un fundamento inamovible de sí misma y de todo conocimiento posible. De otro modo, la amenaza escéptica se coloca en el centro de la obsesiva e infructuosa tarea de la filosofía por ofrecer un fundamento que satisfaga las exigencias inagotables de dicha amenaza. Así, Blasco subscribía las ideas de Quine cuando lo: «(...) no hay exilio cósmico: (...) la filosofía está dentro del mundo y necesita tanta revisión como el resto de esquemas conceptuales (científicos o de sentido común) con que interpretamos el mundo».[2] La filosofía, como toda actividad cognitiva humana, necesita de una revisión constante. Sin embargo, la consecuencia de eso no era, en su opinión, la disolución de la idiosincrasia propia de la filosofía frente a la ciencia natural. Si

---

[1] Proyecto BFF2000-1300 del Ministerio de Ciencia y Tecnología. Agradecemos la ayuda prestada por esta institución.
[2] J. L. Blasco y T. Grimaltos, *Teoría del conocimiento*, Universitat de València, Valencia, 2004. Traducción de Lino San Juan de la segunda edición de *Teoria del coneixement*, pág. 28.

la filosofía no ha de fundamentar de modo incorregible el conocimiento, de ahí no debemos concluir que ella misma sea (o haya de convertirse en) ciencia o en una parte de la ciencia. Blasco, antipsicologista contumaz, jamás aceptó la afirmación quineana de que «la epistemología, o algo que se le parece, entra sencillamente en línea como un capítulo de la psicología, y, por tanto, de la ciencia natural».[3] En su opinión, la «epistemología *filosófica*» jamás podrá ser reducida a psicología cognitiva ni a nada que se le parezca. Dos problemas lo impiden. En primer lugar, la circularidad de la pretensión: no puede aceptarse lo que se quiere justificar y justificarlo desde su previa aceptación. La ciencia no puede dar cuenta de sí misma. Es cierto que el proyecto naturalista no pretende *fundamentar* el conocimiento científico, sino *explicarlo* y que, por tanto, no vería mayor problema en esta acusación. Sin embargo, que el naturalista no vea ningún problema no significa que no lo haya. Pero es que además, piensa Blasco, tampoco puede acometer tal explicación; el problema de la circularidad se reproduce también aquí. «La psicología», dice, «puede *describir* los procesos cognitivos, los modelos cibernéticos pueden simular procesos cognitivos y construir modelos de inteligencia artificial, pero estos procedimientos no *explican* el conocimiento humano, ya que son *productos* de ese conocimiento, y por tanto lo presuponen. Debemos decir una vez más que explicar la ciencia desde ella misma es presuponer su validez y por tanto no explicar nada».[4]

El otro problema, o la otra cara del mismo problema, y el que siempre preocupó a Blasco de un modo especial, es el de la normatividad. La teoría del conocimiento no debe describir o no debe sólo describir los procesos cognitivos, sino que ha de prescribir, debe legislar sobre cómo ha de proceder la razón para obtener conocimiento (verdadero conocimiento). Las normas no son proposiciones científicas y las proposiciones científicas no pueden ser normas. Blasco pensaba que existen principios epistemológicos que no son reductibles a procesos psicológicos.[5]

Blasco, pues, compartía con Quine el *dictum* de que no hay un exilio cósmico, que el conocimiento humano es como la balsa de Neurath que hay que reparar (revisar) en alta mar, ya que no hay dique seco donde amarrarla para su revisión completa. Pero creía, utilizando la metáfora contrapuesta por Dancy, que había helicópteros (que también necesitan revisión) desde los que se podía examinar el conjunto y dictar normas de buena navegación para que la nave no

---

3 W. v. O. Quine, *La relatividad ontológica y otros ensayos,* Tecnos, Madrid, 1969, pág. 109.

4 J. L. Blasco y T. Grimaltos, *op. cit.*, pág. 32. La cursiva es nuestra.

5 Tampoco a algoritmos lógicos, como sostiene en *La llibertat de la raó,* Institut d'Estudis Catalans, Barcelona, 1999. Dice allí: «Sin duda, la epistemología tiene un aspecto, su carácter normativo, que no es reductible ni a algoritmos lógicos o procesos mecánicos de deducción, ni a procesos psicológicos que reclaman un análisis científico como la de cualquier conjunto de hechos».

se hundiera; o, al menos, le hubiera gustado que los hubiera.[6] Para él, siguiendo el ideal ilustrado y a su otro héroe, Kant, la razón finita debe darse normas a sí misma que eviten el dogmatismo y la superstición. Frente al naturalismo, Blasco pensaba que el método trascendental podía posibilitar esa perspectiva de conjunto, esa crítica, ese tribunal al que la razón debe someterse. Para Blasco esa tarea era algo irrenunciable y el naturalismo, a pesar de sus múltiples méritos, podía suponer una amenaza para el cumplimiento de dicha tarea.

En cualquier caso, la honestidad intelectual y la aversión a los dogmatismos llevaban a Blasco a examinar con cuidado la cuestión y a escuchar las voces discrepantes por si podían hacerle ver algo que hubiera escapado de su análisis. Este libro pretende dar testimonio de ese carácter siempre abierto y atento de Blasco, así como de su actitud dialogante.

La atención que Blasco concedió al naturalismo da testimonio de su sensibilidad para las cuestiones no periféricas. Pues una de las cesuras más grandes que puede haber entre escuelas filosóficas es sin duda la concerniente a la actitud que cada una adopta frente al naturalismo. No sería difícil organizar la historia de la filosofía en torno a dicha actitud. Aunque no expresamente, ya las grandes polémicas clásicas de la historia de la filosofía se libraron con este tema de trasfondo: la de Aristóteles con Platón sobre el estatuto ontológico de las ideas y la querella medieval sobre los universales; la de Hobbes y Descartes sobre la sustancialidad del yo pensante separado de cuerpo; la de Locke y Leibniz sobre el origen y naturaleza de la representación; la de Hume con la tradición dominante sobre la naturaleza de la causalidad o la polémica de Kant sobre el empirismo e innatismo precedentes para fundamentar el conocimiento del mundo o las normas morales, etcétera. Todas ellas son polémicas en las que discuten una opción que es menos naturalista y otra que lo es más.

Kant fue uno de los primeros en utilizar el término «naturalista» en un contexto metateórico. Se sirvió de él para definir el método precientífico y le colmó de sarcasmos.[7] Pero fue a finales del siglo XIX y principios del XX cuando la discusión sobre el naturalismo se hizo realmente explícita en filosofía.[8] Y entonces el enfoque fue por lo general más metafísico que metodológico. Aunque las correlaciones entre aspectos ontológicos y metodológicos son inevitables, la polémica

---

[6] «La reflexión filosófica», dice, «aunque se sitúa en el momento pendular que le corresponde históricamente, ha de intentar abarcar todo el desarrollo *como si* estuviera fuera, sabiendo sin embargo que no lo está». J. L. Blasco, «Reflexions crítiques sobre alguns problemes epistemológics del materialisme dialèctic» en *La nau del coneixement,* Afers, Catarroja, 2004, pág. 303.

[7] Véase por ejemplo, *KrV* A 855 y *El conflicto de la Facultades*, AK V A, 87.

[8] Un excelente resumen de estado de la cuestión en la primera mitad del siglo XX en Y. H. Krikorian (ed.), *Naturalism an the Human Spirit*, Nueva York, 1944. Especialmente esclarecedor es el trabajo de J. Dewey, «Antinaturalism in Extremis», en este colectivo.

sobre el naturalismo se gestionó de hecho como una derivación necesaria de las posiciones defendidas respectivamente por las concepciones idealista y materialista del mundo a lo largo del siglo XIX. Por la misma razón, dicha polémica fue incoada en la filosofía por el positivismo decimonónico. Historiográficamente puede constatarse cómo esta discusión se hizo necesaria a causa del éxito alcanzado por las ciencias naturales y humanas a lo largo del siglo XIX.[9] El conocimiento disponible ya no permitía seguir configurando propuestas teóricas basadas en cesuras apriorísticas entre naturaleza y razón, naturaleza e historia, naturaleza y cultura, cuerpo y mente, espíritu y materia, etcétera. La vieja forma de pensar y sus resultados, o sea, sus supuestos metodológicos y ontológicos adquirieron a lo largo del siglo XIX un aspecto borroso cuando no insustancial y, sobre todo, quedan obsoletos, es decir, incongruentes con el conocimiento disponible. Y la plasmación culturalmente vigente de esa vieja forma de pensar resultó ser, pese a las novedades no siempre sólo superficiales, la sancionada por el idealismo (que J. John Stuart Mill la criticaría denominándola unas veces como «metafísica alemana», otras como «doctrina germano-coleridgiana»). Las ciencias particulares, naturales y humanas, habían dado buenos ejemplos a favor de que las tradicionales alternativas lógicas a hipótesis inmanentistas para la explicación del mundo, incluidos fenómenos humanos como el lenguaje o la capacidad de razonar, no eran necesarias aunque fueran lógicamente consistentes. El principio de economía ontológica en la explicación del mundo, característico del naturalismo metafísico, estaba siendo eficaz al margen o incluso a pesar de la especulación filosófica. Era por tanto inevitable que el conflicto se hiciera explícito.

Sin embargo, por resignación, por terquedad o simplemente por pudor, el debate explícito de sesgo ontológico sobre el naturalismo se agotó en la primera mitad del siglo XX a favor de otros como el de la diferencia de formas simbólicas, el de la demarcación entre ciencia y no ciencia, o entre ciencias naturales y humanas, y anexos como la posibilidad de la filosofía como ciencia rigurosa o la terapia mejor para evitar sus excesos. Analíticos y continentales, con ámbitos temáticos y estilos distintos, coinciden hasta bien avanzado el siglo en preferir las cuestiones metateóricas, sin excluir la metafilosóficas. Como las cuestiones del naturalismo de sesgo ontológico no lo son, o no lo parecen *prima facie*, la filosofía pudo pasarlas por alto. Pero en el siglo XX volvió a ocurrir algo parecido a lo que había sucedido en el siglo XIX con las posiciones clásicas: el conocimiento positivo disponible en las ciencias particulares, naturales y humanas, convertía en problemáticos supuestos conceptuales básicos de la discusión metodológica característica de la primera mitad del siglo, tales como los distingos entre el orden

---

[9] J. H. Randall Jr., *The Making of the Modern World*, Nueva York, 1976, pássim. Fr. L. Baumer, «El siglo XIX», en *El pensamiento europeo moderno*, FCE, México, 1985, págs. 251-378.

de la adquisición y el de la justificación, el a posteriori y el a priori, lo sintético y lo analítico.

Al menos así diagnosticó W. v. O. Quine la situación al proponer la naturalización de la epistemología: «Los filósofos han desesperado, acertadamente, de poder traducirlo todo en términos observacionales y lógico-matemáticos. (...) Y algunos filósofos han visto en esta irreductibilidad la bancarrota de la epistemología. Carnap y los demás positivistas lógicos del Círculo de Viena habían condenado ya al término "metafísica" a un uso peyorativo, en tanto que connotativo de falta de significado; y el término "epistemología" le siguió los pasos. Wittgenstein y sus seguidores, principalmente en Oxford, hallaron una vocación filosófica residual en la terapia: curando a los filósofos de la ilusión de que existían problemas epistemológicos. Pero (...) *la epistemología todavía sigue, si bien con nueva formulación y un estatuto clarificado*».[10] La tesis de fondo es aquí que la epistemología sigue viva y hace progresos gracias a las ciencias naturales y en cierto sentido a pesar de los intentos «filosóficos» por escenificar su fracaso. Que Quine viera estos progresos en el campo de la psicología es algo coyuntural.[11] Y es una apostilla metateórica trivial que la nueva epistemología defendida por Quine sea, material y formalmente, una ciencia natural más: puesto que «estudia un fenómeno natural»,[12] sus resultados se obtendrán en las ciencias naturales por él concernidas. Por lo demás, sin duda la crítica a los «dos dogmas» constituye una condición formal de la propuesta quineana de naturalización. Pero también puede considerarse como una sanción conceptual *post hoc,* derivada del convencimiento de que, para el tratamiento de cuestiones tan nucleares como, por ejemplo, el a priori, el saber puesto a disposición por las ciencias naturales modifica tanto el estado de la cuestión como para que no pueda seguir siendo pasado por alto o relegado a la periferia del debate epistemológico. La alusión a Darwin discutiendo el problema de la inducción a propósito de los géneros naturales es a este respecto suficientemente explícita.[13]

A raíz de la propuesta de Quine de liberar a la epistemología del purismo filosófico, buena parte de la discusión en torno al naturalismo en la segunda mitad del siglo XX se ha ocupado más de la vertiente metodológica y metateórica del naturalismo, incluida la metafilosófica, que de la ontológica. Cuando en esta época se habla de *naturalismo* se habla casi siempre de *naturalización* de esta o aquella disciplina, o de la filosofía en general. La distinción es importante por-

---

10 W. v. O. Quine, *op. cit.*, pág. 109. El subrayado es nuestro.

11 Véase a este respecto la posición defendida por Christopher Hookway en «Holismo quineano y naturalismo quineano» sobre el psicologismo de Quine.

12 W. v. O. Quine, *op. cit., loc. cit.*

13 W. v. O. Quine, *op. cit.*, págs. 160-161.

que no todos los críticos de la naturalización de la epistemología son enemigos del naturalismo.[14]

Al enfoque metodológico pertenece también lo que podría considerarse naturalismo *posquineano*, representado por aquellos estudios de la teoría y filosofía de la ciencia que, siguiendo y ampliando en parte la revisión hecha por Th. S. Kuhn, incluyen en la explicación del conocimiento y de la ciencia factores sociológicos, considerados «externos» por la perspectiva tradicional, de cada vez más amplio espectro.

Los defensores de la naturalización quineana y posquineana coinciden en asumir lo que H. Kornblith[15] denomina tesis de la «sustitución» de las cuestiones *de iure* por las *de facto*. El punto de vista tradicional había sostenido que la pregunta «cómo *deberíamos* adquirir [y sostener o justificar] nuestras creencias» es independiente de la pregunta «cómo *adquirimos* nuestras creencias», así como que la primera es competencia de la filosofía y la segunda de las ciencias particulares. La actitud naturalista no desconoce por tanto esa distinción conceptual, sino que niega su consistencia y afirma no sólo que «la cuestión primera no puede ser respondida con independencia de la segunda», sino también que «la cuestión segunda es relevante para la primera porque satisface todo lo que no considera [y es sin embargo imprescindible para] la primera». Antes se han evocado los argumentos de escuela, defendidos con rigor por Blasco, en contra de esta posición. Los argumentos a su favor son también argumentos en contra de la acusación de circularidad viciosa que implicaría el recurso a hechos para justificar normas o confundir causas con razones. Estos argumentos no pueden ser reproducidos aquí. Pero valga al menos apostillar genéricamente que la actitud naturalista considera el conocimiento humano como un sistema complejo de circularidades virtuosas sin subconjuntos privilegiados, sea en función del método o del contenido. Otra forma de expresar esta posición sería decir que el conocimiento del mundo (ciencias particulares) y el conocimiento del conocimiento (epistemología) no muestran ningún rasgo respectivo relevante para diferenciarlos como dos instancias cognitivas de rango distinto. Esta versión del naturalismo metodológico es relevante para la alternativa, evocada un poco antes, que la actitud trascendental representaría frente al fundamentalismo y al naturalismo. Pues la posición trascendental sostiene que no podemos conocer el mundo «en sí» (con lo que se distancia de esencialismos y fundamentalismos *de re*), pero no es tan circunspecta respecto

---

[14] De hecho, será más fácil encontrar en la discusión filosófica actual defensores del naturalismo ontológico que defensores de la naturalización de la epistemología. Después de todo, tampoco los argumentos de fondo de Quine a favor de la naturalización de la epistemología son argumentos «naturalizados». Probablemente, este hecho tenga que ver con los escrúpulos conceptuales de Blasco frente a la naturalización de la epistemología.

[15] H. Kornblith, «What is Naturalistic Epistemology?», en Kornblith (ed.), *Naturalizing Epistemology*, Cambridge, Londres, 1985, págs. 1-13. Las citas que siguen están tomadas de las págs. 1-4.

del conocimiento del conocimiento. Aquí sí sería posible un conocimiento seguro y exento de apoyos exógenos, en el que se habla de «leyes», «formas», «esquemas», «principios», etcétera, del conocimiento, dejando para la posteridad la engorrosa cuestión de saber si estos objetos descritos y explicados por la teoría «filosófica» trascendental del conocimiento han de entenderse sólo como normas o como hechos del conocimiento, o si son construcciones normativas presentadas como hechos o hechos psicocognitivos presentados como normas (o condiciones formales de posibilidad).[16] Esto, que es una ventura para quienes viven de la hermenéutica de las fuentes, no lo es para quienes se interesan por la solución de los problemas que en ellas se discuten.

La actitud naturalista, especialmente en la versión de tipo quineano, pretende ofrecer una alternativa al fundamentalismo y a la indeterminación de la teoría trascendental sobre la referencia de sus propios enunciados. Para ello niega la consistencia de la distinción canónica entre los ámbitos descriptivo y normativo, pero no en general o para todo campo de aplicación, sino especialmente cuando esa distinción concierne al estudio del conocimiento y se le atribuye función normativa por considerarla basada en clases naturales del conocimiento, tales como lo analítico y lo sintético, con propiedades esenciales sin dependencia teórica o contextual ni intersecciones o zonas grises.

La diferencia entre el naturalismo quineano y el posquineano puede resumirse, proyectada sobre el diagnóstico de Kornblith, en que el primero atribuye preferentemente valor normativo a hechos psicocognitivos, sin excluir los bioevolutivos, y el segundo a hechos sociohistóricos. Los trabajos de este volumen siguen enfoques que, naturalistas o no, se enmarcan preferentemente dentro del tipo de problemas a los que concierne el naturalismo de tipo quineano.

Julián Pacho demuestra en «Natural *versus* naturalista, y viceversa» que tanto la noción de «natural» como la de «naturalista» adquieren, según contextos, sesgo ontológico y epistemológico. Analiza estas nociones y proyecta sus respectivos significados sobre el problema de la demarcación entre las imágenes del mundo científica y natural y/o «manifiesta» (Sellars) y la tarea de la filosofía frente a ellas. Defiende que el naturalismo ontológico no implica asumir actitudes cognitivas ni imágenes del mundo epistémicamente naturales. De ahí llega a la conclusión de que la estrategia de la «estratificación del punto de vista», defendida por H. Philipse para salvar tanto la complementariedad de los puntos de vista natural y científico como la tarea mediadora de la filosofía, no constituye una posición consistente.

---

[16] Véase a este respecto J. Pacho, «Naturaleza y artificio transcendental. Observaciones críticas a la teoría kantiana del conocimiento», en J. L. Blasco y M. Torrevejano (eds.), *Trascendentalidad y racionalidad*, Pre-Textos, Valencia, 2000, págs. 171-196.

En «Holismo quineano y naturalismo quineano» Christopher Hookway sostiene que los argumentos de Quine a favor de la naturalización de la epistemología no obligan a afirmar, como hizo Quine, que ésta deba ser sustituida por la psicología empírica, o al menos no sólo por ella. El holismo que sustenta la crítica a los «dos dogmas» no permite establecer criterios fuertes de demarcación entre ciencias como la lógica y la matemática de un lado y la psicología empírica del otro. En consecuencia, una epistemología naturalizada podría pero no tendría que ser siempre más «empírica» (ni menos, si la noción hubiera de ser salvada aún, como hace Quine) que la lógica o la matemática. Hookway extiende esta conclusión a una suave defensa genérica de que las cuestiones filosóficas no se agotarían en las «científicas», para lo que «el análisis conceptual tradicional podría desempeñar cierto papel».

En «La naturalización de la responsabilidad moral» Carlos J. Moya discute diversas propuestas compatibilistas y libertaristas de naturalización de la responsabilidad moral. Propone una concepción de la naturalización menos cientificista y eliminativista que la quineana y más acorde con conceptos intencionales (creencia, deseo, intención, razón, yo, etcétera) de la psicología del sentido común. El requisito de su versión laxa de la naturalización sería que estos conceptos fueran admitidos, o al menos admisibles, por las ciencias empíricas. Concluye que ninguna de las propuestas analizadas satisface razonablemente las implicaciones de este requisito y sugiere que las dificultades podrían ser superadas desplazando la voluntad del centro de atención en favor de las creencias que subyacen a las decisiones y elecciones.

En «Relativismo, verdad y crisis de la epistemología» Vicente Sanfélix, partiendo del diagnóstico de la crisis de la epistemología promovida por posiciones meta-escépticas como la de Richard Rorty, analiza las alternativas disponibles de superación representadas por el fundamentalismo clásico, el coherentismo y el naturalismo. Concluye que todas estas posiciones albergan serias dificultades para superar el escepticismo, dificultades atribuibles a deficiencias en la distinción fundamental entre «razones» y «causas». Sugiere una solución que, basada en profundizar en la relación entre ambas nociones en el ámbito de la justificación, tenga en cuenta el conocimiento científico sobre hechos relevantes para la epistemología, pero sin asumir por ello la ideología cientificista.

En su artículo «Naturalismo sobre la intencionalidad, propiedades secundarias y propiedades narcisistas», Daniel Quesada revisa un argumento de Kathleen Akins destinado a mostrar que, a diferencia de lo que pretenden ciertos enfoques naturalistas de la intencionalidad de la percepción, los sistemas sensoriales no pueden detectar propiedades objetivas. Quesada mantiene que un enfoque naturalista no tiene por qué comprometerse con la objetividad plena de las propiedades del contenido intencional, por lo que no existe, como afirma Akins, una brecha insalvable entre las propiedades susceptibles de ser captadas por los sistemas sensoriales y las propiedades del contenido de percepción.

En «Emociones, estados de ánimo y rasgos de carácter», Juan José Acero rescata a Gilbert Ryle de las acusaciones de naturalismo reduccionista de las que le hace objeto Richard Rorty. Para ello Acero estudia el análisis conceptual de las emociones de Ryle, lo corrige en algunos aspectos, sobre todo en lo que se refiere al criterio utilizado por aquél para su clasificación, y, en contraste con las críticas y los enfoques alternativos de Errol Bedford, Paul E. Griffiths y Peter Goldie, trata de mostrar la superioridad del análisis ryleano (mejorado), así como que éste no se fundamenta en los supuestos naturalistas que Rorty consideraba obstáculos para el progreso filosófico.

En «Intuiciones y contenidos no-conceptuales», Manuel García-Carpintero defiende el dogmatismo de James Pryor, y añade un criterio que sirva para distinguir las experiencias e intuiciones básicas y justificadoras de las que no lo son. Con Pryor, defiende que ciertas experiencias perceptivas y ciertas intuiciones pueden justificar nuestras creencias o juicios sin necesidad de tener que ser justificadas a su vez. Pero, en su opinión, no todas pueden hacerlo. Respecto de qué experiencias y qué intuiciones son éstas, la propuesta de García-Carpintero es: aquellas que son constitutivas del significado de algunos de los conceptos involucrados en tales juicios.

En «Naturalismo, realismo psicológico y justificación», Tobies Grimaltos y Valeriano Iranzo discuten la tesis, popular entre los enfoques «naturalizados», de que cuando una posición epistemológica entra en abierto conflicto con los resultados de la psicología, debe ser rechazada. En opinión de estos autores esta tesis –a la que ellos denominan «principio del realismo psicológico»– es aceptable, aunque tiene un alcance limitado. Más concretamente, en el debate externismo/internismo en torno a la justificación, el principio sólo sirve para descartar un internismo radical, pero no decide la cuestión a favor de una u otra posición. Grimaltos e Iranzo proponen entonces modificar la concepción fiabilista de la justificación añadiendo una cláusula internista. En la última parte del artículo defienden el respaldo intuitivo de su propuesta frente a posibles contraejemplos.

Bernulf Kanitscheider defiende en «Naturalismo, autoorganización y un mundo seglar» una decidida posición naturalista en términos ontológicos. Argumenta a favor de que las nuevas teorías de la autoorganización en sistemas complejos encuentran un apoyo sustantivo en la termodinámica del desequilibrio. Esta confluencia corroboraría el «principio débil del naturalismo» (esto es, el carácter cerrado de la causalidad interna del universo), el cual autorizaría a explicar mediante las mismas leyes básicas tanto la complejidad física y biológica como la cultural.

NATURAL *VERSUS* NATURALISTA, Y VICEVERSA

Julián Pacho
(Universidad del País Vasco)

EN *What is a Natural Conception of the World?*, H. Philipse (2001) dedica el segundo apartado a la contraposición natural *versus* naturalista. Philipse no responde a la pregunta «¿qué es una concepción natural del mundo?», sino a por qué se ha hablado de ella en la filosofía de los últimos cien años y cómo la filosofía relaciona (o debería relacionar) la imagen natural (IN) con la imagen científica (IC) del mundo. La tesis central de Philipse, a la que haré justicia en la primera parte de este texto, es que la filosofía ha de desarrollar estrategias para superar inevitables contradicciones (reales o aparentes) entre la IN y la IC. Aunque discutiré también algunos aspectos relativos a estas estrategias, tomo el texto de Philipse como un banco de pruebas conceptual en torno a las nociones «natural» y «naturalista» referidas a concepciones o imágenes de mundo (IM). Mi intención es clarificar de qué hablamos cuando calificamos de natural o de naturalista a objetos como concepciones del mundo. Esta aclaración debería ser útil para la cuestión de fondo, que es la demarcación entre concepciones del mundo naturales y científicas, así como el problema anexo de la función de la filosofía frente a ambas.[1]

I

Philipse analiza algunas posiciones de filósofos continentales y analíticos en torno a la relación entre la IN y la IC. Sostiene que ambas corrientes están interesadas en programas para reconstruir la IN (o «manifiesta, para utilizar la terminología de Seellars», pág. 385). El interés por desarrollar esos programas se debería a que la ciencia moderna tendría implicaciones ontológicas naturalistas

---

[1] Este trabajo ha sido realizado dentro de los proyectos de investigación BFF 2000-1300 y BFF 2001-2531, financiados por el Ministerio de Educación.

no compatibles con las inherentes a los de la IN. De ahí la contraposición natural *versus* naturalista y, como también veremos, la identificación de la imagen científica con la imagen naturalista. El naturalismo de la ciencia moderna afecta a seis áreas:

1) *Física corpuscular y experiencia corriente*. La explicación corpuscular de las cualidades secundarias como el calor y el color implica que el mundo macroscópico carece de las propiedades secundarias que percibe la experiencia observable. En consecuencia, la IN y la IC son incompatibles.

2) *Teoría de la percepción*. La teoría corpuscular obliga en consecuencia a modificar la teoría de la percepción: si las cualidades secundarias no son propiedades físicas de los cuerpos, las percepciones correspondientes han de ser debidas a algún tipo de «proyección» del sujeto sobre el mundo exterior. Ni Descartes, ni Berkeley, ni Hume, ni Kant, ni los filósofos del siglo XIX habrían resuelto el problema.

3) *Filosofía de la mente*. Si el sujeto de la percepción «contiene» cualidades secundarias fenoménicas que la física corpuscular niega o explica mediante propiedades primarias, el sujeto de la percepción no puede consistir en mera realidad material; ha de haber una mente ónticamente diferente de la materia. Descartes asume esta posición al decir en la *Dioptrique*: «*c'est l'âme qui sent, et non le corps*». Este dualismo[2] se vería reforzado por la imposibilidad de explicar mediante la teoría corpuscular no sólo la percepción de las cualidades secundarias, sino también hechos tan básicos de la condición humana como el lenguaje o la conciencia.

4) *Filosofía de la acción*. La nueva ciencia elimina del mundo físico las nociones de finalidad y, en consecuencia, de lo mental. Philipse añade que la eliminación de las causas finales está en el origen del «tremendo éxito» de la ciencia moderna, en especial de la biología (pág. 389). Asumir esta explicación del mundo físico y, sobre todo, del orgánico, obliga a una revolución ontológica respecto de aspectos esenciales de la acción: de un lado, no podemos evitar atribuir finalidad e intención al comportamiento animal y humano; del otro, la ciencia moder-

---

² Sorprende que Philipse infiera el dualismo mente-cuerpo de la revolución científica del siglo XVII. A lo sumo podría decirse que la explicación corpuscular de las cualidades secundarías no contribuía a debilitar su base psico-cognitiva «natural». Platón ya satisfizo las exigencias de esta psicología «natural» en su teoría del conocimiento y de la mente. Aristóteles no desmereció de su maestro. Ciertamente, Descartes llevó ese natural dualismo a la versión «emblemática» (Damasio, *El error de Descartes*, Barcelona, 2001, págs. 228-231) de lo que G. Ryle (*The Concept of Mind*, Londres, 1949, págs. 11-24) considera la «doctrina oficial». Kant, que tampoco se distanció de forma relevante del dualismo, critica la posición cartesiana por limitarse a ser coherente con los datos de la experiencia, es decir, por separar mente y cuerpo según esos dos objetos se nos aparecen en las experiencias internas y externas.

na no ofrecería una explicación de la finalidad de nuestras acciones. Los intentos de conciliar la eliminación del finalismo en la teoría de la evolución con la religión (Bergson, T. de Chardin, Whitehead), apelando a una finalidad en el proceso evolutivo considerado como un todo, serían en consecuencia un malentendido.

5) *Filosofía del lenguaje*. El lenguaje es una forma de acción que sigue reglas. Los intentos de Frege y Husserl para refutar el psicologismo en la filosofía de la lógica introducen una cesura insalvable entre el mundo de las normas y las reglas y el mundo de las regularidades; el supuesto básico sería que las *razones* son irreductibles a las *causas*. Philipse concluye: «Normas y reglas son aún ejemplos de elementos que no pueden ser acoplados a la ontología naturalista que vino a ser dominante con la revolución científica [debido a la supresión de las causas finales]» (pág. 389). (Me permito añadir: la valoración autónoma de normas y reglas sí es fácilmente acoplable a la ontología subyacente, claramente finalista, a la natural o espontánea percepción de nuestras acciones, lingüísticas o no; en esta percepción no hay noticia de que las decisiones conscientes tengan causas físicas, pero sí de que tienen causas mentales, i. e., «razones».)

6) *Filosofía de la libertad*. Como Kant habría puesto de manifiesto, la noción de libertad tampoco sería compatible con esa ontología naturalista. «El dominio de la libertad y de la razón, al que pertenece la moralidad y la ley porque *deber ser* implica *poder ser*, es otro dominio que forma parte del mundo como lo concebimos naturalmente, pero que está excluido del mundo como es concebido naturalistamente [i. e., por la ciencia moderna]» (pág. 389).

Estos problemas se discutieron durante toda la Edad Moderna sin que se alcanzara consenso en torno a su solución. A principios del siglo pasado se creyó conveniente hacer «un diagnóstico de y una terapia para» (pág. 389) ese insatisfactorio estado de la cuestión. Las propuestas llevadas a cabo para reconstruir la imagen natural del mundo formaron parte del diagnóstico y de la terapia. Philipse resume el estado de la cuestión:

> *The problems in each of the six areas are insoluble, because, by taking the problems seriously, philosophers had overlooked the real causes of the natural disease called modern philosophy. The astonishing successes of the natural sciences had seduced philosophers into assuming that the picture of the world and its inventory suggested by these sciences contains all that there is. Yet this naturalist picture excludes many items, features, occurrences, and events of which we naturally think that they belong to the world. The naturalist picture, then, is incompatible with the natural picture, or, in W. Sellars's terminology, the scientific image is incompatible with the manifest image. Proponents of a natural view of the world hold that insoluble problems in the six areas that I have mentioned were caused by the fact that the naturalist picture had been considered as the true and complete picture. This assumption had produced the dialectics*

of unfulfillable demands that is typical of modern philosophy. On the one hand, items that no sensible person doubts are real seemed to require a vindication by science; on the other hand a vindication seemed unattainable (Philipse 2001, pág. 389).

La terapia consistiría –se lee entre líneas– en descubrir que la contraposición natural *versus* naturalista es un falso problema. Philipse sostendrá que las distintas propuestas de diagnóstico o terapia hechas a lo largo del siglo XX se fueron aproximando paulatinamente, aunque con desigual acierto, a la comprensión de este falso problema.

Philipse analiza las propuestas partiendo de un prolijo estudio de la propuesta de Heidegger, que ni es la más original dentro de las continentales ni, como reconoce Philipse, la de mayor consistencia de entre las continentales y las analíticas. Pero no interesan aquí tanto los detalles como los supuestos subyacentes a la contraposición natural *versus* naturalista en las propuestas analizadas. Philipse agrupa las propuestas en torno a las siguientes:

–Estrategia *trascendental*, defendida por Heidegger. Conduce a la tesis de la *incompatibilidad entre la concepción natural y la naturalista o científica*: la concepción natural (Heidegger 1927), aunque cambiante a lo largo de la historia, responde a instancias inherentes a la experiencia humana, por lo que sería más básica que la científica. Además sería incompatible con la científica o «naturalista» (Philipse 2001, 392) porque ésta sólo concierne al dominio de los fenómenos y es opcional, esto es, es una abstracción resultado de la proyección de un esquema trascendental sobre la realidad, mientras que la concepción natural, necesaria para la vida corriente o *Lebenswelt* de Husserl, corresponde al mundo *an sich*.[3] Como era de esperar, Philipse rechaza esta propuesta por confusa e inconsistente. Le habrían resultado más claras las posiciones de Avenarius (1927), de quien Heidegger toma (probablemente a través de Husserl) tanto la expresión «concepción natural del mundo» como el convencimiento de que debe estudiarse su relación con la imagen científica.

–Estrategia de la *complementariedad y compatibilidad relativas* (la denominación es mía) de G. Ryle (1929 y 1954): la concepción natural o cotidiana del mundo *(everyday world)* es la que surge de la geografía lógica de los conceptos psicológicos del sentido común, pero no es más básica que la científica. Tampoco requiere de una justificación por parte de la científica: ambas tienen funciones distintas, y la concepción natural se adecua a las exigencias de la vida corriente. Los problemas surgen cuando dejamos que nuestra percepción científica influ-

---

[3] Philipse aduce para su reconstrucción los §§ 15-18, 19-21 y 69b de *Sein und Zeit*. Si hubiera tenido en cuenta el texto posterior de *Die Frage nach dem Ding*, [1]1962, las aclaraciones hechas sobre la «concepción natural del mundo» (§§ 8-10), habría suavizado la correspondencia entre la percepción natural del mundo y el *an sich*.

ya en nuestra percepción natural. Pero no estamos obligados a escoger entre ambas (Ryle 1954). La misma expresión «imágenes del mundo» *(world pictures)* es equívoca, pues sólo hay un mundo, mientras que las imágenes, incluidas las científicas, solamente pueden cubrir determinados aspectos del mundo. La contabilidad más precisa de un colegio universitario contiene en sus columnas hasta el precio de los libros que los estudiantes leen en la biblioteca; pero dichas columnas no pueden contener toda la información contenida en esos libros. De forma análoga, ni la física ni ninguna otra ciencia contienen toda la información del mundo; luego es irracional exigir que haya que escoger entre la contabilidad física de una mesa y la contabilidad que de ella haga su percepción cotidiana, como había defendido Eddington (1928). La posición de Ryle no es para Philipse errónea, pero sí incompleta: no explica por qué las ciencias duras no podrían explicar todos los aspectos del mundo; no estaría capacitada para neutralizar la posición holista derivada de una explicación naturalista de la evolución del universo desde el Big Bang hasta las cualidades específicamente humanas. Ésta es una crítica consistente, aunque volveré sobre la posición de Ryle desde otro punto de vista.

–Estrategia de los *puntos de vista* o *aspectos* de Strawson (1985) y J. Hornsby (1997): Philipse recuerda la distinción de Strawson entre un naturalismo eliminacionista riguroso y otro más moderado o «católico», así como la diferencia entre la concepción científica del mundo y la de la vida corriente. La posición de Strawson tiende a relativizar las diferencias entre ambas concepciones considerándolas productos de dos puntos de vista distintos. Las diferencias perderían dramatismo si se está dispuesto a aceptar cierta relatividad en cada concepción de la realidad, de suerte que el naturalismo riguroso no sería, tampoco para la IC, obligado. Tanto Strawson como Hornsby parecen sugerir que el conflicto entre los compromisos antológicos respectivos sólo surge en el nivel metateórico, mientras que cada uno de los puntos de vista, el científico y el de la vida corriente, resuelve adecuadamente sus problemas en el ámbito que le es propio. Esta posición es próxima a la de Ryle.

–Estrategia de la *complejidad estratificada*, que propugna Philipse: la realidad tiene distintos niveles de complejidad; cada nivel superior exhibe propiedades propias, emergentes, de su complejidad e irreductibles a las de los niveles inferiores.

Esta estrategia sería superior al resto. Perfeccionaría la de Ryle y Strawson, ya que explicaría por qué estratos superiores de la complejidad tienen propiedades que faltan en los estratos de complejidad inferiores. Permitiría además englobar de forma orgánica tanto la complejidad ontológica como la epistemológica. Su desarrollo sería una misión específica de la filosofía, pese a asumir que las ciencias particulares son más competentes que la filosofía a la hora de investigar la complejidad del mundo. A la filosofía le quedaría reservada la tarea de *a)* clarificar las nociones de emergencia y reducción, *b)* evitar confusiones conceptuales que pueden provenir de no advertir las diferencias de nivel de complejidad y de análisis y *c)* ofrecer una visión general o síntesis de los diferentes niveles de complejidad y sus respectivas características. Philipse concluye que esta tarea sintética es ajena a la tradición analítica y que autores continentales como N. Hartmann (1940)[4] pueden ser la fuente de inspiración para ese trabajo.

Tanto en el diagnóstico como en la exposición de las estrategias analizadas y en la toma de posición frente a ellas, Philipse asume, de forma más o menos explícita, estos supuestos:

(i) La IN es coextensiva de lo que Sellars denomina «imagen manifiesta».

(ii) La IC es naturalista.

(iii) La IN no es naturalista.

(iv) Dado que si una concepción del mundo es natural entonces no es naturalista (iii), y dado que la IC es naturalista (ii), la IN no es científica.

(v) La contraposición moderna natural *versus* naturalista constituye un falso problema: las imágenes natural y naturalista del mundo responden simplemente a distintos aspectos o niveles de la realidad que tendrían su correlato en otros tantos aspectos o niveles de la forma de conocer. Los problemas de compatibilidad entre la IN y la IC desaparecerían si *no* se admite, como hizo la filosofía moderna, que la imagen científica o naturalista es «verdadera y completa» (pág. 389). Es en consecuencia aconsejable salvar la complementariedad con una estrategia lo más apurada posible, que sería la representada por la estrategia de la *complejidad estratificada*, para satisfacer todos los puntos de vista.

Aun en el dudoso supuesto de que todas las imágenes naturalistas del mundo fueran científicas, ¿estaría justificada la contraposición natural *versus* naturalista? Para responder a esta pregunta (y a otras derivadas o implícitas) será útil hacer primero un somero esbozo de algunos aspectos de la semántica de «natural» y «naturalista».

---

4 Con la alusión a Hartmann (1940) Philipse evoca sin duda una ontología general inferida de los resultados de las ciencias particulares, y como tal, equivalente a una síntesis de las ontologías regionales. Es cierto que este tipo de trabajos, realizados por Hartmann y Husserl en la primera mitad del siglo XX han sido abandonados, pero tanto por la filosofía analítica como por la continental (Pacho 1997).

II

Que la concepción natural del mundo y la naturalista puedan militar en campos contrarios no es evidente. Después de todo, nada más normal que ligar en algún sentido no trivial las actitudes naturalistas con el mundo natural. En contra de la acepción que pudiera parecer hoy más plausible, o bastante plausible, desde que se empezó a utilizar el término «naturalista», a finales del siglo XVIII (Pacho 2000), hasta bien entrado el siglo XX, el término «naturalista» se interpretó como sinónimo de «natural» y antónimo de «científico». «Naturalista» designaba entonces actitudes cognitivas poco desarrolladas, metodológicamente demasiado naturales. Todavía W. Dilthey, el autor más influyente en las versiones continentales del problema de la demarcación, caracteriza la concepción naturalista del mundo (que es uno de sus tres tipos de «concepciones del mundo», a saber: naturalismo, idealismo de la libertad e idealismo objetivo) según ese criterio.[5] Para esta tipología se utilizan como criterios de demarcación rasgos onto-epistemológicos, asumiendo que una determinada ontología exige una determinada metodología.

Sin duda, en esta interpretación, de raíz kantiana, la conexión entre «natural» y «naturalista» está basada en la confusión o hibridación semántica de la *ontología* que propugna el naturalismo con las *actitudes cognitivas* y *procedimientos metodológicos*. Sorprendentemente, esta hibridación se da también en contextos contemporáneos cuando se critica de forma nominal posiciones naturalistas a la vez que se defienden posiciones de naturalistas de sesgo ontológico; por ejemplo, cuando se afirma estar en contra del naturalismo porque se está en contra de la propuesta de Quine de naturalizar las cuestiones epistemológicas. Lo que en realidad se supone que se critica es la *naturalización* del estudio de determinadas cuestiones, no el naturalismo ontológico. Digo «se supone» porque no es frecuente encontrar esa precisión expresa –Philipse la omite de manera pertinaz pese a considerar que los problemas provienen de la ontología naturalista que se desprende de la ciencia moderna–; y aludo a ello porque si bien no es lógicamente necesario que la naturalización ontológica implique la naturalización metodológica en términos quineanos, sí parece difícil naturalizar metodológi--camente un objeto dado sin asumir su naturalización ontológica. En cualquier caso, la historia confirma que se ha propugnado la naturalización del método de estudio de determinados objetos cuando se ha tenido una noción naturalista de ellos. Por ejemplo, la naturalización de la epistemología es admitida por quienes asumen que el conocimiento es un hecho más del mundo,[6] y son reacios a

---

5 W. Dilthey, *Die Typen der Weltanschauung*, Berlín, 1911 (en *Weltanschauung, Philosophie und Religión*, M. Frischeisen-Köler (ed.), *Gesammelte Schriften*, Bd. VIII, Berlín, 1960.

6 Este criterio es equivalente al utilizado por Kornblith (1985, págs. 1-4) en la tesis de la «sustitución» de las cuestiones de *iure* por las *de facto*, que sería, según él, la característica definitoria de la epistemología naturalista.

su naturalización quienes también son reacios a admitir que el conocimiento sea un hecho más del mundo. Por las innegables connivencias y interdependencias de los ámbitos ontológico y metodológico, conviene deslindar los rasgos de sesgo predominante en cada uno de esos ámbitos con respecto a las nociones de natural y naturalista. Eso ayudará a mostrar que si la tesis de que «natural» no significa «naturalista» (y viceversa) es desde cierto punto de vista trivial, no teoréticamente anodina.

Naturalista. De lo que precede puede inferirse que las actitudes y posiciones naturalistas pueden ser consideradas desde el punto de vista metodológico o desde el ontológico. Según se subraye uno u otro, estos puntos de vista equivalen a otros tantos tipos genéricos de naturalismo, y cada uno de ellos ha tenido un peso distinto según las épocas o los contextos diferentes. Por supuesto, no se trata de tipos puros, pues los solapamientos son inevitables y, a veces, explícitos.

Consideración desde un punto de vista *metodológico*. Concierne a cómo se conoce o debe conocerse el mundo, no a qué es el mundo. A lo largo de la historia, ha experimentado tres fases bien diferenciadas. Corresponde de hecho al primer uso filosófico del término «naturalismo». Éste surge en la segunda mitad del siglo XVIII (encontramos un texto fundacional en *KrV* A 855, B 883) para designar un tipo de método al que se caracteriza como empirismo o reduccionismo metodológico ingenuo, que sería más deudor de la experiencia y el lenguaje corriente que de la práctica científica. Posteriormente, desde el segundo tercio del siglo XIX, el naturalismo metodológico se ha caracterizado por considerar que sólo el método de las ciencias naturales es fiable *(cientismo)* respecto de cualquier objeto, negando en consecuencia que haya un método propio de la filosofía o de las ciencias humanas. En la filosofía contemporánea, la discusión en torno al naturalismo metodológico se ha centrado en su aplicación a los objetos de la epistemología y/o de la filosofía de la ciencia. Este uso surge dentro de un programa, que se ha denominado a sí mismo «naturalista», que parte primero de la naturalización de la epistemología para pasar después a la filosofía o teoría de la ciencia en general y, finalmente, a la filosofía al completo, para desasosiego de no pocos filósofos. El inicio de este programa tiene fecha (1968-1969) y nombre bien conocidos: *Epistemology Naturalized* de W. v. O. Quine. Específico de esta acepción es la equiparación metodológica de la filosofía con las ciencias

---

Kornblith se sirve de estas preguntas para saber si es posible «naturalizar» la teoría del conocimiento: «1.ª cómo *deberíamos adquirir* nuestras creencias, y 2.ª cómo *adquirimos* nuestras creencias». El punto de vista tradicional «asigna la cuestión 1.ª a los filósofos y la cuestión 2.ª a los psicólogos, considerando que ambas son independientes». Por el contrario, la «actitud naturalista consiste en afirmar que la cuestión 1.ª no puede ser respondida con independencia de la 2.ª». La razón estriba en el carácter *substitutivo* de las cuestiones de hecho para las de derecho. Kornblith resume: «La cuestión 2.ª es relevante para la cuestión 1.ª porque satisface todo lo que no considera [y es, sin embargo, imprescindible para] la cuestión 1.ª».

naturales: «*Epistemology (...) simply falls into place as a chapter... of natural science. It studies a natural phenomenon viz. a physical human subject*».[7] Esta posición se ha visto reforzada por el enfoque kuhniano, que ha dado por último lugar a tratamientos de la teoría ciencia considerados como naturalismo posquineano (Giere 1985), caracterizado por reclamar la inclusión de puntos de vista «externos» (económicos, psicosociales, político-culturales, etcétera).

Es evidente que un defensor del naturalismo metodológico sostendrá muy probablemente una concepción naturalista del mundo.[8] Pero no es obligado que todos los críticos de la naturalización de los problemas de la filosofía del lenguaje, de la mente o de la epistemología en general asuman necesariamente compromisos con una ontología no naturalista. Es además pertinente apostillar que, pese a la enorme influencia de las propuestas de Quine y de Kuhn, se habla en filosofía mucho más *sobre* la naturalización de la filosofía de lo que se la practica, incluso por parte de sus defensores confesos. La mayoría de las discusiones sobre el naturalismo metodológico, incluidas las declaraciones a favor de éste, no son discusiones *naturalizadas*.[9] La información empírica inseparable de los tratamientos naturalizados pocas veces pasa de ser un adorno para reforzar de forma retórica la posición adoptada. Algo así como: mi enfoque naturalista es lógicamente consistente y, además, hasta los hechos parecen darme la razón. En cualquier caso, no es ocioso recordar que los argumentos de Quine a favor de la naturalización de la epistemología no son argumentos naturalizados. Por lo general, Quine propugna, pero no practica, el naturalismo metodológico.

Consideración desde un punto de vista *ontológico* (o *metafísico*). Concierne a qué es el mundo. Las concepciones naturalistas del mundo se caracterizan en general por negar la existencia de entidades transnaturales. Su radicalidad admite varios niveles, y casi siempre se ha mantenido (Strawson 1985, Papineau 1993, Kanitscheider 1996) la distinción entre una posición más o menos fuerte o reduccionista radical y otra débil, más tolerante. Pero en todos los niveles se propugna una concepción inmanentista del mundo (Vollmer 2000), regida por lo que se ha denominado el principio de «economía ontológica» según el cual no es necesario asumir un «salto ontológico» en las cadenas causales del universo para explicar la aparición de nuevas cualidades (Kanitscheider 1996, pág. 159).

---

7 «Epistemology Naturalized» (de las lecciones de John Dewey impartidas en 1968 en la Universidad de Columbia), en *Ontological Relativity*, Nueva York, 1969, pág. 83.

8 Una colección clásica de textos sobre el naturalismo como fue entendido a principios del siglo pasado la encontramos en Krikorian, 1944. Para textos representativos de los distintos enfoques naturalistas metodológicos actuales véase A. Ambrogi (ed.), *El giro naturalista*, Palma, 1999; sobre el naturalismo ontológico y metodológico véase Keil & Schnädelbach 2000.

9 Este hecho no es baladí. No puede haber a priori ningún argumento (y a fortiori ningún argumento «naturalista») que obligue a responder afirmativamente a esta pregunta: la propuesta de naturalización de la filosofía, ¿ha de afectarse a sí misma con tanto rigor que excluya por irrelevantes los procesamientos no naturalizados de esa propuesta?

Hagamos hincapié en que desde el punto de vista metodológico «naturalista» se refiere a una *forma* de explicar el mundo, no al mundo. En la filosofía contemporánea, sobre todo en contextos en los que se polemiza sobre si un objeto dado puede ser sometido a la metodología de las ciencias naturales, seguir una actitud naturalista significa seguir una actitud *naturalizada*. Desde el punto de vista ontológico, «naturalista» no se refiere a la forma de explicación del mundo, sino a la referencia del vocabulario que utilizamos en la explicación del mundo, siga esta explicación una pauta naturalizada o no. Desde este punto de vista, con la expresión «concepción naturalista del mundo» nos referimos a *qué* pensamos del mundo y no a *cómo adquirimos* o *justificamos* nuestras creencias acerca del mundo. Esta doble vertiente del término «naturalista» no tiene, sin embargo, correlato directo en la expresión «concepción natural del mundo», pues la concepción natural del mundo puede soportar una ontología tanto naturalista como antinaturalista. Esta asimetría es debida a que el término «naturalista» en contexto ontológico se opone a significados como «transnatural», «sobrenatural», etcétera, no a «natural». Es decir, se debe a que todas las concepciones del mundo, sean naturales o naturalistas, son entidades artificiales. Se sigue de ahí que la única vía por la que puede aislarse lo natural como propiedad de una concepción del mundo es la metodológica, no la ontológica. La asimetría puede resultar trivial, pero no es seguro que lo sean también sus implicaciones.

Natural. Se dice de muchas maneras. Su polisemia es, por su presencia constante en lenguajes no especializados, mucho mayor que la del término «naturalista», que es de uso casi exclusivo en dichos lenguajes. Pero pueden agruparse con relativa facilidad los usos y significados en dos grandes grupos, según se adopte *el punto de vista del objeto* o *el punto de vista del sujeto*. Adoptar el punto de vista del *objeto* es adoptar un punto de vista de *sesgo ontológico*; adoptar el del *sujeto* es adoptar un punto de vista de *sesgo epistemológico*. También aquí son inevitables los solapamientos semánticos y las interdependencias en la práctica lingüística, pero la distinción es suficientemente clara y útil en nuestro contexto.

Según el *sesgo ontológico*, el punto de vista del objeto tiende a neutralizar toda dependencia circunstancial y, en cierto sentido, a hacer del significado algo absoluto. El término «natural» designa en primer lugar la propiedad definitoria de lo que cada cosa es; se dice, *«por naturaleza»*, esto es: aquello que es u ocurre según su específica condición. Lo que es natural desde el punto de vista de la naturaleza profunda es natural *desde cualquier punto de vista*.

Esta acepción es la básica, y todas las demás se obtienen por extensión, derivación, analogía u aproximación. Derivaciones de este tipo son las nociones de «natural» como antónimo de «artificial» y «arbitrario», de «antinatural» o «transnatural», o como sinónimo de «evidente», «lógico», etcétera. El término «natural» con significado de «lógico» o «evidente» sirve para subrayar la coincidencia de la posición del sujeto con la posición del objeto definida por su naturaleza. No voy a detenerme en estas nociones derivadas, pero sí creo conveniente comentar una de ellas: la noción de «natural» como opuesto a «artificial», sirve para designar el estado o la condición de algo dado con o en la naturaleza *por contraposición a su imitación o a su alteración mediante la acción humana*, esto es, *de la cultura*. «Natural» hace aquí referencia a la causa de generación del objeto y, por derivación de ella, a su naturaleza. Es en este sentido como «natural» se opone a «artificial». Y éste es también el sentido en el que los antiguos, especialmente Platón (*Leyes*, 888 y ss.) y Aristóteles (*Phys*. II), establecieron la clásica y aún vigente distinción entre *physis* y *téchne (natura, ars)*.

Atendiendo al punto de vista de sesgo ontológico es evidente que las concepciones del mundo, sean científicas o no, naturalistas o no, no son objetos naturales. Incluso asumiendo la posición aristotélica de que todos los seres humanos tienden al conocimiento por naturaleza y la posición normativa clásica que suele ver en la ciencia la culminación de esas tendencia y capacidad de la naturaleza humana, no creo que pueda discutirse razonablemente que las concepciones del mundo son objetos artificiales. Al revés, el que una IC sea un objeto artificial es neutral respecto de sus opciones ontológicas. También esta diferencia favorece la idea de que la contraposición natural *versus* naturalismo referida a concepciones del mundo no tiene relevancia respecto del estatuto ontológico de las concepciones del mundo como objetos culturales.

Según el *sesgo epistémico*, «natural» se usa en contextos definidos por la posición del sujeto. Éste es el caso en los enunciados del tipo «Le resultó muy natural interpretar de nuevo las sonatas de Haydn». Lo natural se refiere aquí no las sonatas de Haydn, sino a la relación de alguien con ellas. De forma análoga, cuando L. Wolpert (1992) explica la «naturaleza no natural» de la ciencia no basa su tesis en el estatuto ontológico de las ideas científicas. Es evidente que si dos ideas distintas se pueden comparar en función de un mayor o menor grado de naturalidad, entonces estamos hablando de rasgos en principio independientes de su referencia respectiva (no de la referencia del metaconcepto «idea»), pues en cuanto a su estatuto ontológico *qua ideas* ambas son objetos del mismo dominio.

Aunque se producen grandes solapamientos, pueden distinguirse tres aspectos de sesgo epistémico susceptibles de ser caracterizados como naturales: el aspecto *actitudinal* (actitudes cognitivas), el *metodológico* o *procedimental* y el *semántico-representacional* (cuyos contenidos son las creencias, enunciados, teorías, concepciones del mundo; en este último segmento, la naturalidad representacional no es separable de la referencia y, por tanto, de nuestras creencias respecto de rasgos del mundo). Los tres aspectos forman un continuo orgánico, pues son rasgos interdependientes que no tienen existencia por separado. Se dan ciertas representaciones porque se han seguido unos procedimientos metodológicos adoptados para satisfacer una determinada actitud cognitiva. A su vez, ciertas actitudes cognitivas se derivan de la asunción de determinadas representaciones y se refuerzan mediante la aplicación de métodos que posibilitan la adquisición de esas representaciones. Así, por ejemplo, R. Rorty (1996, pág. 71) subordina la cuestión acerca de si la ciencia es un género natural a la pregunta de si hay «cesura relevante» entre la forma de representar el mundo por parte de la religión, el arte y la ciencia. Y busca la respuesta analizando si la ciencia exhibe «un método especial, o una relación especial con la realidad». Por tanto, asume al menos los rasgos representacionales y metodológicos como criterios útiles de demarcación. Por lo demás, en la cuestión que plantea Rorty acerca de si la ciencia es un género natural utiliza la jerga ontológica para responder a una cuestión concerniente a una teoría general de los mundos simbólicos basada en rasgos epistémicos.

A fin de perfilar la noción del sesgo epistémico de «natural» aduciré algunos ejemplos más o menos clásicos en los que se hace hincapié expresamente alguno o algunos de esos rasgos epistémicos referidos a objetos como conceptos, actitudes o concepciones del mundo.

–La «actitud (cognitiva) natural» (también denominada «conocimiento natural» y «experiencia natural») descrita por Husserl[10] y retomada con frecuencia por Heidegger:[11] una actitud cognitiva natural es una «actitud teórica» caracterizada porque comienza y termina en la experiencia; es una actitud «primitiva» cuyo horizonte es el mundo (como se describe en la experiencia), y que se guía por «la intuición primera» y «natural» de todo el conocimiento, que es la «experiencia natural» (Ideas I, § 1). «Ningún dudar de datos del mundo natural, ningún rechazarlos, altera en nada la tesis general de la actitud natural» (§ 27). La actitud natural se relaciona de forma directa con el «hombre ingenuo», pues «la fuente de la que se alimenta la actitud natural (...) es la experiencia sensible» (§ 39). Esta actitud cognitiva da lugar a un «concepto» o «concepción natural del mundo» (natürlicher Weltbegriff, natürliche Weltansicht).

–La noción de «duda no-natural», de M. Williams (1991), específica de las actitudes y comportamientos científicos. Williams sostiene que «Certainty is the natural condition of ordinary life, skepticism is the natural outcome of philo-

---

[10] H. Husserl, Ideen zu einer reinen Phänomenologie und phänomenologischen Philosophie, I, en Husserliana, vol. III, W. Biemel (ed.), Haag, 1950, esp. §1 y § 27-32.

[11] Especialmente en las lecciones de 1923-1944 (en Prolegomena zur Geschichte des Zeitbegriffs, en M. Heidegger, Gesamtausgabe, Bd. 20, Frankfurt, 1979, págs. 131 y ss. y 153-171). Véase también Die Frage nach dem Ding, Tuhinga, 1962, A § 8-10.

sophical reflection». Ciertamente Williams utiliza aquí el término «natural» con el significado de «característico de». Pero su tesis central es que dudar del realismo es una actitud no-natural, propia de la filosofía, pero más razonable que no dudar de él. Por lo tanto, si se considera que, según Williams, tomar la certeza por un valor no prescindible es lo característico del fundamentalismo, queda también dicho que para Williams el fundamentalismo obedece a una actitud cognitiva más natural que la del escepticismo.

–La noción de «*significación natural*» (Grice1989; Denkel 1992). Grice ha propuesto cinco criterios que servirían para distinguir la significación natural de la no-natural. Un significado sería natural (o un modo natural de interpretar la significación) si satisface ciertos criterios y no satisface otros. Sería natural si satisface el criterio según el cual si «"*x significa y*" *se sigue que y*»; o el criterio según el cual «*si "x significa y", entonces hay una perífrasis válida que comienza con la expresión "el hecho de que..."*». En cambio, sería una forma no-natural de significar asumir criterios como que «*de que "x significa y" se puede inferir que alguien significa algo con x*», o bien, que «*en el caso de que "x significa y" no hay una perífrasis válida en la que a "significa" le siga un enunciado o una expresión entrecomillados*». Grice intenta dejar claro con estos criterios que una forma natural de interpretar la significación no es considerar relevante la posición del sujeto para interpretar la relación del significado con el mundo. La significación natural asumiría que hay algo así como una relación directa (dejemos de lado si causal o no) entre el lenguaje y/o el significado de un lado y la referencia de otro, y que el sujeto es un mero instrumento de exteriorización o explicitación de esa relación directa. Sería, por ejemplo, a tenor de la tesis de Grice, más natural decir «es otoño» que pedanterías como «estoy en condiciones de afirmar que el enunciado "es otoño" es verdadero porque tengo buenos argumentos a favor de la teoría causal de la referencia, así como a favor de la relevancia cognitiva de los datos sensoriales que me informan de ciertos hechos del mundo exterior cuya descripción coincide con la noción estandarizada de "otoño" por los usos lingüísticos de los hispanohablantes». Desde luego no cabe duda de que estas pedanterías son bien poco naturales (y cabe también preguntar por su utilidad), pero es igualmente innegable que hacemos filosofía del lenguaje en la medida en que, entre otras cosas, utilizamos esa jerga pedante y adoptamos actitudes cognitivas muy específicas, tal vez útiles para *entender* qué es significar, pero no para *significar*. Por lo demás, la forma de hablar que he utilizado hasta aquí y seguiré utilizando es un buen ejemplo de ese tipo de pedanterías. Esta forma de hablar está ciertamente caracterizada por emplear enunciados sobre ciertos rasgos de los enunciados humanos en general. Algo sumamente artificial y de interés restringido a un contexto cognitivo extremadamente artificial; y digo artificial no por ser cultural, sino por ser muy artificial desde el punto de vista cognitivo.

–La distinción entre el *natural talk* y el *contrived talk* (Sue Speer 2002), este último propio de los expertos. Esta distinción se da en contextos interesados en la pragmática, como la teoría de la comunicación y conversación o la psicología discursiva. Así, en la psicología discursiva se analizan los rasgos del *natural talk* que son considerados otras tantas «virtudes» (J. Potter 2002, pág. 540) frente al *contrived* de los expertos. Algunos de estos rasgos virtuosos del *natural talk* serían: no inunda la relación cognitiva hacia el objeto con la reflexión categorial del investigador (y con preámbulos teóricos sobre metodología, conceptos, etiquetas conceptuales, etcétera); no complica las afirmaciones con inferencias más o menos complejas para justificar las afirmaciones (por ejemplo, si se ha de dar un consejo, se da el consejo, no las teorías que lo avalan). Puede discutirse acerca de si son o no virtuosos estos rasgos, pero no creo que pueda discutirse razonablemente acerca de si son rasgos epistémicos. En cualquier caso, la teoría normativa a favor del *natural talk* está basada en un diagnóstico de rasgos epistémicos específicos del lenguaje de expertos: estos rasgos deberían ser evitados por ser menos eficientes que los del *natural talk* para transmitir información.

Los ejemplos precedentes son predominantemente representativos de la naturalidad actitudinal y procedimental. Más fácil es encontrar ejemplos históricos que avalan la noción de naturalidad representacional, es decir, la idea de que hay nociones, creencias, teorías y concepciones del mundo que merecerían ser calificadas de «naturales» sin que este término sea sinónimo de «lógico», «evidente». La posición genérica al respecto es que son *representaciones naturales* las que se siguen de las actitudes y los procedimientos epistémicamente naturales. Esta noción suele darse en contextos críticos. Algunos ejemplos especialmente explícitos:

–La noción de *creencia natural* de Hume. En sus *Diálogos sobre la religión natural* (1779) argumenta expresamente que la creencia en la existencia de un Dios garante del orden natural es de hecho inevitable mientras no se abandone la forma más natural de pensar, las creencias más naturales. En este sentido, «la religión está fundada en la creencia, no en la razón».[12] Abandonar esta creencia conllevaría asumir la poco natural propuesta consistente en dar razón del universo sin recurrir a una causa trascendente responsable del diseño y orden del universo. Para Hume, «creer en la existencia de un orden es simplemente parte de las creencias naturales», tales como «la identidad personal, o la causalidad», sin las que los humanos nos sentimos desorientados, así que «creer en la existencia del diseño y creer en la existencia de un diseñador último vienen a ser lo mismo».[13]

---

[12] D. Hume, *Enquiries*, ed. L. A. Selby-Bigge, Oxford, [2]1901, págs. 129-130.
[13] R. J. Butler, «Natural Belief and the Enigma of Hume», *Archiv für Geschichte der Philosophie*, 42, 1960, págs. 73-100.

–La *metafísica natural* criticada por Kant. Como otros muchos filósofos ilustrados, Kant piensa que existen prejuicios anclados en la «natural disposición» del entendimiento humano. En la asunción de estos prejuicios habría consistido buena parte de la metafísica tradicional (*KrV*, B XXXI-II y B 880). De estos prejuicios de «la disposición natural del hombre» provendrían representaciones concretas como la creencia en la inmortalidad del alma humana, en la libertad de la conciencia y en un «sabio y grande artífice del universo» (*KrV*, B XXXII-III). Estas creencias habrían dado cuerpo a la «metafísica natural» *(metaphysica naturalis)*, definida como «un tipo de saber que (...) se ha de considerar como ya dado»; este saber no es propiamente «ciencia», sino el fruto de una «disposición natural» que, al aplicarse, conduciría a ese tipo de creencias (*KrV*, B 21-22).

–La *ilusión natural (natürliche Illusion)* criticada en la *Crítica de la razón pura* (B 354 y B 350); el «uso natural de la razón», analizado en los *Prolegomena* (§ 60). También cabe aducir las tres «máximas» del «sentido común» *(Gemeinsinn)* analizadas en la *Crítica del juicio*,[14] pues algunos de sus componentes son connaturales a la estructura del sistema cognitivo humano. Las máximas del sentido común son de hecho definidas como «reglas de la naturaleza» para el pensar.

–La noción de *representaciones, ideas y opiniones naturales (natürliche Vorstellungen, Gedanken und Meinungen)* de las que habla Hegel en la *Fenomenología* y que serían características de la «conciencia natural», aún no filosófica: «Representaciones *naturales*, pensamiento y opiniones (...) con los que la conciencia, que se pone a examinar, todavía está colmada y lastrada, pero mediante los que de hecho es incapaz de lo que se propone emprender».[15]

–La noción de *verdades naturales (natürliche Wahrheiten)* denunciadas por L. Feuerbach, verdades sin cuyo error no habrían sido aceptados los misterios supuestamente «sobrenaturales». En el análisis de estas verdades naturales se fundamenta su crítica al cristianismo y a la religión en general.[16]

–La noción de *concepción natural del mundo (natürliche Weltansicht y Weltauffassung)* o *imagen natural del mundo (natürliches Weltbild)* y la *cosmovisión natural (natürliche Weltanschauung)* estudiadas profusamente primero por

---

[14] El sentido común se rige por tres «máximas» o «reglas de la naturaleza»: *a)* «pensar por sí mismo» o «sin prejuicios», *b)* «en lugar de cualquier otro» y *c)* pensar «siempre de acuerdo consigo mismo» o «consecuentemente» (*KU*, A 156).

[15] G. W. F. Hegel, *Phänomenologie, Einleitung, 56, 40 ss.* Cito la *Fenomenología* según la *Historisch-kritische Edition der Gesammelten Werke* G. W. F. Hegels (Bd. IX, Hamburgo, 1980), como ha sido reproducida por H. Fr. Wessels und H. Clairmont en la ed. de la Philosophische Bibliothek: *G. W. F. Hegel. Phänomenologie des Geistes*, Hamburgo, 1988.

[16] Véase L. Feuerbach, *Das Wesen des Christentums*, Leipzig, 1841, y *Das Wesen der Religion*, Leipzig, 1846.

R. Avenarius ([1]1891)[17] y después por autores como E. Cassirer[18] y Heidegger.[19] La «concepción natural» del mundo tendría un paralelo antropológico y filosófico-cultural en el de «comprensión natural de la cultura» *(natürliches Kultur-Verständnis)*, a la que Cassirer opone la «comprensión científica» en su *Lógica de la ciencia de la cultura.*[20]

–Las *interpretaciones* (vgr. *representaciones*) *naturales* descritas por P. Feyerabend como «representaciones que están tan estrechamente ligadas a las observaciones que se necesita un esfuerzo especial para reconocer su presencia y determinar su contenido».[21] Este esfuerzo es el realizado por las ciencias, cuyo universo representacional acaba sustituyendo al de las representaciones naturales. La ciencia de Galileo, por ejemplo, habría hecho aflorar «las interpretaciones naturales que son incompatibles con las de Copérnico [esto es, con las de la imagen copernicana del mundo] para sustituirlas por otras». (Feyerabend subraya además que las interpretaciones naturales han sido valoradas en la historia de la filosofía de dos formas distintas, tan positiva la una como peyorativa la otra: como «supuestos a priori» y como «prejuicios»).

En la mayor parte de estos usos de la noción de naturalidad aplicada a actitudes, conceptos, teorías o concepciones del mundo subyace (con excepción del enfoque pragmático de Williams y Grice o de ciertos rasgos meramente fenomenológicos en la posición de Avenarius y Husserl) una teoría crítica, más o menos explícita. Según esta teoría, habría rasgos epistémicos en las concepciones del mundo que son dependientes de forma más o menos directa de la naturaleza transcultural del sistema cognitivo y generarían o se manifestarían en representaciones tanto más naturales, es decir, percibidas intuitivamente como verdaderas o de sentido común –sin que eso fuera garantía o siquiera indicio de su verdad–. En algunos usos de esta acepción, especialmente desde la Ilustración, se asume que las formas naturales de pensar conducen a representaciones erróneas por-

---

[17] La obra de Avenarius está íntegramente dedicada a la concepción natural del mundo. Sus tres apartados se titulan respectivamente «Concepto natural del mundo», «Variaciones del concepto natural del mundo» y «Restitución del concepto natural del mundo»; y termina con un apéndice titulado «El concepto natural del mundo y el enigma del mundo». Avenarius investiga bajo este concepto lo que considera el punto de partida «natural y universal» (pág. 6) de las distintas imágenes del mundo; éstas no serían sino «variaciones» (págs. 21-32) de la natural. Esta estrategia, la búsqueda de rasgos comunes a todas las formas simbólicas o tipos mayores de codificación del mundo, anima también la obra de Cassirer citada a continuación.

[18] E. Cassirer, *Phil. der symbolischen Formen*, Berlín, 1929, vol. III., en el que se analiza la *Phänomenologie der Erkenntnis*.

[19] M. Heidegger, *Phänomenologische Interpretation von Kants Kritik der reinen Vernunft*, ed. W. Bröcker, *Gesamtausgabe*, Klostermann, Frankfurt, Bd. 61, 1985, pág. 196. Véase también M. Heidegger y E. Blochmann, *Briefwechsel 1918-1969*, ed. W. Storck, Marbach am Necker, 1990, pág. 25; aquí identifica Heidegger la «Logik des Scheins» con la *Metaphysik der natürlichen Weltanschauung*.

[20] E. Cassirer, *Zur Logik der Kulturwissenschaft*, Darmstadt, 1971, tercera edición, págs. 77 y ss.

[21] P. Feyerabend, *Wider den Methodenzwang*, Frankfurt, 1976 (ed. revisada y aumentada), capítulo 6, págs. 108 y ss. (Primera edición: *Against Method*, 1975.)

que su adquisición se debe a haber seguido, sin revisión crítica previa, los dictados de la experiencia corriente o de ciertas leyes o propensiones ancladas en lo más profundo de la mente humana. Podemos justamente afirmar la existencia de creencias cognitivamente muy naturales pero erróneas gracias a que la cultura ha podido activar otro tipo de actitudes e instancias cognitivas. Esta otra actitud es la científica (no exclusiva de las ciencias naturales). La idea de naturalidad epistémica en contextos ilustrados, modernos o contemporáneos, surge por tanto dentro de un enfoque psicocognitivo más o menos expreso. «Natural» no significa aquí necesariamente «erróneo», sino «connatural» en sentido de «inherente a las funciones del sistema cognitivo», sin que, la connaturalidad sea tenida por indicio o criterio de verdad.

La disociación ilustrada entre natural y verdadero (e implícitamente entre natural y científico) es dominante en los usos filosóficos del término «natural» en contextos cognitivos. «Natural» viene a ser en estos contextos de hecho sinónimo de «metodológica y conceptualmente poco elaborado», y en este sentido también de «precientífico» o «meramente intuitivo». Ésta es la acepción utilizada por el empiriocriticista Avenarius (¹1891) en su detenido análisis del «concepto natural del mundo», y desde éste pasa a la filosofía contemporánea a través de Husserl y Heidegger.

Éste es también el aspecto dominante que se atribuye en nuestro contexto al término «natural» en la expresión *concepción natural del mundo*. En este contexto sería razonable decir, por ejemplo, que es natural pensar que el sol gira en torno a la tierra, pues así lo confirma la experiencia corriente y lo apoya el orgullo antropocéntrico –no porque lo digan la Biblia y Ptolomeo, sino porque éstos habrían sancionado culturalmente una idea cognitivamente natural–; o que es natural asumir la invariabilidad de las especies, ya que su evolución transcurre en secuencias temporales y en ámbitos físicos no accesibles a la experiencia corriente. Natural sería también pensar que el caos no absorbe racionalidad por sí solo, sin intervención de un agente inteligente, como confirma la experiencia cotidiana; de ahí que, si existe orden o diseño en algún dominio, se tienda naturalmente a pensar que exista también algún plan previo responsable del diseño.

Todas estas creencias han sido revisadas por teorías científicas. Pero también han sido previamente asumidas por teorías científicas. Esto implica que la contraposición epistémica natural *versus* científico, referida a creencias, no puede ser establecida a priori, sino que es históricodependiente. Pero el hecho de que haya teorías que asumen creencias naturales no invalida la contraposición natural *versus* científico si hay argumentos a favor de la existencia de rasgos naturales del conocimiento en el sentido antedicho, esto es, no dependientes solamente de su percepción en un contexto cultural determinado. Esta condición no es nada trivial, obviamente. Volveré sobre ella.

III

Si es legítimo, con la restricción hecha, contraponer «natural» a «científico» en los usos de sesgo epistémico, ¿es en algún sentido legítimo contraponer «natural» a «naturalista»?

Según diagnostica Philipse el estado de la cuestión, esa contraposición se basa en la identificación de las nociones «científico» y «naturalista». Si pudiera mostrarse que las posiciones naturalistas de sesgo ontológico (no las de sesgo metodológico, esto es, cuando «naturalista» equivale a «naturalizado») no son defendibles, o son difícilmente defendibles, desde actitudes cognitivas naturales, entonces tendría cierta plausibilidad decir que si una posición es cognitivamente natural, es decir, precientífica, entonces no es naturalista. Pero una conclusión así es a todas luces muy arriesgada. De otro lado, para que la equivalencia entre «científico» y «naturalista» fuera completa habría que probar que todas las explicaciones científicas del mundo son naturalistas, lo que no sería menos arriesgado. No obstante, la percepción culturalmente dominante es que las revoluciones científicas modernas, si no son abiertamente naturalistas, sí han naturalizado (esto es, desacralizado, secularizado o, como diría Weber, «desencantado» el mundo. (A este diagnóstico se suma tácitamente Philipse al identificar científico y naturalista.) Por añadidura, las seis áreas analizadas por Philipse muestran que si los correlatos ontológicos de la IC derivada de la ciencia moderna fueran sólo divergentes de los de la IN, pero no naturalistas, buena parte de las discusiones filosóficas características de la filosofía moderna y contemporánea o no habrían tenido lugar o habrían tenido una forma y contenido muy distintos.

Ciertamente, es naturalista *(sensu ontológico)*, y muy artificial y poco natural *(sensu epistémico)*, admitir que las especies evolucionan y que lo hacen sin seguir leyes deliberadas. Ahora bien, también es tan poco natural asumir las geometrías no euclidianas como negar que la línea más corta entre dos puntos no sea una línea recta. Negarlo es muy poco natural desde el punto de vista de las actitudes para intentarlo, de los procedimientos para adquirirlo y de la argumentación para sostenerlo. Pero ¿en qué sentido serían naturalistas las geometrías no euclidianas?

Las concepciones científicas no son naturalistas, esto es, no soportan una ontología naturalista, por ser científicas. Las geometrías no euclidianas serían naturalistas sólo si al supuesto de que atribuir al espacio una estructura tridimensional sea una creencia natural, por ejemplo en el sentido más fuerte de «innata», le añadiéramos el supuesto de que el espacio, los órganos sensoriales y la mente humana han sido creados por Dios y configurados respectivamente de tal forma que los humanos podamos conocer la estructura espacial del mundo real. Proponer una geometría alternativa (en términos realistas) podría entonces ser percibido como una provocación naturalista, pues negaría aquella armonía preestablecida entre la mente humana y el espacio euclidiano. De hecho, este argumento fue, *mutatis mutandis*, esgrimido contra Galileo, en especial contra la revisión de los límites de la experiencia natural que implicaba el uso del telescopio. Las geometrías no euclidianas no son en este sentido más naturalistas (ni menos) que el telescopio de Galileo. En consecuencia, y asumiendo que no es arbitrario el diagnóstico según el cual las revoluciones científicas modernas han naturalizado la concepción heredada del mundo, es posible una *contraposición oblicua* entre *natural* y *naturalista*. Oblicua porque contrapone los rasgos naturales de sesgo epistémico a las posiciones ontológicas: el naturalismo ontológico de la ciencia moderna es soportado por teorías con frecuencia desconsideradas con actitudes y procedimientos epistémicamente naturales.

IV

Hasta aquí he intentado deslindar diferentes ámbitos de la referencia de «natural» y «naturalista» referidos a concepciones del mundo. He sugerido que el ámbito extensional de esas nociones es asimétrico en las expresiones «concepción natural» y «concepción naturalista del mundo». Cuando utilizamos la primera evocamos una *actitud epistémica*; cuando utilizamos la segunda evocamos una *opción ontológica*. La asimetría estriba por tanto en que el rasgo *natural* en expresiones como «concepción natural del mundo», «imagen natural del mundo», «representaciones naturales», «actitudes cognitivas naturales», etcétera, afecta de forma directa y fundamental al punto de vista de sesgo epistémico y al ontológico sólo por derivación. Por el contrario, el rasgo *naturalista* en la expresión «concepción naturalista del mundo» afecta de forma directa y fundamental al punto de vista de sesgo ontológico y al epistémico o metodológico sólo por derivación. Este último es el caso cuando «naturalista» equivale a «naturalizado» o cuando se identifica «naturalista» y «científico». En suma, la expresión «concepción naturalista del mundo» equivale a «el conjunto de creencias acerca de qué es el mundo que, obtenidas por procedimientos científicos o no, no recurre a entidades supra o transnaturales en las cadenas causales de explicación de los hechos del mundo»; la expresión como «concepción natural del mundo» designa por contra conjuntos más o menos orgánicos de creencias que han sido obtenidas y justificadas siguiendo pautas determinadas y específicas. Esto es lo que da sentido a la contraposición IN *versus* IC.

Ahora bien, por razonable que sea la contraposición, no garantiza que la cesura epistémica entre IN e IC sea de trazado seguro aun en el supuesto de que hubiera consenso acerca de qué es una metodología científica y el problema de la demarcación estuviera satisfactoriamente resuelto en términos normativos. No sólo porque los procedimientos e instrumentos teóricos de la ciencia no son siempre exclusivos de ella (Sellars 1971). Más relevante es que las posiciones que hay que defender sobre la existencia y naturaleza de los rasgos característicos de la IN no son normativas, sino explicativo-descriptivas;[22] en su conocimiento están de hecho implicadas múltiples ciencias particulares. Se sigue de ahí que no podemos definir a priori el alcance real de los rasgos objetivos de la IN ni cuán naturales sean ICs dadas. (Kant no pudo criticar la geometría de Euclides por natural, pero cabe suponer que lo hubiera hecho si hubiera conocido la física de Einstein, las teorías actuales de la psicología evolutiva y las epistemologías evolucionistas.) Podemos descubrir a posteriori de los hechos científicos (y gracias a ellos) algunos rasgos «naturales» de algunas teorías. Así podemos aducir desde aproximadamente mil seiscientos argumentos a favor de que la teoría de Ptolomeo es más natural (y más errónea) que la de Copérnico; o a favor de que la noción de «especie» de la biología de Aristóteles es más natural (y más errónea) que la de Darwin (Pacho 2004).

Puedo precisar ahora, a modo de resumen, mi posición sobre los supuestos asumidos por Philipse:

(i') *¿La IN es coextensiva de lo que Sellars denomina «imagen manifiesta»?* Sólo en aquellos aspectos de la IN que coincidieran con lo que Sellars evoca como «imagen originaria». Por supuesto, estos aspectos pueden estar activos en múltiples imágenes del mundo, sin que pueda determinarse a priori si podría haber alguna IC que esté libre de todos o de la mayor parte de los rasgos característicos de la IN. Cuáles sean los rasgos de la IN es una cuestión abierta, especialmente si se acepta su estudio naturalizado (véanse iii' y iv'). Sabemos acerca de ella lo que descubran las diferentes ciencias comprometidas en su estudio; dicho en otros términos, no hay ningún criterio fiable para dar por cerrado el inventario de rasgos de la IN.

(ii') *¿La IC es naturalista?* Puede serlo y lo es de hecho en muchas teorías científicas modernas. Puede incluso que la historia de la ciencia hasta ahora conocida confirme un progresivo incremento de tesis naturalistas. En este sentido, el naturalismo derivado de la ciencia moderna respondería a actitudes y procedimientos cognitivos poco naturales. Pero es innegable que ha habido teorías científicas no naturalistas, así como que no podemos prever cuáles sean los correla-

---

[22] Ciertamente puede discutirse acerca de si la IN es más elemental que la IC (la mayoría de los autores estudiados por Philipse lo aceptan), si la IC y la IN son rivales o no (véase Pinedo 2002), etcétera. Aunque los resultados de esta discusión tienen relevancia normativa. Especialmente respecto de la prevalencia cultural de la ciencia, la determinación de los rasgos de la IC es en principio una cuestión descriptiva.

tos ontológicos de las teorías científicas futuras. La identificación de IC e imagen naturalista es, cuando menos, parcialmente arbitraria, y en cualquier caso sólo legítima como fruto de la contraposición oblicua entre lo científico en sentido epistémico y lo naturalista en sentido ontológico.

(iii') ¿*La IN no es naturalista?* No necesariamente, aunque la resistencia cultural a admitir los correlatos ontológicos de la ciencia moderna de tipo naturalista parecen confirmar una mayor proclividad de las actitudes cognitivas naturales a aceptar (o generar) compromisos ontológicos no naturalistas. En este sentido, es decir, tomando «natural» por un indicador de actitudes y procedimientos epistémicos respecto a correlatos ontológicos naturalistas asumidos por complejas teorías científicas modernas, es plausible la contraposición natural *versus* naturalista. No obstante, si la historia de las ideas mostrara que la IC se aleja progresivamente tanto de la naturalidad epistémica de la IN como de sus correlatos ontológicos no naturalistas, este hecho merecería una explicación naturalizada.

(iv') ¿*La IN no es científica?* Sí, trivialmente, si atribuimos a «natural» el significado de «no científico». Responder a esa pregunta sin hacer de ella una cuestión de nombres implica resolver satisfactoriamente una parte del clásico problema de la demarcación, tradicionalmente planteado en términos epistémicos. Esta cuestión, además de los aspectos normativos concernidos en el problema de la demarcación, incluye aspectos explicativo-descriptivos cuyo conocimiento requeriría algo más que una mirada (Philipse 2001, pág. 398) a «la investigación empírica». No sólo porque algunos de los procedimientos e instrumentos teóricos de la ciencia también son utilizados por la IN (Sellars 1971), sino también porque es imposible definir a priori el grado de naturalidad cognitiva de una concepción del mundo, sea científica o no. Definir los rasgos de la naturalidad epistémica es tarea de lo que sugiere la expresión «la investigación empírica».

La tesis de fondo (v), concerniente a la tarea de la filosofía ante la IN y la IC, merece una consideración aparte. Hacer esta consideración involucra de nuevo la tesis favorable al estudio naturalizado de la IN.

V

Philipse sostiene que los problemas de compatibilidad entre ambas desaparecerían si *no* se admite, como hizo la filosofía moderna, que la IC (o naturalista) es «verdadera y completa» (pág. 389); negado este supuesto, se mostraría que la contraposición entre la imagen natural y la científica constituye un falso problema. Pero parece que no basta con este diagnóstico. Hay que activar una terapia: la estrategia de la *complejidad estratificada*. Su efecto saludable estribaría en que, al admitir que la IC se ocupa de unos aspectos de la realidad con unos medios y la IC de otros con otros medios, satisface todos los puntos de vista, o al menos más puntos de vista que la IN sola o la IC. Lo cual no podría ser llevado ni por la ciencia ni, a fortiori, por la IN, sino por la filosofía. Las tareas expresas que Philipse atribuye a la estrategia filosófica de la complejidad estratificada deben ser realizables mediante el análisis conceptual. Pero queda en deuda con la tarea efectiva de las ciencias particulares, a las que Philipse concede –no podía ser de otro modo– mayores competencias en el estudio de la estratificación de la complejidad del mundo. Philipse cubre este flanco con un retórico «*in any case, the strategy of stratification cannot be carried out without constantly keeping an eye on empirical research*» (pág. 398), sin precisar más en qué consiste esta mirada sobre la investigación empírica ni cuál es su relevancia efectiva para los análisis conceptuales. Esta actitud es representativa de una tópica *amicalis compositio* animada por un espíritu ecléctico y conciliador que evita la cuestión de fondo. La ciencia tendría la máxima autoridad para conocer la complejidad del mundo, por lo que ha de ser tenida en cuenta. Pero, al mismo tiempo, la ciencia no podría saber cuán compleja es la complejidad del mundo, por lo que, puesto que hay diversos mundos mentales, la filosofía debería erigirse en árbitro respetuoso con todos ellos.

El diagnóstico de Philipse no sugiere que los compromisos ontológicos naturalistas que asume la ciencia moderna no estén justificados dentro de ella y requieran una justificación externa. ¿Cuál es entonces el problema? El problema es, según Philipse, que el inventario científico-naturalista no agota el mundo, como erróneamente habría creído la filosofía moderna. ¿Y?

Tomemos un ejemplo (concerniente a un aspecto del cuarto grupo de problemas ontológicos que según Philipse plantearía el naturalismo de la ciencia moderna: la eliminación de causas finales). Hay consenso en que la teoría general de la evolución explica satisfactoriamente el diseño físico que exhiben las especies desligando la noción de *diseño* de la *designio*,[23] pues, como dice Darwin, el orden de la naturaleza puede ser explicado sin «leyes deliberadas».[24] Es evidente que una explicación así de hechos naturales tan cargados de diseño como el ojo de un mamífero o, a fortiori, la existencia de cualquier especie actual, al trastocar los nexos semánticos tradicionales entre las nociones de «diseño» y

---

[23] D. C. Dennett, en *La peligrosa idea de Darwin*, Barcelona, 1999, subraya que la modificación que Darwin introduce consiste en haber disociado la noción de *diseño* de la de *orden*. Se trata de una cuestión de nombres cuyo contenido queda a mi entender más claro si se formula diciendo que Darwin disocia *diseño* y *designio*. Dennett presupone en su formulación que el orden implica designio y el diseño no, pero, en cualquier caso, su tesis es que el darwinismo prescinde de la hipótesis de un designio para explicar la posibilidad del diseño que exhiben los seres vivos.

[24] Ch. Darwin, *Autobiografía y cartas escogidas*, Fr. Darwin (ed.), 2 vols., Alianza, Madrid, 1984, págs. 350-351.

«especie», tiene fuertes implicaciones ontológicas. Estas implicaciones conciernen a cuestiones genéricas o «metafísicas» sobre la estructura profunda del mundo (sugerida por ejemplo, por la metáfora del «reloj sin relojero»)[25] y a cuestiones más concretas, como la atribución de predicados de racionalidad a objetos naturales no generados por humanos o la propia noción de «identidad específica». Estas implicaciones están justificadas en y por la teoría general de la evolución en su conjunto si esta teoría es consistente, independientemente de que haga o no desarrollos expresos sobre dichas implicaciones. Por lo general, es la filosofía la que se encarga de hacerlas explícitas. La explicitación pone en este caso de manifiesto que la noción tradicional de «especie» y la bioevolutiva, como el propio Darwin advierte, son incompatibles, y que lo son debido a sus compromisos ontológicos respectivos. Ahora bien, si se da por bueno que hay que salvar la concepción natural del mundo, cuya noción de especie es la sancionada por la tradición filosófica predarwinista, es un falso problema decir que la ciencia no pude justificar, como nos gustaría, los compromisos ontológicos de la componenda. Pero, ante todo, sostener entonces que la contraposición IN *versus* IC es un falso problema es cerrar un problema en falso.

Que esos compromisos ontológicos no sean compatibles plantea ciertamente muchos problemas para su asimilación sociocultural. Teorías científicas que como la darwinista aportan innovaciones conceptuales que afectan a capas muy profundas de la esquematización conceptual del mundo, son, por ello, de muy difícil integración cultural. Son de difícil integración cultural por la violencia que hacen a la naturalidad cognitiva de las representaciones con las que trabaja la IN. A fortiori, esas revoluciones plantean problemas a la filosofía si ésta, además de constatar y explicitar las implicaciones ontológicas de la innovación conceptual, considera un deber hacerlas compatibles con las de las nociones «naturales» y/o filosófico-tradicionales previas a la revolución científica, en nuestro ejemplo con las predarwinistas. Pero ¿cuál sería, fuera de consideraciones pragmáticas relativas por ejemplo a la integración sociocultural de la ciencia, el fundamento de ese deber?

He puesto el ejemplo del darwinismo precisamente porque Hume había diagnosticado que el nexo de la noción de *diseño* con la de *diseñador* (y por tanto con la de *designio*) forma parte de las creencias naturales o atavismos conceptuales sin los que los humanos no sabríamos organizar conceptualmente el mundo; porque Kant había pronosticado (*UK*, pág. 338), equivocadamente, que nunca podría haber «un Newton» de la biología (esto es, una teoría que explicara el origen de las especies por leyes meramente naturales), ya que ello implicaría separar la noción de diseño u orden en el reino orgánico de la noción de

---

[25] R. Dawkings, *El relojero ciego*, RBA, Barcelona, 1993.

designio (*Absicht*); porque Darwin observa que la noción tradicional de especie formaba parte de la «losa de prejuicios» conceptuales que aplasta a la hipótesis evolucionista, y comprende que la losa pesa porque su semántica era inseparable de nociones como «plan», «identidad invariable» o «esencia», por lo que, concluye, trabajar con su noción de especie provoca inevitablemente una «natural repugnancia».[26] He aludido al darwinismo porque la reacción en contra conceptualmente mejor organizada (la del teólogo William Paley [1743-1805]) confirmó el diagnóstico de Darwin al servirse sistemáticamente en su argumentación de la «creencia natural», en el sentido humeano del término, de que el diseño no es posible sin designio previo o leyes deliberadas. En definitiva, he hecho alusión al darwinismo porque estos hechos histórico-conceptuales ponen de manifiesto que el nexo semántico entre «diseño» y «designio» en la explicación de la naturaleza constituye, como muestra el debate predarwinista sobre del origen de las especies, una parte concluyente de un esquema de conceptualización que predetermina cómo describir y explicar ciertos aspectos del mundo, y que este esquema, como asume Hume, es cognitivamente muy natural –sin que afirmarlo implique asumir que sea verdadero o falso.

En consecuencia, cuando, como en el caso del darwinismo biológico, la IC prescinde de un esquema de conceptualización de ese tipo (básicamente que el azar no absorbe orden por sí mismo, sin ayuda de leyes deliberadas) o lo modifica de forma sustantiva, entonces la IC plantea suculentos problemas para la filosofía de la ciencia, de la cultura, etcétera. Pero no parece razonable defender que la teoría de la evolución le plantee *a la filosofía* problemas de decisión entre la concepción científica o la natural, salvo que se adopten enfoques pragmáticos radicales (o cínicos), del tipo: bien, la ciencia tiene sin duda razón, pero hay motivos para seguir pensando como si estuviera equivocada. La ciencia no plantea aquí problemas ontológicos a la filosofía, sino que descubre errores en ciertas inercias «naturales» de categorización asumidas y sancionadas por la tradición filosófica. A no ser, claro está, que la mirada constante sobre la «investigación empírica» que se reclama (no sólo por Philipse) sea una cláusula retórica de prevención para disimular la decisión de no acatar los resultados de esa investigación cuando no coincidan con las decisiones ontológicas preconcebidas. O a no ser que la estrategia de la estratificación no obedezca a fines veritativos y sólo pretenda escenificar juegos hermenéuticos que distraigan de la toma de decisión. En este caso se reforzaría tácitamente la posición consistente en defender la vigencia y bondad culturales de la IN, en especial cuanto más naturalista fuera la ontología de la IC. Y se haría de la filosofía una especie de juez de paz entre ambas sin tomar parte por ninguna. ¿Evita la filosofía esta neutralidad estéril mediante la estrategia de la estratificación?

---

[26] Ch. Darwin, *El origen de las especies*, Espasa Calpe, Madrid, 1988, pág. 564.

A este respecto es pertinente volver sobre la posición de la compatibilidad complementaria defendida por Ryle, pues Philipse la considera acertada, aunque incompleta. La posición de Ryle está basada en la tesis de que no es necesario ni consistente optar de forma disyuntiva entre la IN y la IC. Esta posición, al menos como Philipse interesadamente la reconstruye, equivale a un pragmatismo entre derrotado y paternalista y, en el sentido no normativo que aquí atribuyo al término, poco «natural». El argumento de Ryle en contra de la decisión obligada entre la IN y la IC es ante todo un argumento contra la noción metafísica o esencialista de «totalidad del mundo», que tácitamente se admitiría al suponer que la física contiene el inventario completo del mundo. No seguiré esta idea porque no es necesario admitir que la física contiene una descripción completa del mundo para aceptar que sea bueno decidir entre la IN y la IC cuando haya disenso en cuestiones descriptivo-explicativas. Para que sea razonable discernir y optar en consecuencia bastaría con que la descripción científica del mundo satisficiera mejor criterios epistémicos (especialmente los orientados a optimizar el valor verdad). (La exhaustividad no se podría utilizar como criterio de bondad epistémica en ese sentido, pues implicaría operar con la noción apriorística, es decir, metafísica de «totalidad del mundo» que Ryle critica con razón.) Pero si no es necesario asumir que la ciencia contenga la descripción completa del mundo para valorar su punto de vista frente a otros alternativos, como el de la religión o el de la IN, la abstención de la decisión sólo puede estar justificada pragmáticamente, sea por paternalismo, por pesimismo sociocultural o cualquiera otra razón.

Argumentos pragmático-normativos aparte, esa abstención, decía, es poco natural. Desde antiguo hemos dado a la inteligencia humana también el nombre de «capacidad de juicio» o de «discernimiento». La curiosidad intelectual de los humanos, según Aristóteles y Descartes, origen de la ciencia (Descartes llega a decir que los más curiosos son también los más inteligentes), es más proclive a discernir en términos veritativos entre posiciones hipotéticamente contrarias que a mantener la neutralidad. La posición de la complementariedad sin discriminación es análoga a la esquizofrenia que representaba la teoría de las «dos verdades» en la Edad Media en torno a las verdades filosóficas o «naturales» y las teológicas o reveladas («natural» se opone a «revelado» todavía durante toda la Edad Moderna). El propio análisis de Philipse, aunque discutible en varios aspectos históricos y conceptuales, muestra que la revolución científica llevó a los filósofos a clarificar ideas recibidas que, siendo compatibles con una concepción natural del mundo, no lo eran sin más con las de la nueva ciencia; y sostiene que no haber resuelto de manera satisfactoria los problemas que de ahí surgían habría sido la causa del desideratum de los filósofos del siglo XX de reconstruir la IN y hacer un diagnóstico y/o terapia de las relaciones entre ésta y la IC. Es cuando menos extraño que se proponga como solución una estrategia que permita a la filosofía actuar de juez sin tomar posición por ninguna de las partes.

Philipse respondería acaso que la ventaja de la estrategia que propugna sí tomaría posición, aunque siempre desde puntos de vista distintos y complementarios. Pero no se alcanza a ver qué relevancia filosófica tendría sostener, por ejemplo, que la emergencia de diseño («emergencia» es una noción clave de la estrategia de los estratos de complejidad) por causas naturales se da en un determinado estrato de la complejidad del mundo y que a ese estrato sólo se accede desde un punto de vista (o estrato epistémico) de muy alta complejidad cognitiva, el científico, *si tal diagnóstico no tiene consecuencias discriminatorias*. Sobre todo si se admite, como hace Philipse, que esta complejidad cognitiva, la científica, es también la más solvente para conocer la complejidad de los estratos del mundo, mientras que el nivel cognitivo de la IN es más básico desde un punto de vista epistémico pero no el más fiable con arreglo a fines veritativos. Dicho en otros términos: la estrategia de los puntos de vista y/o de la estratificación no puede eludir el problema de la decisión entre la IN y la IC ni, por tanto, el de las competencias para establecer criterios de decisión. Es decir, encubre, pese a partir de él, el problema de la demarcación entre IN y IC. La filosofía moderna no se habría obcecado en resolver un falso problema; habría comprendido desde el inicio que la ciencia moderna planteaba muy serios problemas.

Como he sugerido, si se excluye el aspecto concerniente a la recepción sociocultural, las estrategias de compatibilización cierran un problema en falso al pretender armonizar opciones ontológicas cuya respectiva justificación depende de instancias cognitivas distintas y de diferente valor. Es una seudosolución compatibilizar ontologías distintas pasando por alto las diferentes instancias cognitivas de las que esas ontologías respectivamente dependen. Philipse interpreta el problema de la demarcación como un derivado sólo de las opciones ontológicas implicadas en las teorías científicas modernas y su relación con las de la IN, pero omitiendo valorar sus respectivos soportes epistémicos. He sugerido que la existencia de opciones ontológicas distintas es de hecho un derivado de las diferencias epistémicas. (No se ocasionan revoluciones científicas para conseguir revoluciones culturales que modifiquen radicalmente la IM heredada, sino que algunas teorías científicas ocasionan revoluciones culturales porque su innovadora forma de explicar el mundo modifica también nuestras creencias acerca del mundo.) Sostengo en consecuencia que el problema de la demarcación no puede abordarse confrontando opciones ontológicas en litigio desligadas de su soporte epistémico (argumentativo) respectivo.

Por la misma razón considero tanto más pertinente el análisis de contraste entre las instancias cognitivas que se activan respectivamente en las concepciones del mundo *naturales* y *científicas* (éstas predominantemente naturalistas). Este análisis, si no desvirtúa el problema de la demarcación utilizando los compromisos ontológicos respectivos como irrenunciables y válidos para cada contexto, puede facilitar tanto la decisión como la comprensión de las dificultades para la integración cultural, también por parte de los círculos filosóficos, de concepciones científicas del mundo cuyas implicaciones ontológicas violentan las que siguen las pautas de instancias cognitivas naturales.

Para dar a este análisis una base sólida sería conveniente tener en cuenta (sin anteponer prejuicios ontológicos) la investigación *naturalizada* de los rasgos epistémicos de la IN. He sugerido antes que la contraposición natural *versus* científico-naturalista (y viceversa) se vería reforzada si hay argumentos a favor de la existencia de rasgos (con)naturales del conocimiento, esto es, no dependientes, *pace* Th. S. Kuhn, de la percepción histórica de una creencia. Se evitaría así la engorrosa cuestión de definir el ámbito referencial intersubjetivo de la expresión «sentido común». Tácitamente vengo sosteniendo que la noción de «sentido común», que con frecuencia se utiliza como sinónimo de IN (e «imagen manifiesta»), sólo es relevante cuando la referencia del término «natural» *no* es equivalente a la de «plausible» o «evidente en un contexto histórico concreto». Pero ¿cómo fijar la existencia y características de los rasgos de naturalidad epistémica de una IM dada que no fueran equivalentes a su condición «manifiesta» en un contexto histórico concreto?

La filosofía ha ofrecido explicaciones de la IN, y aledaños como las nociones naturales o la actitud cognitiva natural, basándose en introspecciones o en análisis intuitivos que procesan de forma amalgamada ciertos aspectos psico y socioculturales trufados de epistemología normativa. Estas investigaciones filosóficas sobre los rasgos de la IN se han hecho siempre (de forma parcial y subordinada desde inicios de la Ilustración, de forma sistemática desde Avenarius 1891) con muy escasa base empírica y con una metodología rudimentaria, por lo general creada ad hoc por el filósofo de turno. Sellars (1971, pág. 15) intuye el problema al afirmar que dentro de la imagen manifiesta habría rasgos constitutivos provenientes de la evolución filogenética. A estos rasgos alude con la expresión «imagen originaria». Sus elementos constitutivos tendrían peso en la imagen manifiesta y (cabe presuponer) también en la IC. Pero apenas profundiza sobre sus rasgos específicos y su alcance en la manifiesta y en la científica. Ésta es una cuestión que no interesa a las epistemologías «filosóficas», tanto prekuhnianas como poskuhnianas. Es decir, la filosofía ha descuidado los aspectos psicocognitivos, psicoevolutivos, socioculturales, antropológicos y lingüísticos necesarios para elaborar una teoría general de la IN. A cambio, la prospección filosófica se ha centrado, con cierto éxito, en aspectos epistémicos puros, esto es, desde un enfoque no naturalizado y, en consecuencia, con muy escasa información empírica.

Puede parecer trivial que esto haya sido así, habida cuenta de que la naturalización de la epistemología implica el recurso a competencias convencionalmente no propias de la filosofía. Pero esta investigación se está llevando a cabo con éxito por quienes se han desprendido del dogma purista de la antropología cultural dominante durante buena parte del siglo pasado: «*Omnis cultura ex cultura*».[27] Estos estudios naturalizados descubren pautas de comportamiento o esquemas de interpretación de la realidad cuya validez intercultural difícilmente puede atribuirse al azar y que forman parte de la natural forma de codificar los humanos simbólicamente el mundo.[28] El núcleo duro de esta investigación concierne directamente al viejo problema de los universales culturales y lingüísticos, ocasionalmente denominados también «universales cognitivos», «lógica material» o «lógica prístina».[29] Si mi sugerencia a favor de la pertinencia del análisis del soporte epistémico de las opciones ontológicas para el problema de la demarcación es consistente, sería arbitrario negar relevancia para nuestro contexto a la posible existencia de universales cognitivos. Tales universales, de existir, serían integrantes primarios de la IN. Y sería razonable suponer que su violación por parte de la IC será tanto menos probable históricamente, o tanto más tardía, cuanto más profundo sea el nivel estructural del sistema cognitivo humano en el que esos integrantes se hallen instalados. Parece también evidente que su investigación resultaría incompleta si se renuncia a su naturalización. El análisis conceptual será pertinente para mostrar, como se ha hecho ya en gran medida desde el siglo XIX, qué rasgos epistémicos diferencian una IM dada o un tipo de IM de otros. Es también indispensable para abordar cuestiones de la relación entre lenguaje e IM tales como la conmensurabilidad entre imágenes de tipo y marco cultural distintos, o adyacentes, como el de la indeterminación de la traducción. Pero el análisis conceptual de estos problemas sería más fructífero si tuviera en cuenta los resultados de lo que Philipse evoca como investigación empírica, pues estaría pautado con menor discrecionalidad conceptual al disponer de una base empírica más sólida y generalizada. Tendríamos mejor conocimiento acerca de qué correlatos ontológicos de la IC moderna son más accesibles a (o compatibles con) los rasgos epistémicos de la IN y por qué. Por contraste, resaltarían los rasgos epistémicos que están implicados en la asunción de correlatos ontológicos naturalistas por parte de la IC. Se podría, en suma, teorizar con más rigor sobre la aptitud de las actitudes naturales para asumir posiciones naturalistas como las de la IC y, por añadidura, sobre condiciones epistémicas no dependientes culturalmente que dificultarían la integración cultural de la ciencia.

---

[27] Un excelente estado de la cuestión en la antropología cultural en E. Brown, *Human Universals*, McGraw-Hill, Nueva York, 1991.

[28] Resumen de enfoques naturalizados desde diversos frentes que permitiría reconstruir los rasgos básicos de la IN en St. Mithen, *The Prehistotory of the Mind, A Search for the Origins of Art, Religion and Science*, Londres, 1996, págs. 31-64.

[29] G. Dux, «Ontogenetische und historische Entwicklung des Geistes», en G. Dux y U. Wenzel (eds.), *Der Prozeß der Geistesgeschichte, Studien zur ontogenetischen und historischen Entwicklung des Geistes*, Frankfurt, 1994, págs. 173-247.

BIBLIOGRAFÍA

AVENARIUS, R., «Der Natürliche Weltbegriff», en *Der menschliche Weltbegriff*, ([1]1891), Leipzig, [3]1927, págs. 4-20.

DENKEL, A., «Natural Meaning», *Australian Journal of Philosophy*, 70, 1992, págs. 296-306.

EDINGTON, *The Nature of the Physical World*, Cambrige Univ. Press, Cambridge, 1928.

GIERE, R. N., «Philosophy of Science Naturalized», *Phil. of Science*, 52, 1985, págs. 331-356.

GRICE, H. P., «Meaning», en *Studies of the Way of Words*, Cambridge, Londres, 1989, págs. 213-223.

HARTMANN, N., *Der Auffbau der realen Welt*, Berlín, 1940.

HEIDEGGER, M., *Sein und Zeit*, Berlín, 1927.

– *Die Frage nach dem Ding*, Tubinga, [1]1962.

HORNSBY, J., *Simple Mindedness: In Defense of Naive Naturalism in the Philosophy of Mind*, Harvard Univ. Pr., Cambridge, 1997.

KANITSCHEIDER, B., *Im Innern der Natur, Philosophie und Physik*, Darmstadt, 1966.

KEIL, G., y SCHNÄDELBACH, H. (eds.), *Naturalismus*, Frankfurt, 2000.

KORNBLITH, H., «What is Naturalistic Epistemology?», en Kornblith H. (ed.), *Naturalizing Epistemology*, Cambridge, Londres, 1985, págs. 1-13.

KRIKORIAN, Y. H. (ed.), *Naturalism an the Human Spirit*, Nueva York, 1944.

PHILIPSE, H., «What is a Natural Conception of the World?», *International Journal of Phil. Studies*, 9, 2001, págs. 385-399

PACHO, J., «Las imágenes del mundo y el porvenir de la filosofía», *Revista de Filosofía*, 1997, págs. 74-99

– «De la diferencia entre "natural" y "naturalista". Datos para la historia de una confusión», *Ontology Studies*, 1, 2000, págs. 337-347.

– «Imagen del mundo e innovación conceptual en el darwinismo. En torno a la noción evolutiva de especie», *Ontology Studies*, 4, 2005, págs. 111-123.

PAPINEAU, P., *Philosophical Naturalism*, Oxford, 1993.

PINEDO, M. de, «De la imagen manifiesta a la actitud natural: el lugar de la ciencia en nuestra comprensión del mundo», *Revista de Filosofía*, 25, 2002, págs. 145-162.

POTTER, J., «Two Kinds of Natural», *Discourse Studies*, 4, 2002, págs. 539-542.

RORTY, R., «¿Es la ciencia un género natural?», en *Objetividad, realismo y verdad*, Paidós, Barcelona, 1996, págs. 71-92.

RYLE, G., «Critical Notice of Martín Heidegger, *Sein und Zeit*», *Mind*, 38, 1954, págs. 355-370.

– «The World of Science and the Everyday World», en *Dilemas*, Cambridge Univ. Press, Cambridge, 1954, cap. 5.

SELLARS, W., «La filosofía y la imagen científica del hombre», en *Ciencia, percepción y realidad*, Tecnos, Madrid, 1971, págs. 9-49.

SPEER, S. A., «"Natural" and "Contrived" Data: A Sustainable Distinction?», *Discourse Studies*, 4, 2002, págs. 511-526.

STRAWSON, P. F., *Skepticism and Naturalism*, Londres, 1985.

VOLLMER, G., «Was ist Naturalismus?», en Keil, G. y Schnädelbach, H. (eds.), *Naturalismus*, Frankfurt, 2000.

WILLIAMS, M., *Unnatural Doubts. Epistemological Realism an the Basis of Scepticism*, Oxford, 1991.

WOLPERT, L., *The Unnatural Nature of Science*, Londres, 1992.

HOLISMO QUINEANO Y NATURALISMO QUINEANO*

Christopher Hookway
(Universidad de Sheffield)

I. DEL HOLISMO AL NATURALISMO

Está fuera de toda duda que el enfoque naturalista de la filosofía de Quine surgió del rechazo que hizo en sus primeros escritos de algunas dicotomías filosóficas fundamentales. Como es bien sabido, en *Los dos dogmas del empirismo* (1953, capítulo II) y en otros textos rechazó la distinción tradicional entre enunciados analíticos y sintéticos, y, sin distinguirla de este primer resultado, la distinción entre conocimiento a priori y a posteriori. Si se admiten estos resultados, entonces debemos rechazar la idea igualmente tradicional de que la filosofía busca un cuerpo específico de conocimientos a priori: si se abandona la categoría de lo apriorístico, entonces no podemos apelar a ella para explicar lo que es característico de la filosofía. No podemos proporcionar una explicación epistemológica de la diferencia entre la filosofía y la ciencia experimental partiendo de que la filosofía suministra un conocimiento a priori, mientras que el conocimiento proporcionado por las ciencias naturales es a posteriori. Ni tampoco podemos explicar las aparentes diferencias metafísicas o lógicas entre los conocimientos suministrados por las matemáticas y por la biología señalando, por ejemplo, que los primeros se presentan como proposiciones analíticas, que son necesariamente verdaderas, mientras que los segundos nos llevan a aceptar proposiciones contingentes, que son sintéticamente verdaderas.

Con el colapso de esas dicotomías, estas disciplinas quedan *en algún sentido* al mismo nivel. Y, en ese caso, también el conocimiento filosófico y el conocimiento científico quedan *en algún sentido* al mismo nivel. Y esto puede ser expresado diciendo que la filosofía ocupa un capítulo de la «ciencia natural», como Quine afirma a menudo en escritos como *La epistemología naturalizada* (1969, págs. 69-90).

---

* Traducción de Manuel Garcés Vidal (Universitat de València).

II. EPISTEMOLOGÍA COMO PSICOLOGÍA, EPISTEMOLOGÍA COMO MATEMÁTICA APLICADA

La ciencia y las matemáticas, la ciencia y la lógica, quedan «*en algún sentido* al mismo nivel». Pero ¿qué sentido es éste? ¿Cuáles son en verdad las continuidades o las semejanzas entre la ciencia y las matemáticas? Y entonces, ¿qué está implicado en la naturalización de la filosofía? ¿Cómo deberíamos concebir el colapso de la distinción entre los conocimientos a priori y a posteriori? ¿Y cuáles son sus implicaciones para la filosofía? Muchos filósofos simpatizantes con el naturalismo extraen una conclusión muy peculiar de los propios argumentos de Quine y, por ahora, no me parece que ésta *pueda* derivarse ni del naturalismo ni de los argumentos de Quine. Esta conclusión consiste en que, por lo anterior, deberíamos basar la filosofía en la ciencia natural –en la psicología, en la biología o en la física: la filosofía, por así decirlo, devendría experimental–. Como veremos, Quine ha hecho muchos méritos para fomentar la obtención de esta conclusión, especialmente cuando nos insta a considerar las cuestiones epistemológicas como cuestiones psicológicas. Pero, si la lógica y las matemáticas están *en algún sentido* al mismo nivel que las ciencias naturales más comunes, el colapso de las conocidas dicotomías nos dejaría con la opción de hacer filosofía de forma naturalista basándola en tales ciencias naturales como la lógica y las matemáticas. Es difícil ver qué hay en *Los dos dogmas del empirismo* que nos persuada de elegir la psicología como nuestro paradigma de una «ciencia natural», antes que la lógica o la teoría de conjuntos.

Ciertamente, las sugerencias de Quine sobre cómo hacer epistemología normativa nos incitan a plantear estas cuestiones. Distingamos dos temas característicos de sus escritos sobre epistemología. El primero es muy conocido:

> La epistemología, o algo parecido, simplemente ocupa un capítulo de la psicología y, por tanto, de la ciencia natural. Estudia un fenómeno natural, un sujeto humano físico. A este sujeto humano se le aporta una cierta entrada [input] controlada experimentalmente –ciertos patrones de irradiación en distintas frecuencias– y, al cabo del tiempo, este sujeto produce como salida [output] una descripción del mundo exterior tridimensional y de su historia. La relación entre la pobre entrada y la torrencial salida es una relación que nos mueve a estudiarla, en cierto modo, por las mismas razones que siempre motivaron la epistemología, esto es, comprender cómo la evidencia se relaciona con la teoría, y de qué manera la propia teoría de la naturaleza trasciende cualquier posible evidencia (1969, págs. 82-83).

Aquí nos hallamos ante una peculiar perspectiva del problema fundamental de la epistemología, que es el siguiente: ¿cómo se relaciona la evidencia con la teoría? También encontramos un modo de formular tal pregunta que hace que parezca obvio que requiera lo que podríamos llamar una respuesta «experimental».

Cuando se le pregunta a Quine cómo puede ocuparse la epistemología natu-ralizada de la dimensión normativa del sujeto, su respuesta habitual es que la epistemología normativa es epistemología naturalista aplicada: una vez sabemos cómo rigen las leyes naturales la cognición, podemos explotar esta información en la reflexión sobre cómo debemos buscar nuestros fines epistémicos.

En defensa de esta idea, Quine esgrime unos ejemplos favoritos; casos donde podemos derivar «deberes» epistémicos a partir de nuestra epistemología natura-lizada: «En la medida que se naturaliza la epistemología teórica como un capí-tulo de la ciencia teórica, se naturaliza la epistemología normativa como un capítulo de la ingeniería: la tecnología de anticipación de estimulación sensorial» (1990, pág. 19). Su ejemplo favorito de lo anterior es «la exposición y la corrección de la falacia del jugador: la insidiosa noción de que una tendencia de mala suerte incrementa la probabilidad de que el próximo intento resulte ganador» (1994, pág. 50). Esto, aprendemos, es «el lado terapéutico de la teoría estadística, una rama sustantiva de la matemática aplicada que es parte integrante de la episte-mología normativa» (ibídem). Ahora bien, esto es coherente con sus otras afir-maciones sólo si las matemáticas son ellas mismas parte de la ciencia natural. Y si las matemáticas son parte de la ciencia natural, entonces, según parece, tam-bién lo será la lógica. Y si las aplicaciones de la lógica y las matemáticas son aplicaciones de la epistemología naturalizada entonces, presumiblemente, la lógica y las matemáticas forman parte de la epistemología naturalizada. En cuyo caso, la identificación de Quine de la epistemología como parte de la *psicología* podría parecer extraña: la psicología podría ser *parte* de la epistemología, pero aquí no termina la historia. Y el resto de esta historia estará compuesto de cosas que no se parecen a las ciencias naturales ordinarias, tales como la psicología experimental. Y una vez la lógica y a las matemáticas son aceptadas como parte de la ciencia natural, resulta interesante preguntarse qué más debería ser admitido también.

III. DISTINCIONES Y DICOTOMÍAS

Cuando examinamos los escritos de filósofos impresionados por el ataque de Quine a esas dicotomías tradicionales y que lo usan como base para adoptar el naturalismo como método filosófico, a menudo observamos rastros de una par-ticular visión de la vida carente de esas dicotomías. Abandonar la distinción ana-lítico/sintético supone reconocer que todo es, en realidad, sintético: la clase de las oraciones analíticas deviene vacía. Y abandonar la distinción a priori/a pos-teriori implica la conclusión de que realmente todo es a posteriori. Resulta in-dicativo de esta conclusión que Putnam escribiera un artículo a mediados de los años sesenta originalmente titulado *¿Es empírica la lógica?,* y, basándose en la lógica cuántica, ofreciera una respuesta afirmativa. Quine, la historia sigue, mostró que no hay conocimiento a priori, todo es a posteriori, cualquiera de nuestras creencias podría ser revisada a la luz de la experiencia recalcitrante. Y sobre esta base se concluye entonces que, dado que todo conocimiento es, *en realidad*, a posteriori, la filosofía debería admitir este hecho y reconocer que sus cuestiones son realmente empíricas, esto es, son en verdad cuestiones que pueden ser respondidas mediante lo que podemos entender como investigación experimental: la epistemología deviene psicología de la cognición, la filosofía de la mente deviene psicología de forma más genérica, la filosofía de la ciencia deviene, tal vez, historia de la ciencia, etcétera. Y las afirmaciones explícitas de Quine respecto a que la epistemología es un capítulo de la psicología parecen respaldar esto.

Pero esto, a mi parecer, es un error, al menos aplicado a la posición de Quine. Cuando Quine ataca la categoría de lo analítico, rechaza también la utilidad del término «sintético»; y cuando rechaza lo a priori, también rechaza lo a posteriori. En el resto de esta sección defenderé esta afirmación como una tesis sobre Quine. En la próxima sección comentaré algunos temas quineanos que encubren lo que realmente está ocurriendo.

Resulta fácil hacer atractiva la distinción a priori/a posteriori. Podemos identificar algunos campos de conocimiento que busquen demostraciones y descansen en cálculos, y otros que dependan de experimentos u observaciones controladas del mundo exterior. Nadie podría ser insensible a las diferencias entre las matemáticas y la biología, entre la lógica y la química, y así sucesivamente. Y, según parece, no habría nada malo en usar expresiones como «a priori» o «a posteriori» para designarlas. Lo mismo ocurre para lo analítico y lo sintético: como el mismo Quine llega a admitir, podemos calificar «Los solteros son no-casados» como analítico, porque nadie que lo cuestionara podría contarse entre quienes comprenden las palabras que contiene (véase, por ejemplo, 1973). Y Quine afirmó también algunas veces que la lógica era verdadera «en virtud de nuestro esquema conceptual». Y otros enunciados están mucho más estrechamente vinculados a la observación: «Llueve ahora», «Ese libro es azul», etcétera. Hay muchas distinciones que trazar aquí, y cualquiera de ellas podría ser útil para todo tipo de propósitos. Sea lo que fuera lo que Quine pudo haber pensado que había establecido al escribir *Los dos dogmas del empirismo*, Putnam ha argüido de forma convincente –y Quine lo ha reconocido más recientemente– que estas distinciones pueden ser útiles y legítimas.

Pero, dice Putnam, se puede aceptar «la percepción de Quine (de que hay una extensa gama de enunciados que no pueden ser simplemente clasificados o bien como verdades analíticas, o bien como enunciados acerca de hechos observables) y, a la vez, mantener la modesta idea de que hay también casos que caen en cualquiera de ambos lados de la distinción especificable de la siguiente manera: los enunciados de un lenguaje que son trivialmente verdaderos en virtud de los significados de sus palabras, y enunciados que no lo son» (2002, pág. 13). Además, podemos seguir dando valor a estas distinciones y, a la vez, rechazar la idea de que aquí tenemos una dicotomía fundamental, una distinción que es tal que cualquier enunciado debe caer claramente en una parte o en otra. Y si esto es correcto, podemos abandonar la dicotomía y, a la vez, seguir tomando en serio las muchas diferencias que subyacen a nuestras intuiciones acerca de lo que es analítico y acerca de dónde podemos tener un conocimiento a priori.

Entonces, ¿qué más sería necesario aquí para que hubiera una dicotomía propiamente dicha? En primer lugar, las distinciones poseen ciertos «ámbitos de aplicación» y no *siempre* podrían ser aplicadas; pero una dicotomía, como la que Quine estaba atacando, debería reservar un lugar para toda oración: la pregunta «¿analítico o sintético?» debe «tener sentido aplicada a cada uno de los enunciados de la física teórica» (2002, pág. 11). En segundo lugar, incluso si nuestra respetable noción de «analiticidad» pudiera permitir una distinción entre lo analítico y lo no-analítico, no se seguiría que «esos otros tipos de enunciados cayeran en una única clase de "enunciados sobre cuestiones de hecho" (Hume) o en una única clase de "enunciados sintéticos" (Kant)» (2002, pág. 13). En tercer lugar, como la dicotomía fue considerada filosóficamente importante («filosóficamente obligatoria» (2002, pág. 13), «*ambos* lados de la distinción fueron considerados como clases naturales, cada uno una categoría cuyos miembros poseían una propiedad "esencial" en común». De esta forma, la dicotomía requiere que haya dos clases naturales de enunciados, y que cada una de ellas comparta una característica común esencial y entre ambas proporcionen una exhaustiva clasificación de todos los enunciados utilizados en el riguroso discurso científico. Si no podemos determinar a qué clase pertenece alguna oración, eso supone una evidencia de imperfección lingüística. Y la perspectiva de la que es partidario Putnam, y también Quine después de *Las raíces de la referencia*, consiste en que, mientras haya una clase relativamente pequeña y no particularmente interesante de «enunciados analíticos», el elevado número de enunciados que no pertenecen a esa clase no muestran ninguna particular unidad:

> La posibilidad de que haya muchos *tipos* de enunciados que sean «no-analíticos», y la posibilidad de que la identificación de un enunciado como no «analítico» no supusiese (todavía) la identificación de un *tipo* de enunciado filosóficamente interesante, fueron posibilidades perdidas desde el principio (del movimiento positivista) (2002, pág. 13).

Es significativo que la distinción obtuviera su credibilidad de una imagen del conocimiento que fue en origen humeana, una imagen que incorpora una comprensión particular y unificada de lo que hace que algo sea un enunciado de hecho.

IV. NATURALISMO Y HOLISMO SIN LAS DICOTOMÍAS

Una vez nos percatamos de que es esto lo que está pasando, se hace evidente un rasgo interesante de la estrategia de *Los dos dogmas del empirismo*. Si lo analítico y lo sintético forman una dicotomía, proporcionan también un exhaustivo conjunto de «clases naturales», cada una de las cuales tiene, presumiblemente, su propia esencia, su propio principio unificador. Y cada una posee su relevancia a través de sus relaciones con la otra: las explicaciones que proporcionamos sobre estas clases deberían dar cuenta del hecho de que el sistema de clasificaciones que proporcionan es *exhaustivo*. Por otra parte, cuando Putnam describe éstas como dicotomías *metafísicas*, quiere decir, supongo, que conforman clasificaciones muy relevantes y fundamentales, clasificaciones que pueden explicar importantes características de nuestro conocimiento y de nuestra experiencia. De esta manera, la distinción entre analítico/sintético podría prometer explicaciones de la distinción metafísica entre necesidad y contingencia, así como también de distinciones epistemológicas fundamentales entre lo a priori y lo a posteriori.

Si esto es así, ¿cómo funciona entonces la estrategia de *Los dos dogmas del empirismo*? En las primeras secciones, Quine busca una explicación de la «esencia» de la analiticidad de forma directa, examinando explicaciones que apelan a convenciones, a reglas lingüísticas, a una sustitutividad necesaria, etcétera. Estos intentos de caracterización positiva tendrán éxito sólo si comprendemos las nociones apropiadas de regla, necesidad, etcétera, y la sugerencia aquí es que no podemos proporcionar explicaciones de estas nociones que habilitaran a «analítico» para de ejercer su pretendido papel como parte de una dicotomía metafísica. En la sección VI, Quine da un paso más sugiriendo que podemos apelar a la teoría verificacionista del significado con el fin de proporcionar una explicación sistemática tanto del término «analítico» como del término «sintético», todo de una vez: los enunciados sintéticos son aquellos cuyo significado puede ser explicado identificando los conjuntos de expectativas sobre la experiencia futura que deberíamos tener si las oraciones fueran verdaderas. Y los enunciados analíticos son aquellos a los que no estaría asociado ningún conjunto de experiencias. Y entonces, más que cualquier otra cosa, tenemos que abandonar la dicotomía a causa de las insuficiencias de su posición sobre lo *sintético*. La analiticidad va junto a un particular modo de dar sentido a lo sintético, y esa explicación de lo sintético tiene que ser abandonada. Algunos enunciados encajarán en ese modelo –oraciones que tienen un determinado significado estimulativo–, pero no hay muchos de ésos. Y las oraciones que *no* sean sintéticas según ese criterio, incluirán muchos enunciados que, preteóricamente, tendrían que pertenecer al lado sintético de cualquier dicotomía analítico/sintético adecuada.

Y el resultado final del argumento no sólo es que, por ejemplo, los enunciados matemáticos son mucho más parecidos a los enunciados de la ciencia natural de lo que hubiéramos supuesto, sino que también los enunciados típicos de las ciencias naturales son mucho más parecidos a los enunciados matemáticos de lo que habríamos esperado.

Los positivistas lógicos apelaron a la noción de analiticidad para indicar que nuestra aceptación de algunos enunciados dependía de la convención. Como señala Putnam, una vez que los positivistas hubieron argüido que una buena parte de la lógica era producto de la convención, empezaron a discutir sobre si, por ejemplo, el principio de conservación de la energía era «analítico o sintético», una cuestión que debe ser respondida si es que la ciencia tiene que ser completamente «racional» (2002, pág. 13). Y en *Verdad por convención*, Quine atribuyó esto a «un fallo a la hora de apreciar que este rasgo legislativo es un rasgo muy genérico de las hipótesis científicas», y no un rasgo que posean unos enunciados y no otros; y también lo atribuyo a «un error de apreciación de que es un rasgo del evento que pasa, y no de la verdad que es así instituida».

> El saber de nuestros padres es un entramado de oraciones. En nuestras manos se desarrolla y cambia, a través de revisiones y adiciones más o menos arbitrarias por nuestra parte, más o menos directamente ocasionadas por la continua estimulación de nuestros órganos sensoriales. Es un saber gris pálido, negro para los hechos y blanco para las convenciones. Pero no he encontrado ninguna razón sustantiva para concluir que haya algunos hilos totalmente negros en él, o algunos totalmente blancos (Quine, 1976, pág. 132; citado en Putnam, 2002, pág. 12).

La distinción analítico/sintético se aprovecha de rasgos que, en grados diferentes, se encuentran en todos los enunciados, e intenta redescribir nuestro lenguaje para que cada oración sea caracterizada por sólo uno de estos rasgos. Quine podría estar equivocado al decir que no hay rasgos que sean completamente negros o completamente blancos; para superar la dicotomía, sólo necesita mostrar que muchos de los enunciados más importantes no son ni completamente negros ni completamente blancos.

Curiosamente, Putnam rechaza este tema particular de la filosofía de Quine. Más que afirmar que todas las oraciones contienen rastros de lo analítico y rastros de lo sintético, él prefiere concluir que la mayoría de los enunciados no son eficazmente descritos ni como analíticos ni como sintéticos. A Quine le parece una figura retórica útil decir que todos los enunciados caen en ambos lados de la «dicotomía»; para Putnam resulta más esclarecedor decir que la mayoría de los enunciados no caen en ninguno de los lados. Los mismos enunciados podrían ser usados algunas veces en la investigación de un modo que determinase que no son evaluables mediante prueba empírica, y otras veces, podría ser esto mismo el sujeto de la prueba empírica. Y podríamos coincidir en que, en el primer caso, el hecho de que el enunciado no haya sido sometido a experimentación es una decisión convencional. Pero éstos son rasgos de los usos particulares del enunciado, no rasgos semánticos duraderos propios de los enunciados mismos. Seguir en este aspecto a Putnam podría ser importante para controlar lo que es propio de los enunciados matemáticos dentro de una amplia perspectiva quineana: la distinción entre demostración y experimento no debería ser rechazada con demasiada rapidez. Nos ayuda a ver que abandonar la dicotomía analítico/sintético no nos exige volver atrás a las diferencias entre distintas clases de enunciados. No nos obliga a considerar la lógica, las matemáticas y la filosofía como de algún modo «sintéticas» o como «empíricas».

V. LAS LIMITACIONES DE «LA EPISTEMOLOGÍA COMO PSICOLOGÍA»

Antes de intentar sacar algunas conclusiones generales de lo expuesto, quisiera comentar la desconcertante afirmación de Quine de que su naturalismo supone considerar que la epistemología es sustituida por la *psicología empírica*. ¿Le obliga su planteamiento filosófico general a decir eso? Yo creo que no. (Para una ulterior discusión sobre el tema, véase Hookway 2004.)

Recordemos que Quine es un empirista. Tradicionalmente los empiristas han sentido que la experiencia es la fuente de todo nuestro conocimiento sobre el mundo: la experiencia fundamenta nuestras creencias observacionales y la justificación de todo el resto de nuestras creencias ha de descansar en dichas creencias observacionales. Cuando defiende que la epistemología naturalizada es un adecuado sucesor de la epistemología, Quine destaca que ambas formas de epistemología, la vieja y la nueva, se interesan por «cómo la evidencia se relaciona con la teoría, y de qué formas la teoría de la naturaleza de uno trasciende cualquier evidencia disponible» (Quine, 1969, págs. 82-83). Cuando estudiamos «cómo la evidencia se relaciona con la teoría», un empirista puede investigar cómo se relaciona la experiencia con nuestras creencias observacionales, y entonces, cómo nuestras creencias observacionales proporcionan apoyo a nuestras creencias más teóricas.

Para un epistemólogo tradicional, la primera de estas cuestiones concierne a cómo la experiencia proporciona justificación o garantía [*warrant*] a las creencias observacionales. La segunda cuestión se refiere a cómo nuestros informes de observación proporcionan garantía inductiva a otras creencias. Como la mayoría sabe, uno de los más obstinados debates dentro del positivismo lógico (el debate sobre las oraciones protocolares) se refería a la primera de estas cuestiones.

Consideremos la cuestión acerca del papel que desempeña la experiencia como soporte de nuestras creencias y teorías. Una concepción es que las experiencias perceptivas tienen *contenido*: o bien una forma característica de contenido no-conceptual, o bien un contenido que refleje la aplicación de conceptos. En la medida en que las experiencias tengan contenido, se les puede atribuir un papel en la *justificación* de las creencias que dependen de esas experiencias. Una concepción opuesta, asociada a Wilfrid Sellars, Davidson, Rorty y otros, insiste en que las experiencias no desempeñan ningún papel en la justificación de nuestras creencias, aunque estén implicadas en su causa. Por lo general, cuando Quine identifica la epistemología como parte de la psicología, se refiere a esta cuestión y a la defensa de una versión acorde con la segunda concepción. Las oraciones de observación a las que asentimos (expresiones de creencias observacionales, podríamos decir) desempeñan un papel en la justificación de nuestras otras opiniones –sometemos a prueba nuestras teorías derivando «enunciados categóricos de observación de las mismas»–; y las experiencias (patrones de estimulación) desempeñan un papel al *causarnos* nuestro asentimiento en las oraciones de observación, pero no realizan ninguna función en justificarnos para ello. Si estamos interesados en cómo las experiencias provocan nuestro asentimiento en las oraciones observacionales, no es sorprendente que la psicología sea una fuente vital de información. Las cuestiones normativas (que surgen cuando nos preguntamos cómo deberíamos organizar las investigaciones, qué hipótesis deberíamos tomar en serio, qué inferencias inductivas deberíamos aceptar) no se encuentran tan estrechamente ligadas a la psicología.

Conjeturo entonces que las afirmaciones de Quine acerca de la epistemología y la psicología se centran principalmente en esta preocupación empirista por cómo deberíamos pensar las relaciones entre las experiencias y las creencias que formamos basándonos en aquéllas, y también tienen su origen en la adopción de una concepción muy peculiar acerca del papel desempeñado por la experiencia en las pruebas científicas. Las experiencias (estímulos) están implicadas en la causa de nuestras creencias observacionales, pero no lo están en su *justificación*.

La conclusión que puede extraerse de esta discusión es que la idea de que la epistemología debería desarrollarse empleando el método científico no se sigue inmediatamente del rechazo de la distinción analítico/sintético de *Los dos dogmas del empirismo*. Para llegar a la conclusión de que la epistemología es parte de la ciencia natural, parece que necesitamos un par de supuestos más: la cuestión primordial para la epistemología se refiere a cómo la experiencia se relaciona con la «teoría», y el papel desempeñado por la experiencia en la formación de creencias ha de ser entendido como causal, más que como justificador. En este último aspecto, Quine se alía con Sellars, Davidson y Rorty, aunque él desarrolla esta idea según su propio y peculiar estilo.

VI. LAS FUENTES DEL NATURALISMO NEOQUINEANO

Como buen empirista, Quine raramente se molesta en distinguir entre cuestiones sobre la aprioricidad y cuestiones sobre la analiticidad. No obstante, será útil exponer algunas distinciones *diferentes* que se encuentran a su alcance, alguna de las cuales podría, en principio, inflarse hasta el nivel de las dicotomías que él ataca.

1. En primer lugar, podemos distinguir aquellas oraciones que deberían ser aceptadas por cualquiera que comprendiera las palabras que contienen (aquellas oraciones que deberíamos enseñar a la gente cuando les presentamos esas palabras) del resto de oraciones. Esto identifica una clase de oraciones con un tipo peculiar de incorregibilidad (fenomenológica) [*unrevisability*]: en nuestro lenguaje, según es en la actualidad, no podemos usar la palabra «soltero», entendiéndola, para plantear una pregunta real sobre si los solteros son casados. Se recurre a esto cuando Quine acepta un uso inocente de «analítico» en *Las raíces de la referencia* y en otros escritos posteriores.

En segundo lugar (y vinculado con lo anterior), podemos identificar aquellas oraciones que están tan profundamente engarzadas en nuestra red de creencias que no podemos concebir cómo *podrían investigarse* sus valores de verdad, no podemos ver cómo podríamos llegar a dudar de ellas. Tales oraciones no están limitadas en su contenido: pueden incluir la creencia de que «verde», a diferencia de «verdul», es proyectable, que hay un país tal como Francia, etcétera.

2. Merece la pena destacar aquí que mucho de lo que está engarzado de esta forma se manifiesta en hábitos de inferencia y expectativas, en disposiciones a tomar algunas posibilidades más en serio que otras, etcétera. Poner a disposición todas estas creencias profundamente engarzadas como enunciados o proposiciones formulados de manera explícita puede requerir mucho trabajo.

3. Cuando volvemos la mirada a las oraciones que pueden hacerse objeto de investigación reflexiva o responsable, podemos distinguir entre aquellas en las que podríamos tener la esperanza de encontrar una demostración basada en oraciones que ya hubiésemos aceptado y aquellas en apoyo de las cuales esperamos apoyarnos sobre nuevas observaciones o experimentos. Ésta puede ser una valiosa e interesante distinción epistemológica.

4. Podemos distinguir oraciones cuyo asunto concierne a objetos abstractos de aquellas que conciernan a elementos concretos del mundo exterior.

5. Podemos distinguir oraciones que sean relativamente neutrales respecto al tema, que se empleen en todo tipo de investigaciones, cualquiera que sea su asunto (matemáticas, lógica, algunas oraciones usadas para describir investigaciones), de aquellas que se emplean en un estrecho campo de actividades.

6. Podemos distinguir oraciones que se usan como principios para decidir qué hipótesis pueden ser admitidas (por ejemplo, el principio de conservación de la energía), que son tratadas con cierto grado de dogmatismo, como si las aceptásemos por convención de tal modo que (por el momento, al menos) no las consideremos como abiertas a la duda. Tales ejemplos proporcionan una parte del apoyo al convencionalismo: oraciones que *pueden* (pero no necesitan) ser consideradas verdaderas pase lo que pase.

Y así sucesivamente, pues se pueden añadir más distinciones a esta lista. Espero que resulte evidente que dichas distinciones son todas diferentes y todas valiosas, y que invocar las profundas dicotomías que Quine ataca a menudo parece asumir que (algunas de ellas, si no todas) van en bloque.

VII. Conclusión: naturalismo, filosofía y ciencia

El «naturalismo» es un concepto que puede ser entendido de muchas maneras. Una forma de entenderlo es como un rechazo filosófico de lo «supernatural»: no deberíamos adoptar ninguna concepción filosófica que entrara en conflicto con nuestro mejor conocimiento científico; no deberíamos adoptar, por ejemplo, teorías epistemológicas que postulasen capacidades supernaturales para comprender las estructuras racionales del universo. Algunos han pensado que varias formas de realismo ético y matemático requieren tales capacidades supernaturales, y que dichas formas deberían ser rechazadas por esa misma razón. No me pronunciaré aquí en profundidad sobre estas afirmaciones, sólo apuntaré que precisamente qué es lo que se requiere para que las capacidades sean supernaturales es todavía una cuestión abierta. El rechazo de lo supernatural es compatible con tomarse en serio un rango de tipos de conocimiento que no son claramente científicos.

Una forma más radical de naturalismo se relaciona con una variedad de concepciones metafísicas materialistas e implica la afirmación de que todo conocimiento (incluyendo el conocimiento filosófico) debería basarse en las ciencias naturales. La epistemología y la filosofía de la ciencia pueden quedar subsumidas en la ciencia cognitiva experimental, y así sucesivamente. A mi entender, el tipo de naturalismo que se sigue del holismo quineano no implica de un modo obvio esta concepción más radical de que las cuestiones filosóficas son generalmente cuestiones científicas –aunque quizás implicaría que no podemos descartar la posibilidad de que al menos algunas cuestiones filosóficas podrían terminar siendo científicas (o terminar siendo tales que su solución tal vez se beneficiaría de la información científica)–. Algo mucho más parecido al análisis conceptual tradicional podría desempeñar un papel. Cuando destacamos la importancia de la información del tipo identificado como (2) en la lista anterior, podemos ver que observar nuestra red de creencias, hacer explícito lo que es actualmente implícito, contrastar nuestra ideas con las intuiciones, etcétera, es tan capital en la búsqueda de una adecuada filosofía (por ejemplo, epistemología) como intentar sustituir estos supuestos engarzados por una articulada e innovadora teoría científica. La filosofía comienza a menudo con un deseo de lo que podríamos llamar una «red de creencias examinada»: incluso para una naturalista quineano, esta necesidad no da lugar a una demanda de experimentación científica, aunque resulta fácil concluir que algunas veces sí podría llevar a ello.

BIBLIOGRAFÍA

HOOKWAY, C., «Quine and Scepticism», *Quaderns*, 34, 2004, págs. 31-40.
PUTNAM, H., *Mathematics, Matter and Method*, Cambridge University Press, Cambridge, 1975.
– *The Collapse of the Fact/ Value Dichotomy and Other Essays,* Harvard University Press, Cambridge, 2002.
QUINE, W. v. O., *From a Logical Point of View*, Harvard University Press, Cambridge, 1953.
– *Ways of Paradox and Other Essays* (edición revisada), Harvard University Press, Cambridge, 1976.
– *Ontological Relativity and Other Essays,* Columbia University Press, Nueva York, 1969.
– *The Roots of Reference*, Open Court, La Salle, 1973.
– *Pursuit of Truth*, Harvard University Press, Cambridge, 1990.
– *From Stimulus to Science*, Harvard University Press, Cambridge, 1994.

LA NATURALIZACIÓN DE LA RESPONSABILIDAD MORAL*

Carlos J. Moya
(Universitat de València)

EN su importante artículo, «Epistemología naturalizada», Quine propuso concebir la epistemología como una parte de la ciencia, y en especial de la psicología empírica. La psicología en la que pensaba Quine era la psicología conductista, una psicología que prescindía de conceptos intencionales y se ocupaba sólo de «la constitución física y la conducta de organismos».[1] La admiración de Quine hacia la física y su desconfianza hacia lo intencional le inclinaba hacia una ontología fisicalista en la que no cabían las actitudes proposicionales. El programa quineano de naturalización presenta un sesgo fuertemente cientificista y proclive al eliminativismo con respecto a los estados intencionales en general. Sin embargo, aunque una actitud favorable hacia la ciencia parece consustancial a las propuestas de naturalización de la filosofía, ni el cientificismo ni el eliminativismo son realmente esenciales en ellas. Formas más moderadas de la naturalización pueden admitir que los problemas filosóficos presentan peculiaridades que los distinguen de los problemas de carácter científico y que los conceptos intencionales de la llamada «psicología del sentido común», como los conceptos de creencia, deseo o intención, son indispensables para la psicología empírica y otras ciencias sociales. Lo que, en cambio, parece un requisito mínimo de una concepción naturalizada de un determinado ámbito de la reflexión filosófica es la exigencia según la cual dicha reflexión debe proceder mediante conceptos admitidos, o al menos admisibles, por las ciencias empíricas. No estoy seguro de que Quine hubiera considerado aceptable una concepción tan laxa de

_____

* Este trabajo fue presentado originalmente en el simposio «La naturalización de la filosofía: problemas y límites», celebrado los días 10 y 11 de mayo de 2004 en homenaje al profesor Josep Lluís Blasco. Agradezco a los participantes en el simposio su interés y comentarios. Sin embargo, creo expresar el sentir de todos ellos al decir que habría preferido que este simposio no hubiera tenido lugar, porque ello habría significado que el profesor Blasco todavía estaría entre nosotros.
[1] W. O. Quine, *Word and Object*, MIT Press, Cambridge, 1960, pág. 221 (traducción castellana de Manuel Sacristán en Labor).

la naturalización de la reflexión filosófica, pero así es como propongo entender esta propuesta en lo que sigue.

En este trabajo me ocuparé de un objeto tradicional de reflexión filosófica: la cuestión de la responsabilidad moral y la cuestión relacionada de la libertad o el libre albedrío. Con respecto a estas cuestiones, las ciencias sociales, y en particular la psicología, son especialmente pertinentes. Una aproximación naturalizada a estos problemas puede emplear conceptos como *creencia, deseo, decisión, intención, motivo, razón, yo (self)* e incluso *valor.* Éstos son, creo, conceptos admitidos, o al menos admisibles, por la psicología y otras ciencias sociales. Con respecto al concepto de valor, la psicología evolutiva, por ejemplo, lo emplea al estudiar el desarrollo moral del niño. Una concepción naturalizada de la responsabilidad moral debería poder dar cuenta de esta propiedad mediante el uso de estos conceptos y, eventualmente, de conceptos procedentes de otras ciencias empíricas, sociales o naturales.

Requisitos tan permisivos como éstos han sido, sin embargo, violados por algunas teorías filosóficas, pasadas y presentes, de la libertad y la responsabilidad moral, especialmente por teorías de carácter libertarista. Así, algunas de estas teorías usan un concepto del yo, como sujeto de la libertad y la responsabilidad moral, entendido como núcleo incondicionado de decisión, una entidad distinta e independiente de determinaciones psicológicas como deseos y motivos y capaz de enjuiciarlas desde fuera. El yo sustancial de Descartes y el yo nouménico kantiano serían tal vez ejemplos de este tipo de perspectiva. Lo que conduce, al menos en parte, al uso de este concepto del yo es el temor de que la determinación causal de nuestras decisiones por nuestras creencias, deseos y motivos mine las bases de la libertad y la responsabilidad moral, en la medida en que tales estados psicológicos nos vienen dados y no están bajo nuestro control voluntario. Así, sólo la existencia de un yo separado del juego de nuestras creencias, deseos y motivos y de sus relaciones causales parece capaz de justificar las atribuciones de responsabilidad moral. Otro ejemplo pertinente serían las teorías que postulan un concepto de relación causal *sui generis,* cuyos *relata* no son dos cambios o sucesos particulares, sino una entidad, un yo agente, por un lado, y un cambio o suceso, una decisión o una acción, por otro. Estas teorías filosóficas, conocidas como «teorías de la causalidad del agente», parecen violar también los requisitos mínimos indicados para una concepción naturalizada de la libertad y la responsabilidad moral.

La postulación de este tipo de entidades o relaciones no es, sin embargo, gratuita. Estas teorías no naturalizadas se ven llevadas a adoptar esos compromisos ontológicos debido a lo que, aparentemente, es una condición necesaria de la justificación y la verdad de las atribuciones de responsabilidad moral, a saber:

el *control* del agente sobre sus decisiones y acciones. Desde luego, para que una atribución de responsabilidad moral esté justificada, el agente ha de tener un grado apropiado de control cognitivo y volitivo sobre su acción. Ha de llegar a ella mediante el uso de capacidades normales de razonamiento práctico, de modo que su decisión sea sensible a sus razones. Pero esto no parece suficiente: el agente ha de tener además un control adecuado sobre las raíces de su acción y ser responsable de ellas. Esta exigencia adicional es la ultimidad en el control sobre la acción. Dos, pues, parecen ser los aspectos constitutivos del control necesario para la responsabilidad moral: la racionalidad y la ultimidad. Podemos denominar esta condición «control último». Este requisito deriva de la naturaleza a la vez parcialmente causal y fuertemente valorativa de las atribuciones de responsabilidad moral. El objeto propio de estas atribuciones es el *agente* mismo, cuyo valor y mérito como persona se ve potencialmente aumentado o menoscabado en tanto se le considera como autor y origen de una acción o una consecuencia de la misma que son juzgadas buenas o malas. Así, para que las atribuciones de responsabilidad moral estén justificadas, el agente ha de ser realmente merecedor de ellas, lo cual requiere que aquello por lo que se le considera responsable dependa en último término de él. De otro modo, su valor personal podría verse disminuido o aumentado debido a factores por completo ajenos a su control e influencia. No es suficiente con que el agente sea una causa instrumental o intermedia de su acción: ha de ser la causa última, el iniciador y autor genuino de esa acción. La capacidad de ser iniciadores u orígenes genuinos de sus acciones es un aspecto esencial de la libertad o libre albedrío que atribuimos a muchos seres humanos y un fundamento central del valor y la dignidad que les concedemos. Robert Kane ha denominado esta condición de control último «responsabilidad última» y Galen Strawson «autodeterminación genuina».

Supongamos que el control o la responsabilidad última es realmente un requisito de la responsabilidad moral. En ese caso, el logro de una concepción naturalizada de esta última, en el sentido que hemos dado a esta expresión, requerirá el logro de una concepción naturalizada del control. Esta tarea presenta, sin embargo, grandes dificultades. Un modo de expresar estas dificultades sería el siguiente. Desde una perspectiva naturalista, los seres humanos somos configuraciones contingentes formadas a partir de factores físicos y biológicos presentes previamente a nuestro nacimiento y sobre los cuales no hemos ejercido control alguno. Sin embargo, muchos de nuestros rasgos psicológicos básicos vienen determinados por esta herencia física y biológica. No tenemos tampoco control alguno sobre el entorno físico y social en el que pasamos los primeros años de nuestra vida, y este entorno moldea asimismo de una manera decisiva nuestro yo y determina nuestras oportunidades de formación y desarrollo personal. Podemos, desde luego, proceder a una configuración adicional de nuestra personalidad y nuestros valores, pero esta configuración adicional ha de partir de factores como deseos, valores y motivos que nos vienen simplemente dados y que no hemos podido elegir. ¿Cómo podría entonces un agente poseer sobre sus propias acciones un grado de control suficiente para ser en verdad merecedor de atribuciones de responsabilidad moral y de la fuerte valoración personal que las acompaña? Una concepción naturalizada de la responsabilidad moral ha de ofrecer una respuesta razonada a esta pregunta. En este contexto, los compatibilistas han incidido sobre el componente racional del control que los agentes han de tener sobre sus propias decisiones, con la esperanza de mostrar que la satisfacción de este aspecto puede satisfacer al mismo tiempo la intuición que subyace al componente de ultimidad. Los libertaristas, por su parte, insisten más bien en esta ultimidad del control, en la importancia de elecciones o decisiones causalmente indeterminadas, capaces de configurar el propio yo, con la esperanza de mostrar que tales decisiones pueden satisfacer también el componente racional del control y no ser en último término arbitrarias.

Para determinadas formas de compatibilismo, como la representada por Hume, un sujeto ejerce el control adecuado sobre sus propias acciones, y puede ser así moralmente responsable de ellas, cuando actúa por sus propios motivos y deseos. Ese modo de actuar, que puede ser llamado libre, se contrapone a la actuación causada por una coacción o fuerza externa, o por una compulsión patológica. En el primer caso, cabe considerar al sujeto como origen de su acción, en la medida en que esos motivos y deseos por los que actúa son parte del complejo psicológico que constituye su yo. El hecho de que este complejo psicológico tenga causas externas al control del sujeto, como su herencia biológica o su entorno social, no afectaría a su libertad y a su responsabilidad moral por sus acciones: a fin de cuentas, es él mismo la causa de su acción. Pero esta concepción de la libertad y el control necesarios para la responsabilidad moral no satisface la intuición que subyace al requisito de ultimidad, porque hay casos en que las acciones de un sujeto surgen de sus deseos y de su yo y, sin embargo, no le consideramos moralmente responsable de tales acciones porque juzgamos que no es en realidad responsable de tener esos deseos y de ser como es. Ciertos casos de sujetos con una infancia traumática serían aquí pertinentes. Nuestra reacción inicial frente a un sujeto que ha cometido actos detestables puede ser de indignación, pero esta reacción se ve fuertemente atemperada si nos enteramos de que en su infancia sufrió toda clase de vejaciones y maltratos que marcaron de forma indeleble su personalidad.

Otras formas de compatibilismo, como la representada por Harry Frankfurt, tratan de dar cuenta de la intuición que subyace a esta exigencia de ultimidad insistiendo en que la responsabilidad moral requiere un alto grado de complejidad psicológica. Para que un agente sea moralmente responsable de una acción suya, no es suficiente que esta acción esté causada por su propio carácter, por sus propios deseos y motivos. Es necesario también que el sujeto sea responsable de ese carácter, de esos deseos y motivos por los que actúa, de modo que éstos sean realmente suyos. Aun cuando determinados deseos, motivos y rasgos de carácter le vengan dados, un sujeto puede todavía adoptar ante ellos una actitud reflexiva de aceptación o de rechazo. Tenemos deseos que no deseamos tener, o que no deseamos que nos lleven a actuar, aun cuando a veces lo hagan. Al aceptar ciertos motivos e identificarse con ellos, el sujeto se hace al mismo tiempo responsable de las decisiones y acciones que resultan de ellos. En el caso de Frankfurt, y a diferencia de Hume, el yo está constituido por las actitudes reflexivas («voliciones de segundo orden», en terminología de Frankfurt) que un sujeto adopta hacia los deseos y motivos por los que actúa. Así, para Frankfurt, «en la medida en que una persona se identifica con los motivos de sus acciones, asume la responsabilidad de esas acciones y adquiere responsabilidad moral por ellas».[2] De este modo, aun cuando no tengamos control inicial sobre nuestros motivos y nuestro carácter, podemos, retrospectivamente, lograr ese control al identificarnos mediante la reflexión con ellos.

Es dudoso, sin embargo, que la propuesta de Frankfurt satisfaga en verdad la intuición que subyace a la exigencia de ultimidad en el control como requisito de la responsabilidad moral. Pensemos de nuevo en un sujeto con una infancia fuertemente traumática. Supongamos que este sujeto adopta mediante la reflexión una actitud de aceptación hacia su carácter y motivos. No parece que esta actitud reflexiva lo convierta sin más en un agente moralmente responsable de sus acciones, porque las mismas circunstancias que explican su carácter y motivos, y nos llevan a negar que sea responsable de ser como es y de tener los motivos que tiene, pueden explicar asimismo su actitud reflexiva de identificación con esos motivos y carácter y llevarnos a negar que sea realmente responsable de esa actitud. El control reflexivo de Frankfurt no satisface en verdad la exigencia de ultimidad que parece necesaria para la responsabilidad moral.

Mientras que Frankfurt elabora la noción de control sobre la base de una jerarquía de deseos o actitudes volitivas y de un ajuste entre ellas, Gary Watson interpreta esta noción sobre la base de una distinción entre dos fuentes distintas e independientes de motivación, a saber, deseos y valores. Así como para Frankfurt una persona controla su acción en la medida en que la lleva a cabo por un motivo por el que desea ser movido y con el cual se identifica, para Watson una persona controla su acción en la medida en que es movida a actuar por sus propios valores. Es la armonía entre el sistema motivacional y el sistema axiológico lo que constituye el control sobre las propias acciones que requiere la responsabi-

---

2 H. G. Frankfurt, «Three Concepts of Free Action», en *The Importance of What We Care About*, Cambridge University Press, Cambridge, 1988, pág. 54.

lidad moral. Por otra parte, así como para Frankfurt el yo está constituido esencialmente por las actitudes reflexivas o voliciones de segundo orden, para Watson
está constituido esencialmente por valores. De este modo, cuando una acción está
causada por estos valores, tiene al mismo tiempo su origen en el yo y el agente
puede ser considerado, de manera legítima, como moralmente responsable
de ella.

Aun cuando las propuestas de Frankfurt y de Watson difieren en contenido,
son, sin embargo, muy semejantes en su estructura. Ambos subrayan que la responsabilidad moral requiere una estructura psicológica con un alto grado de
complejidad y conciben el control de un sujeto sobre sus acciones en términos
de un ajuste interno entre distintos aspectos de dicha estructura psicológica.
Ambas propuestas pueden calificarse de ahistóricas, ya que no consideran pertinente, para la responsabilidad moral, el origen efectivo de los factores psicológicos involucrados en el control del sujeto sobre sus acciones, tales como las
voliciones de segundo orden o los valores. Lo importante para la responsabilidad moral es que el agente posea una estructura psicológica con la complejidad
y las relaciones internas requeridas, y no el modo en que esa estructura se ha
generado. No importa, por ejemplo, que el proceso que ha dado lugar a esa estructura sea un proceso causal determinista: la responsabilidad moral es, para ambos
autores, compatible con el determinismo. Por otra parte, se trata de teorías puramente formales e internistas. Lo pertinente para el control de un agente sobre
sus acciones y su responsabilidad moral es la posesión de las actitudes psicológicas correspondientes y su ajuste interno, y no su contenido, su corrección o
su verdad.

Estas semejanzas hacen que ambas propuestas se enfrenten también a dificultades semejantes. La intuición que nos lleva a juzgar que ciertos sujetos con
una infancia muy traumática no son responsables de ser como son y de tener los
deseos y motivos que tienen no se ve debilitada por la adición de actitudes reflexivas (Frankfurt) o de valores (Watson): en determinados casos, no tendemos
tampoco a considerar a estos sujetos responsables de esas actitudes y valores, ni
de las acciones que resultan de ellas. No vemos a estos sujetos como el origen
genuino de sus acciones. La intuición que subyace a la exigencia de ultimidad
no queda realmente salvaguardada por el control reflexivo y axiológico ejercido sobre los motivos de las acciones propugnado por estas teorías. Otro modo
de expresar esta objeción es señalar que sujetos sometidos a procesos ocultos de
condicionamiento sistemático parecen en principio capaces de cumplir las condiciones que estas teorías exigen para la responsabilidad: los ciudadanos del
Mundo Feliz de Huxley, como poseedores de la complejidad psicológica y el
ajuste interno exigidos por estas teorías, serían agentes con plena responsabilidad moral. Pero esta consecuencia parece claramente inaceptable.

Sin embargo, la carencia de control *último* sobre sus acciones podría no ser la única explicación de nuestro juicio según el cual sujetos con una infancia muy traumática o ciudadanos del Mundo Feliz no son moralmente responsables de sus acciones. Una explicación alternativa, propuesta por Susan Wolf, sería que los sujetos en esas circunstancias no son capaces de formar un sistema de valores correcto y no distorsionado. Wolf está de acuerdo con Watson en que la capacidad de actuar de acuerdo con los propios valores es necesaria para la responsabilidad moral, pero no considera este requisito suficiente. Se requiere también la capacidad de formar valores objetivamente correctos. Wolf denomina esta propuesta «la perspectiva de la Razón». Así, según la propuesta de Wolf, «un individuo es responsable si, y sólo si, es capaz de configurar sus acciones sobre la base de sus valores *y* es capaz de formar sus valores sobre la base de lo que es Verdadero y Bueno».[3] La condición añadida por Wolf es explícitamente normativa. Su carácter naturalizado depende, pues, de la posibilidad de ofrecer una concepción naturalizada de la normatividad y de la corrección de los juicios axiológicos. Para Wolf, el problema de los agentes con infancias traumáticas o sometidos a condicionamiento oculto no tiene que ver con el origen último de sus valores o de sus actitudes reflexivas, sino con su incapacidad para formar valores objetivamente correctos: «Una víctima de una infancia traumática (o depravada), por ejemplo, puede ser tan inteligente como una persona que ha crecido en un entorno más normal, pero, debido a un conjunto de experiencias lamentablemente sesgado, sus valores pueden estar distorsionados. Es capaz de razonar, digamos, pero no de actuar conforme a la Razón».[4]

Para Wolf, la cuestión del control y origen último de los valores de un sujeto puede reducirse a cuestiones acerca del contenido y la corrección de esos valores. Si un agente puede actuar sobre la base de sus valores y formar valores objetivamente correctos, es un agente libre y con responsabilidad moral, y viceversa, con independencia del origen de esa capacidad y esos valores.

La explicación de Wolf de nuestro juicio en ciertos casos de sujetos con una infancia traumática o sometidos a condicionamiento oculto puede tener cierta plausibilidad, debido a que un resultado probable en tales casos es un sistema distorsionado o incoherente de valores. Pero este resultado no es necesario. Es concebible que un sujeto forme sus valores a través de un proceso de condicionamiento sistemático y que estos valores sean correctos y no distorsionados. Pensemos, por ejemplo, en la posibilidad de lo que llamaré un Mundo Feliz Platónico,[5] regido por benevolentes filósofos-reyes que conocen la Verdad y el

---

[3] S. Wolf, *Freedom Within Reason*, Oxford University Press, Oxford, 1990, pág. 75.
[4] *Ibídem*, págs. 75-76.
[5] Véase al respecto mi libro *Moral Responsibility: The Ways of Scepticism*, Rontledge, Londres (en prensa), capítulo 3, sección 5.

Bien, y en el que los ciudadanos son condicionados de manera oculta a fin de formar valores objetivamente correctos y para actuar según ellos. Estos ciudadanos parecen satisfacer del todo las condiciones necesarias y suficientes que Wolf establece para la responsabilidad moral, de modo que, a la luz de esta teoría, serían agentes moralmente responsables. Pero esta consecuencia es difícilmente aceptable. Y lo que explica este juicio no puede ser que los sujetos posean valores erróneos o incoherentes. Parece ser más bien nuestra percepción de que tales sujetos no son el origen genuino de sus propios valores y no poseen control *último* sobre ellos. Sus acciones pueden ser moralmente buenas, pero ellos no merecen en realidad alabanza por ellas. Así pues, la propuesta de Wolf, como la de Frankfurt o Watson, no consigue tampoco dar cuenta de las intuiciones que subyacen a la exigencia de ultimidad.

Un intento reciente de dar cuenta de la condición de control último desde una perspectiva naturalizada, de inspiración compatibilista, lo debemos a John Martin Fischer y Mark Ravizza. Según estos autores, el control necesario para la responsabilidad moral incluye, como en el caso de las propuestas anteriores, un requisito de control racional. El modo como ellos interpretan este requisito tiene que ver con el «mecanismo» con el que el agente ha llegado de manera efectiva a su decisión y acción. Para ser moralmente responsable de una acción suya, el sujeto ha de llegar a esta acción a través de un mecanismo que responda de forma adecuada a razones. Fischer y Ravizza denominan este requisito «capacidad moderada de respuesta a razones». Que un mecanismo de deliberación y toma de decisiones es moderadamente capaz de responder a razones significa, grosso modo, que, al menos en algunos casos, y manteniendo fijado ese mecanismo, si hubiera razones suficientes para actuar de un modo diferente a como el sujeto actúa de hecho, el sujeto reconocería estas razones y actuaría de otro modo. Así, en términos de este requisito, un cleptómano severo o un sujeto afectado por una compulsión o una fobia grave no serían moralmente responsables de aquellas acciones a las que han llegado debido a esas patologías. En términos más generales, si un sujeto decidiría y actuaría del mismo modo en que ahora lo hace aun cuando, en cualquier circunstancia, hubiera razones decisivas para decidir y actuar de otro modo, este sujeto no satisface el requisito indicado. El requisito es en verdad plausible y apunta a algo que claramente parece necesario para la responsabilidad moral por una acción, a saber: una capacidad normal para la deliberación, el razonamiento práctico y la toma de decisiones. Sin embargo, para Fischer y Ravizza este requisito no es todavía suficiente. Además de ser moderadamente sensible a razones, el «mecanismo» por el que un agente llega a una acción ha de ser de manera genuina propio del agente. Este requisito es el que no parecen satisfacer los ciudadanos del Mundo Feliz. El mecanismo con el que deliberan y deciden es atribuible al equipo que dirige el proceso de condicionamiento de los ciudadanos, más que a los ciudadanos mismos. Si el primer requisito es puramente estructural, este segundo requisito tiene carácter históri-co: guarda relación con el *origen* de los factores psicológicos que conducen a la acción, más que con su estructura y organización interna. En este aspecto histó-rico, la propuesta de Fischer y Ravizza se distingue de las de Frankfurt, Watson y Wolf. La cuestión del origen de los factores involucrados en la producción de la acción ha de ser tratada por sí misma, con independencia de la cuestión de la naturaleza y estructura interna de tales factores. La unión de ambos aspectos, estructural e histórico, constituye lo que Fischer y Ravizza denominan el «control guía», el cual, dadas ciertas condiciones cognitivas, es necesario y suficiente para la responsabilidad moral.

La especificación de las condiciones históricas que han de ser satisfechas para que el «mecanismo» que conduce a la acción sea propio del agente toma la forma de una descripción del proceso por el que un niño llega a convertirse en un agente moral. En este proceso cabe distinguir tres estadios. En primer lugar, el niño recibe un *entrenamiento* moral, siendo tratado por sus padres o educadores *como si* fuese responsable. Este proceso lleva al niño a considerar-se a sí mismo como objeto apropiado de atribuciones de culpabilidad y alaban-za, y esta actitud es esencial en la *asunción de responsabilidad*. Sobre la base de esta actitud, el niño está ya dispuesto a *ser considerado responsable*. Según Fischer y Ravizza, estos distintos estadios «se superponen unos a otros y com-ponen un ciclo que ha de repetirse continuamente en el proceso de llegar a ser un agente moralmente responsable en sentido pleno».[6]

Un paso crucial en este proceso es la asunción de responsabilidad. Fischer y Ravizza conciben este paso, más que como una acción, como la adquisición por parte del sujeto de un conjunto de creencias. El sujeto llega a creer que es un agente, cuyas elecciones y acciones tienen efectos sobre el mundo; que si eligiera y actuara de otro modo, los efectos serían también distintos; que es un objeto apro-piado de atribuciones de responsabilidad moral, etcétera. A través de este proceso, el sujeto se responsabiliza de los motivos de sus acciones y las hace suyas.

Fischer y Ravizza pueden dar cuenta de nuestro juicio acerca de ciertos casos de sujetos con infancias traumáticas, bien en términos del requisito de respues-ta a razones o del requisito histórico. Por otra parte, en la medida en que la teo-ría incluye un componente histórico, parece en mejor situación que las propuestas anteriores para afrontar el problema del Mundo Feliz. Ante esta cuestión, Fischer y Ravizza podrían argüir que, aun cuando el mecanismo de deliberación y toma de decisiones que estos ciudadanos emplean sea adecuadamente sensible a razo-

---

6 J. M. Fischer y M. Ravizza, *Responsibility and Control: A Theory of Moral Responsibility*, Cambridge University Press, Cambridge, 1998, pág. 210.

nes, no sería propiamente suyo, debido al condicionamiento que lo ha originado. Según esta teoría, el mecanismo que un agente emplea es propiamente suyo suponiendo que se haya originado a través del proceso de entrenamiento y asunción de responsabilidad al que nos hemos referido. Sin embargo, no hay ninguna razón para pensar que los ciudadanos del Mundo Feliz no se han formado como agentes a través de un proceso de este tipo. Del mismo modo que estos ciudadanos han sido condicionados para tener los valores que tienen, pueden perfectamente haber sido condicionados de manera oculta para entrenar a sus hijos como agentes morales y llevarles a adquirir las creencias involucradas en la asunción de responsabilidad por sus motivos y acciones. Así, en términos de esta teoría, los mecanismos de deliberación y decisión de los ciudadanos del Mundo Feliz serían propiamente suyos. Estos sujetos pueden, pues, satisfacer las condiciones que, según Fischer y Ravizza, son necesarias y suficientes para la responsabilidad moral y ser por ello agentes con responsabilidad moral. Pero, una vez más, esta consecuencia de la teoría contradice abruptamente nuestro juicio natural sobre estos casos. La propuesta naturalizada de Fischer y Ravizza no satisface tampoco nuestras intuiciones sobre la ultimidad del control necesario para la responsabilidad moral. Lo que subyace a nuestro juicio según el cual los ciudadanos del Mundo Feliz no son moralmente responsables es que, en un sentido profundo, no son de verdad el origen de sus propias acciones.

Las teorías que hasta ahora hemos presentado son de inspiración compatibilista, es decir, tratan de mostrar la posibilidad de la responsabilidad moral bajo el supuesto del determinismo causal. Los principales intentos de desarrollar concepciones naturalizadas de la libertad y la responsabilidad moral han procedido de hecho del campo compatibilista. Ello no es de extrañar si pensamos que el compatibilismo nace, de la la mano de Hobbes y de Hume, en una época en que la ciencia ofrece una imagen estrictamente determinista del universo. Ésta puede ser también la razón por la cual el incompatibilismo libertarista o libertarismo, que considera la libertad y la responsabilidad moral incompatibles con el determinismo, ha tendido históricamente a adoptar una actitud, si no de oposición, al menos de indiferencia hacia las ciencias empíricas, lo que le ha valido frecuentes acusaciones de oscurantismo y misterio. Sin embargo, esta actitud no es consustancial al libertarismo. La posibilidad de que las leyes físicas no sean deterministas ha llevado a muchos libertaristas a abandonar la desconfianza o indiferencia hacia las ciencias y a ver en ellas un apoyo, más que un obstáculo, a su defensa de la libertad y la responsabilidad moral. Uno de los principales defensores actuales del libertarismo, Robert Kane, ha insistido en la necesidad de acercar el libertarismo a las ciencias empíricas y de hacerlo comprensible a una mentalidad científica. Así, según Kane, «quien esté dispuesto a defender la libertad libertarista en la época moderna ha de (...) hacer (...) esfuerzos para mostrar cómo el libre albedrío incompatibilista puede tener un lugar en la imagen cien-

tífica del mundo».[7] Para Kane, un libertarismo razonable no debería comprometerse con entidades o relaciones con las que no se comprometan también otras
teorías, en especial compatibilistas. Así, en nuestros términos, la pretensión de
Kane es desarrollar una concepción naturalizada de la libertad y la responsabilidad moral de inspiración libertarista.

El libertarismo de Kane deriva de su convicción según la cual hay un aspecto
de la libertad que es incompatible con el determinismo causal y que se requiere
para que un agente sea realmente merecedor de la valoración involucrada en las
atribuciones de responsabilidad moral, a saber: que dicho agente sea la fuente u
origen último de la acción correspondiente. Como Kane escribe, «es la preocupación por el *merecimiento objetivo* por nuestras acciones y carácter lo que lleva
de modo natural a una preocupación por la cuestión de si esas acciones y carac-
teres tienen sus fuentes últimas en nosotros».[8] Este aspecto está, pues, directamente relacionado con el requisito de control último y con la concepción de un
ser que posee libre albedrío como un ser que es origen e iniciador genuino de
sus acciones. Y esta idea ocupa un lugar central en el modo como Kane concibe el libre albedrío, que él define como «el poder que tienen los agentes de ser
creadores (u originadores) últimos y sostenedores de sus propios fines y propósitos».[9] Es el ejercicio de este poder lo que confiere a un agente verdadero mérito o demérito por sus acciones y justifica las atribuciones de responsabilidad
moral, con el carácter fuertemente valorativo que les es propio.

Para Kane, un agente tiene la responsabilidad última de sus decisiones y acciones sólo si es responsable de los factores que explican que las lleve a cabo. Así, si,
en un momento dado, su carácter, valores y motivos constituyen una explicación
suficiente de su decisión y acción, el agente ha de ser a su vez personalmente
responsable de tener ese carácter, valores y motivos para ser moralmente responsable de la decisión y acción que resultan de ellos. Y para ser responsable de ese
carácter y motivos, ha de haberlos elegido de forma voluntaria y racional. Pero
¿cómo podría haberlos elegido voluntaria y racionalmente a menos que ya exis-
tiera dotado de un carácter y unos motivos previos? Kane es consciente de que
su concepción del control o responsabilidad última «parece llevar a un regreso
vicioso (...) El regreso se detendría con acciones que no fuesen explicadas por
nuestro carácter y motivos (o por cualquier otra cosa), pero entonces, ¿en qué
sentido seríamos responsables de *esas* acciones?».[10]

---

[7] R. Kane, *The Significance of Free Will*, Oxford University Press, Oxford, 1996, págs. 212-213.
[8] *Ibídem*, pág. 98.
[9] *Ibídem*, pág. 4.
[10] *Ibídem*, pág. 37.

Para responder a esta pregunta, Kane apela a la existencia, en la vida de una persona, de elecciones a través de las cuales dicha persona forma su propio carácter y motivos. Kane llama a estas elecciones «voliciones autoformadoras». Si estas elecciones han de detener el regreso vicioso que amenaza la posibilidad del control último, deben satisfacer determinadas condiciones. En primer lugar, los factores presentes en el momento de llevarlas a cabo no han de constituir una explicación suficiente de las mismas. Así, la elección no ha de estar determinada por el pasado y las leyes de la naturaleza, y en particular por los rasgos psicológicos, motivos y valores preexistentes del agente. La elección ha de estar abierta y genuinamente indeterminada, ha de poder «ocurrir o no, dado *exactamente el mismo pasado y leyes naturales*»,[11] pues de otro modo el agente no podría ser su origen *último*. Y, en segundo lugar, el agente ha de tener control racional y volitivo de la elección; la elección, en cualquier sentido en que se lleve a cabo, ha de ser fruto de la voluntad racional del agente, pues de otro modo la elección contendría un elemento de arbitrariedad o irracionalidad incompatible con el control y la responsabilidad del sujeto por ella. La responsabilidad moral no puede tener como fundamento actos arbitrarios o irracionales.

¿Puede haber elecciones que satisfagan estas condiciones? Kane incluye entre los casos centrales de este tipo de voliciones autoformadoras las elecciones morales y prudenciales. Estas elecciones «involucran conflictos entre lo que un agente cree que se debería hacer y lo que el agente desea o quiere hacer».[12] No se trata de casos Buridan, en los que un agente se enfrenta a razones equivalentes para decidir en uno u otro sentido. En casos como éstos, cualquier elección será arbitraria. Se trata más bien de que el agente se halla frente a conjuntos de razones *inconmensurables* en favor de dos opciones alternativas, por ejemplo, normas morales o prudenciales, por un lado, y deseos, por otro. En estos casos, «el agente se encuentra dolorosamente escindido entre puntos de vista internos en conflicto que representan *visiones distintas e inconmensurables de lo que desea en la vida* o de aquello que desea llegar a ser».[13] Estas elecciones son «autoformadoras» porque configuran y modelan el yo del agente, su carácter, motivos y voluntad, de modo que el agente puede así ser considerado responsable último de su propio yo, carácter y motivos y, con ello, de ulteriores acciones que puedan derivarse de estos factores.

A pesar de su interés, la propuesta de Kane debe afrontar importantes dificultades. En una volición autoformadora, como hemos visto, el agente se enfrenta a una elección que ha de llevar a cabo sobre la base de razones recíprocamente

---

[11] *Ibídem*, pág. 106.
[12] *Ibídem*, pág. 126.
[13] *Ibídem*, pág. 199.

inconmensurables. Pero si las razones son en verdad inconmensurables, ¿cómo puede el agente optar racional o razonadamente por una de las alternativas? Una elección de este tipo puede llevarse a cabo de forma racional si el agente dispone de algún criterio adicional (un metacriterio, cabría decir) que le lleve a situar un conjunto de razones por encima del otro. Este criterio puede ser, por ejemplo, una volición de segundo orden, según la cual prefiere ser movido a actuar por razones, digamos, morales que por razones de interés propio, o un sistema de valores que sitúe las primeras por encima de las segundas. Pero si el agente posee ya ese criterio adicional, surge entonces la pregunta de cómo ha llegado a tener ese criterio. Si ha llegado a él a través de previas elecciones entre razones inconmensurables, el problema de la racionalidad se plantea de nuevo en relación con estas otras elecciones. Y si se ha encontrado a sí mismo teniendo ese criterio adicional, no posee entonces control último con respecto a esta elección, pues la lleva a cabo sobre la base de un criterio que él mismo no ha elegido; la elección, pues, no es realmente autoformadora. Por otra parte, ya hemos indicado que, para Kane, una elección autoformadora habrá de ser fruto de la voluntad racional del agente, en cualquier sentido en que se lleve a cabo. Pero esta condición no se cumple si el agente afronta la elección con un criterio adicional, porque en tal caso una elección conforme con ese criterio será fruto de la voluntad racional del agente, pero una elección contraria al mismo no lo será. Así, una elección autoformadora entre razones inconmensurables no puede llevarse a cabo sobre la base de un metacriterio o criterio adicional, sino exclusivamente sobre la base de las razones inconmensurables que el agente contempla. Pero entonces es difícil ver cómo el agente podría controlar de manera racional esa elección. El papel que desempeñaría un criterio adicional es ocupado ahora por la pura *decisión* del agente: «El agente *hará* que un conjunto de razones o motivos prevalezca sobre el otro allí y entonces *decidiendo*».[14] Pero entonces el libertarismo de Kane tiende a aparecer como puro *decisionismo*. El carácter último de la elección se consigue a costa del control racional del agente sobre ella.

En cierto modo, el problema al que se enfrenta el libertarismo de Kane, en relación con el requisito de control último, es el opuesto del que vimos surgir en relación con el compatibilismo de Frankfurt, Watson o Wolf. El énfasis de estos últimos autores en el control cognitivo y racional no era suficiente para satisfacer la exigencia de que un agente sea fuente u origen último de sus acciones. La propuesta de Kane puede satisfacer esta última exigencia, pero a costa de sacrificar el control racional. Ésta parece ser una consecuencia de la tensión interna entre los dos aspectos involucrados en el requisito de control último: la ultimidad del origen y el control racional. Estos dos aspectos parecen empujar

---

[14] *Ibídem*, pág. 133.

en direcciones opuestas: el refuerzo del control racional sobre las decisiones y acciones conlleva un debilitamiento del agente como origen último de las mismas, y viceversa. Pero si el control último es realmente necesario para la responsabilidad moral, es crucial mostrar que dicha tensión interna es una mera apariencia o que, si no lo es, puede en todo caso ser resuelta. De otro modo, el escepticismo sobre la posibilidad de la responsabilidad moral, una posición no carente de defensores en la actualidad, será el resultado más probable.

Ninguna de las propuestas de naturalización de la responsabilidad moral que hemos presentado es realmente satisfactoria. Cabría pensar en rechazar la perspectiva naturalizada en un intento de lograr una justificación adecuada de la responsabilidad moral y privar de base al escepticismo. Sin embargo, dados los requisitos mínimos de lo que aquí hemos entendido por «naturalización», no creo que esa alternativa sea muy prometedora. Hemos de seguir trabajando por mostrar cómo es posible la responsabilidad moral en el marco general de un naturalismo razonablemente amplio, alejado de cualquier veleidad cientificista o reductivista. Una sugerencia, que aquí no puedo desarrollar, sería desplazar la voluntad, bajo sus distintas formas (como la decisión o la elección), del lugar central que hasta ahora ha venido ocupando en la reflexión filosófica sobre estas cuestiones y atender preferentemente a las creencias que subyacen a nuestras decisiones y elecciones. Tal vez cabría mostrar que podemos tener, sobre esas creencias, un control que sea a la vez racional y lo suficientemente profundo para satisfacer nuestras intuiciones acerca del control último sobre nuestras acciones como requisito de la responsabilidad moral.

EMOCIONES, ESTADOS DE ÁNIMO Y RASGOS DE CARÁCTER*

Juan José Acero
(Universidad de Granada)

I. RORTY, RYLE Y EL NATURALISMO

En *La filosofía y el espejo de la naturaleza*[1] Richard Rorty ha aconsejado renunciar a los programas de naturalización en filosofía. A su juicio, la única intuición plausible tras la divisoria entre alma y cuerpo, entre seres humanos y las demás cosas, entre ciencia social y ciencia natural, es la de «la diferencia entre un lenguaje apropiado para enfrentarse con las neuronas y otro adecuado para enfrentarse con las personas».[2] El antinaturalismo de Rorty no es contrario al supernaturalismo, es decir, a la doctrina que considera que las propiedades y relaciones que guardan las cosas, así como su devenir, son efecto de una causa o agente sobrenatural. (Ésta es la forma de naturalismo por la que John Dewey hizo una apuesta decidida.) Para un naturalista de esta variedad ni hay una realidad última tras la diversidad de las cosas ni es necesario entender esta diversidad como resultado de la acción de espíritus inmateriales o de fuerzas separadas de los cuerpos.[3] Además de al supernaturalismo, el antinaturalismo de Rorty se

---

* Distintos materiales de este texto fueron expuestos en los cursos «Emociones: un capítulo de la filosofía de la mente» (Caracas, Programa de Doctorado de la Universidad Central de Venezuela, del 9 al 11 de enero de 2002) y «Seis lecciones de filosofía de las emociones» (Bogotá, Universidad de Bogotá, del 3 al 11 de febrero de 2003) y, aproximándose ya a la forma adquirida en este ensayo, en el Seminario Internacional de Psicología y Filosofía de las Emociones (Bogotá, del 13 al 14 de febrero de 2003). Para su redacción final, el trabajo se ha beneficiado no sólo de los comentarios que en aquella ocasión hicieron Hernán Sierra, Magdalena Holguín y Jaime Yáñez, sino también de las sugerencias y discrepancias que posteriormente han expresado Remedios Ávila y Alberto Morales, de la Universidad de Granada, y Josep Corbí, de la Universidad de Valencia. Ninguna de las personas citadas es en absoluto responsable de las ideas que propongo.

[1] R. Rorty, *La filosofía y el espejo de la naturaleza*, Cátedra, Madrid, 1983. Traducción del inglés de Jesús Fernández Zulaica.

[2] *Op. cit.*, pág. 321.

[3] Una exposición paradigmática de esta concepción del naturalismo la expuso Ernest Nagel en su ensayo «Revisión del naturalismo», en *La lógica sin metafísica*, Tecnos, Madrid, 1961. En cuanto a Dewey, su obra central al respecto es *Experience and Nature*, W. W. Norton, Nueva York, 1929. A propósito del naturalismo de Dewey

opone también al materialismo o al reduccionismo fisicalista y, con ello, a los programas que se proponen mostrar que cualesquiera propiedades o relaciones son reducibles a propiedades y relaciones físicas; que las propiedades y relaciones fundamentales son propiedades físicas.[4] La continuidad con la ciencia natural es, entonces, una marca de la casa naturalista.

Veo con simpatía la actitud antinaturalista de Rorty, pero discrepo de muchos de los detalles de la argumentación que le permiten llegar a esa conclusión. De uno de esos detalles voy a ocuparme aquí, a saber: del papel que concede a Ryle, y especialmente a su obra *El concepto de lo mental*,[5] en la evolución de la filosofía contemporánea y en la parte de responsabilidad que le corresponde por el hecho de la dicotomía espíritu-materia no conserve otra vigencia que la histórica. En realidad, aunque Ryle sea uno de los héroes del cuento de Rorty, no es un héroe de primera fila. Le atribuye el mérito de haber contribuido a aproximar ambos ámbitos de la realidad, espíritu y materia, al entender que cierto número de tipos de estados mentales –por ejemplo, las creencias y los deseos– tienen naturaleza disposicional, pero considera que en el momento crucial de su obra, en el capítulo que trata del conocimiento de uno mismo, cuando había que extender ese análisis a las sensaciones y a nuestra conciencia de ellas, no llegó lo lejos que debería haber llegado, admitiendo que tengamos realmente acceso privilegiado a tales episodios mentales. Rorty cree que una combinación de ideas de Sellars y Quine acabaría haciendo posible concluir que los informes introspectivos no son más misteriosos que otros informes no inferenciales.[6]

No comparto el papel de naturalista timorato que en su particular reconstrucción de la filosofía contemporánea Rorty le asigna a Ryle. Esa asignación es consecuencia de una lectura de *El concepto de lo mental* excesivamente sesgada por las cuestiones que han marcado la pauta de la filosofía de la mente –especialmente la elaborada por filósofos austral-norteamericanos– durante los cincuenta años después de la publicación de dicha obra. Rorty pasa por alto que Ryle no sólo se explayó en el profundo error categorial que cometen quienes aceptan el Mito del Fantasma en la Máquina, sino que también dejó bien claro al final de su obra que un error simétrico al del cartesiano lo cometen también las visiones mecanicistas, es decir, materialistas, de lo mental. Si Rorty hubiese valorado correctamente esta circunstancia y hubiese dirigido su mirada a otros

---

resulta muy interesante la polémica que él y Santayana sostuvieron. Véase C. Santayana, «Dewey's Naturalistic Metaphysics», en P. A. Schilpp (ed.), *The Philosophy of John Dewey*, Tudor Publishing Co., Evanston, Chicago, 1939; J. Dewey, «Half-Hearted Naturalism», *Journal of Philosophy*, XXIV, 1927.

[4] Véase D. Lewis, «Reduction of the Mind» (en *Papers in Metaphysics and Epistemology*, Cambridge University Press, Cambridge, 1999), a propósito del reduccionismo fisicalista de las propiedades psicológicas.

[5] G. Ryle, *El concepto de lo mental*, Paidós, Buenos Aires, 1967. Traducción de Eduardo Rabossi.

[6] R. Rorty, *op. cit.*, págs. 100 y ss. (véase especialmente la nota 11).

capítulos del libro de Ryle, como el que éste le dedica a la emotividad, hubiera quedado puesto de manifiesto que este autor hizo una contribución significativa al proyecto de prescindir de la dicotomía entre espíritu y naturaleza en su análisis de las emociones. En ese sentido, Ryle es un filósofo naturalista. Sin embargo, no lo es en absoluto en ese otro sentido, en el que se asimila naturalismo a materialismo fisicalista, que le sirve a Ryle para describir su particular visión de la filosofía contemporánea. Y tengo dudas de que sea naturalista incluso en el *desideratum* de situar a la filosofía en continuidad con la ciencia.

De la cartografía que dibujó Ryle del sistema conceptual de la emotividad me voy a ocupar en lo que sigue. Me propongo analizar la disección que hizo Ryle del territorio de la emotividad, y particularmente de su distinción entre emociones, estados de ánimo y rasgos de carácter. Primera y principalmente, porque sigue siendo necesario un análisis de los conceptos relativos a la emotividad más elaborado que los que se encuentra en las publicaciones de este capítulo de la actual filosofía de la psicología, que niega el dualismo cartesiano a costa de asumir una visión de la mente puramente mecanicista. (Este juicio puede extenderse a los resultados de otros expertos en emociones, se trate de neuropsicólogos, psicólogos sociales o historiadores de las mentalidades.) Ryle no cometió ese error. Mientras no se tomen algunas precauciones, tan básicas como importantes, sobre las clases de cosas a las que nos referimos al hablar de emociones, los juicios o hipótesis que más tarde se consideren no ayudarán a disipar la niebla que envuelve este tema.[7] Iniciaré mi exposición considerando la manera en que Ryle trató de abrir un camino en la maraña conceptual del lenguaje de la emotividad. Luego expondré la forma como entiendo que ha de trazarse la divisoria entre emociones, estados de ánimo y rasgos de carácter y la utilizaré para entrar en polémica con dos opciones alternativas, la de Errol Bedford y la de Paul E. Griffiths, respectivamente. Para acabar, examinaré algunas ideas expuestas recientemente en una interesante obra de Peter Goldie que servirán para poner a prueba mis sugerencias.

II. RYLE Y LA CARTOGRAFÍA CONCEPTUAL DE LA EMOCIÓN

En el cuarto capítulo de *El concepto de lo mental*, dice Ryle que se propone «demostrar que bajo el rótulo "emotividad" se incluyen, por lo menos, tres o cuatro diferentes tipos de cosas» (pág. 74). Esa aparente vacilación, «tres o cuatro» se explica por el hecho de que, si bien menciona cuatro tipos de cosas, moti-

---

[7] Esto sucede incluso en el caso de aquellos autores en los que el análisis de Ryle dejó su impronta, como en Erroll Bedford. Véase su ensayo «Emociones», en Ch. Calhoun y R. C. Solomon (comps.): *¿Qué es una emoción? Lecturas clásicas de psicología filosófica*, Fondo de Cultura Económica, México, 1989.

vaciones, estados de ánimo, conmociones y sentimientos (o sensaciones), sólo las tres primeras aparecen en su cartografía final. La herramienta decisiva de su análisis es la distinción entre *sucesos* (acontecimientos, eventos) y *disposiciones*. A la categoría de motivación pertenecen formas de la emotividad como la vanidad o la avaricia, pero también el patriotismo y la bondad. Son «propensiones hipotéticas generales de cierto tipo y [las oraciones por medio de las cuales las atribuimos] no pueden ser interpretadas como narrando episodios categóricamente» (pág. 76). Por los ejemplos, no hay duda de que Ryle usa el término «motivación» para hablar de *rasgos de carácter*, de «peculiaridades más o menos duraderas de[l] carácter [de una persona]» (pág. 76). Así entendida, la categoría de las motivaciones la conforman disposiciones, no sucesos o acontecimientos. La envidia, el resentimiento, el orgullo o los celos son también rasgos de carácter; disposiciones, por lo tanto. Pero nadie debe confundir un arrebato de celos, de envidia o de compasión, un suceso con una duración temporal limitada, con la *condición* del celoso, del envidioso o del compasivo. Aquello es un suceso, esto un rasgo de carácter.

También la categoría de los estados de ánimo la integran disposiciones, pero se trata de «inclinaciones a corto plazo» (pág. 89). Hallarse deprimido o sentirse feliz, comunicativo, inquieto o melancólico son estados de ánimo. El hincapié que hace Ryle en la extensión del lapso temporal es indiscutible: «Únicamente cuando un estado de ánimo es crónico usamos palabras referentes a estados de ánimo como descripciones de su carácter» (pág. 88). Cuando no es crónico, el período de tiempo en el que el ánimo está como está no da lugar a que el estado se haga constitutivo del carácter de la persona. Así pues, si la depresión se alarga en el tiempo, el sujeto se hace un depresivo; y si el resentimiento perdura, la persona se convierte en una resentida. Esta acotación del territorio de los estados de ánimo por medio de un criterio de duración temporal es sólo parte de la historia. Los estados de ánimo son disposiciones a actuar y reaccionar de cierta manera, pero también a no hacerlo de otras. Así, por ejemplo, si el ánimo está alegre, «[la persona] está dispuesta a hacer más bromas que de ordinario, a gozar de las bromas de los demás, a solucionar problemas importantes sin sentir ansiedad, a entusiasmarse con juegos intrascendentes, y cosas similares» (pág. 88).

Algo distingue, entonces, las motivaciones de los estados de ánimo. Pero algo tienen en común. Ryle insistió en la necesidad de distinguir las motivaciones y los estados de ánimo de los sentimientos y las sensaciones, pese a que tanto en unas como en otros la presencia de sentimientos y sensaciones sea constante y sobresaliente. La persona que tiene cierta motivación o rasgo de carácter, escribe Ryle, «se inclina a hacer cierto tipo de cosas, a efectuar determinado tipo de planes, a dejarse llevar por su imaginación y también, por supuesto, a experimentar en situaciones determinadas, cierto tipo de sentimientos» (pág. 82). Algo parecido puede decirse también de los estados de ánimo. Los nombres que damos a los estados de ánimo y los conceptos bajo los que los agrupamos no son ni nombres ni conceptos de sentimientos, «aunque tener un estado de ánimo es, entre otras cosas, estar en situación de experimentar ciertos tipos de sentimientos en determinadas situaciones» (pág. 92).

Esta manera de relacionar las categorías de las motivaciones, los estados de ánimo y los sentimientos es menos clara de lo que podría parecerle al lector en lengua castellana. El término que utiliza Ryle es el de *feeling*; y si se lo traduce al castellano mediante «sentimiento», se corre el riesgo de perder justamente la lección que Ryle considera importante, a saber: que motivaciones y estados de ánimo son *disposiciones* que conllevan, entre otras cosas, la propensión a experimentar sensaciones determinadas. El que está alegre –un estado de ánimo– tiene la disposición a experimentar alegría, júbilo o gozo –un sentir–. El vanidoso –el que según Ryle tiene una determinada motivación– está inclinado a experimentar orgullo o resentimiento –un sentir–. Pero los sentires no son, en otro sentido del término, sentimientos. Los sentimientos son motivaciones o rasgos de carácter. Una persona bondadosa es alguien de buenos sentimientos; una persona resentida o envidiosa, alguien de malos sentimientos. La categoría de los sentimientos, por lo tanto, comprende cosas bien distintas. Hay sentimientos, podríamos decir, que son *sentires*; y hay sentimientos que son *sentimientos*, es decir, rasgos de carácter. Los primeros, los sentires, son sucesos; los segundos son disposiciones. Por lo tanto, la categoría de los llamados sentimientos es equívoca. Y la asociación que Ryle trazaba entre motivaciones y estados de ánimo, de una parte, y sentimientos, de otra, podemos enunciarla así: quien tiene una motivación y quien se encuentra en un estado de ánimo determinado tiende a experimentar tales o cuales sentires: a ser parte implicada en tales o cuales *sucesos*.

¿Qué hay, finalmente, de las llamadas *conmociones*? Según Ryle, su relación con los sentires es intrínseca. Un arrebato de ira o un subidón de júbilo son conmociones; y las sensaciones o sentires que experimentamos en cada caso son signos de esas conmociones, «de la misma manera que el dolor de estómago es signo de indigestión» (pág. 95). Y lo mismo hay que decir de los episodios de miedo, tristeza, ira o disgusto. En cada ocasión en que sentimos alguna de estas cosas experimentamos una conmoción o una agitación. Somos parte implicada, afectada, de un suceso: algo nos pasa, algo sufrimos (miedo, tristeza y demás). Dada, entonces, la íntima relación entre sentires y conmociones, resulta del todo natural reconocer los vínculos que unen las conmociones tanto con los estados de ánimo como con las motivaciones. Una forma escueta de decirlo es ésta: que las formas de emotividad que pertenecen a estas categorías son disposiciones a sufrir o a experimentar conmociones. Una persona alegre –una forma de ser– tiene la disposición a sentir alegría –una conmoción– en condiciones favorables;

y lo mismo hay que decir de la persona que no siendo alegre sí que se halla en ese estado.

En definitiva, al hablar de emociones Ryle distingue las motivaciones de los estados de ánimo y de las conmociones. En los dos primeros casos estamos ante disposiciones o inclinaciones psicológicas; en el tercero, ante acontecimientos o sucesos psicológicos. Es indiferente a qué apliquemos la palabra «emoción» –una palabra que se incorpora al léxico de la lengua castellana en tiempos relativamente recientes–. Podemos darle una función genérica, permitiéndonos referirnos por igual a motivaciones, estados de ánimo y conmociones. Sin embargo, cabe también la posibilidad de usar «emotividad» como rótulo del dominio general y servirnos de «emoción» para designar alguna de las categorías subordinadas. Dada la etimología del término, así como el uso que ha venido adquiriendo en los escritos de filosofía de la psicología –sin duda debido a la influencia de los escritos en lengua inglesa–, se reservará la palabra «emoción» para hacer referencia a lo que Ryle denomina conmociones. Una ventaja de esta convención es que así distinguimos los estados de ánimo de sus advenimientos. Los primeros son disposiciones, mientras que los segundos son, como he dicho, sucesos. Al obrar de esta forma deshacemos el equívoco a que da pie, por ejemplo, el *Diccionario* de la RAE, que entiende las emociones como estados de ánimo.

III. SIGUIENDO LA ESTELA DE RYLE

A continuación señalaré alguno de los aspectos mejorables de la propuesta de análisis conceptual hecha por Ryle para, después de haber tomado nota de ellos, seguir edificando sobre los cimientos que éste estableció. El resultado, espero, será una base conceptual como la de Ryle, aunque más clara en su definición.

Lo primero que haré será sustituir el término «motivación» por el de «rasgo de carácter». Esta maniobra no es ajena en absoluto al espíritu de la propuesta de Ryle. En efecto, al referirse a las motivaciones, y muy en particular a la manera en que se apela a ellas para dar explicaciones de la conducta de un sujeto, Ryle afirma que la búsqueda de motivaciones «podría constituir una investigación sobre la causa de su actuación específica, o bien sobre el carácter del sujeto, que permitiría dar cuenta de por qué actuó de cierta manera en esa ocasión» (pág. 79). Por lo tanto, creo que concederle a una motivación un papel en la explicación de por qué alguien hizo lo que hizo es concederle un papel a un rasgo o faceta de su carácter. Y más adelante, al final mismo de la sección dedicada a analizar las relaciones entre motivaciones y sentires, Ryle escribe lo siguiente –que, como yo interpreto, es verdadero en general de cualesquiera motivaciones–:

> En consecuencia, decir que cierta motivación es un rasgo del carácter de alguien es afirmar que se inclina a hacer cierto tipo de cosas, a efectuar determinado tipo de planes, a dejarse llevar por su imaginación y también, por supuesto, a experimentar en situaciones determinadas, cierto tipo de sentimientos (pág. 82).

Ahora bien, referirse a este tipo de disposiciones con el término de «motivación» me parece una elección discutible (aunque no necesariamente equivocada). Se supone que una motivación puede contribuir a explicar una acción de alguien. Y, de hecho, Ryle pone un cuidado especial en el capítulo que dedica a la emotividad en iluminar este género de explicación y en distinguirlo del que uno utiliza al señalar un suceso (por ejemplo, una conmoción). Lo que sucede es que el término «motivación» lleva consigo la idea de algo que mueve al sujeto a hacer esto o a reaccionar de aquella otra manera. Y en este sentido un rasgo de carácter no parece un buen candidato a ser algo que mueva. Si queremos explicar por qué María perdió el control de sí misma en una ocasión, podríamos decir que ello se debió a que envidia a Luisa por el éxito que ésta tiene. Sin embargo, la explicación no es satisfactoria. Ciertamente, la envidia estaba ahí, en el carácter de María; pero ello no basta. Hay que señalar, contando con la envidia de María, que lo que le *movió* a perder su autocontrol fue la recomendación de su propio padre de actuar como Luisa lo hace. Lo que nos mueve, diría yo, son sucesos puntuales, sucesos como creer que nuestro padre valora más a otra persona que a su propia hija; aunque ello no ocurra a no ser que el suceso caiga en el terreno abonado del rasgo pertinente de carácter. Ésta no es una observación baladí. Pensamos en el carácter de una persona, o en los rasgos de éste, como en lo que mueve a una persona a actuar de determinada manera, porque sus motivaciones están en línea con su forma de ser, con su carácter. Como veremos, esta vinculación es profunda, aunque no baste para concebirla en los términos de la identidad. Evitaremos las pequeñas, pero molestas, equivocaciones aludidas sustituyendo el término «motivación» por el de «rasgo de carácter». Y así llegamos a la terna compuesta por emoción –en el sentido restrictivo que ya he expuesto–, estado de ánimo y rasgo de carácter.

La segunda, y fundamental, corrección que quiero introducir en el análisis de Ryle tiene un calibre mayor. Quiero apartarme de toda una línea argumental que hay en su capítulo sobre la emotividad que hace de la duración o extensión temporal un criterio para distinguir los rasgos de carácter, los estados de ánimo y las emociones.[8] Así, Ryle presenta la vanidad y la indolencia como «peculiaridades más o menos duraderas de[l] carácter [de una persona]» (pág. 76); y se refiere, en general, a estados de ánimo como la preocupación, el entusiasmo y la turba-

---

[8] Éste es el criterio dominante en la investigación psicológica. Véanse los ensayos de la Question 2 en P. Ekman y R. J. Davidson (eds.), *The Nature of Emotion: Fundamental Questions*, Oxford University Press, 1994.

ción con el calificativo de «pasajeros» por considerarlos «lo mismo que las enfermedades y los estados del tiempo (...) condiciones relativamente breves, [que] no constituyen episodios determinados, aunque ciertos episodios resulten de ellos» (pág. 85). Finalmente, también con un significado general, afirma de los términos que designan estados de ánimo que «significan inclinaciones a corto plazo» (pág. 89). La sospecha que puede comenzar a tomar forma en la mente del lector es que las emociones, fueran lo que fueran, serán algo de duración todavía menor. Es cierto que no encuentro una confirmación inequívoca de esta sospecha, pero sí que hay algo próximo a ello. No de las emociones, pero sí de sus signos, los sentires, Ryle escribe que éstos «son cosas que van y vienen, que crecen y se desvanecen en pocos segundos» (pág. 89). Y justamente cierra el párrafo final de la sección sobre estados de ánimo con la siguiente metáfora sobre sentires y estados de ánimo:

> ¿Son los nombres de estados de ánimo nombres de emociones? La única respuesta aceptable es que, en el sentido en que a veces se usa la palabra «emoción», lo son. Pero debemos agregar, entonces, que, en este sentido, una emoción no es algo que pueda ser separado de pensar, imaginar, realizar actos voluntarios, gesticular o sentir angustias o ansiedades. En este sentido, tener la emoción que ordinariamente se designa como «estar aburrido» es sentirse propenso a tener determinados pensamientos y no otros, a bostezar y no a sonreír, a hablar displicentemente en vez de hacerlo con interés, sentirse flojo y no animado. El aburrimiento no es un ingrediente, incidente o característica distinguible y única en todo lo que la víctima está haciendo o padeciendo. Más bien es el aspecto temporal de esa totalidad. No es como una ráfaga de viento, un rayo de sol, un chaparrón o la temperatura; es como el estado del tiempo de una mañana (pág. 92).

Según interpreto estas líneas, Ryle da pie a que se entienda que los sentires son a las ráfagas de viento o a los chaparrones lo que los estados de ánimo son al estado del tiempo a lo largo de una mañana, a saber: segmentos de breve duración de un continuo temporal que los incluye como partes. Así, podría decirse, una emoción congelada lo suficiente deviene un estado de ánimo; y un estado de ánimo que se hace crónico pasa a ser un rasgo de carácter.

De lo que discrepo es de esta imagen de las diversas categorías de la emotividad que dibuja el centrarse en la medida de la extensión temporal. Demasiado simple (y sospechosamente naturalista) para ser verdadera. Frente a ella, quiero proponer algo que encaja en una línea de análisis distinta, pero compatible con la del propio Ryle. A mi modo de ver, *emociones, estados de ánimo y rasgos de carácter constituyen otras tantas perspectivas sobre la vida emocional de las personas.* Expuesta de forma rápida, la cosa es como sigue. Preguntarse por las emociones que experimenta una persona es una cuestión distinta de preguntarse por el estado de ánimo en que se encuentra. Una emoción es algo que se experimenta; un estado de ánimo algo en lo que se *está.* La persona que está furiosa experimentará normalmente ataques o arrebatos de rabia, enfado o desdén.

Podemos decir que siente rabia o enfado, pero el hecho de que usemos la misma palabra para ambos casos no debería hacernos pensar que interesarnos por cómo está (o se encuentra) una persona no es interesarnos por qué experiencia o vivencia está atravesando. Ryle acertó justamente en este punto al insistir en el error de entender los estados de ánimo como episodios pertenecientes a la misma categoría que los sentires. Los estados de ánimo son *condiciones* –más o menos duraderas, desde luego– en que puede encontrarse una persona. Nos importan en la medida en que queremos saber *cómo está*, o cómo estuvo, en un momento determinado. Y esa pregunta, a su vez, nos sirve posiblemente para anticipar cómo podría reaccionar en una determinada situación o para entender por qué actuó en un momento pasado del modo en que lo hizo. Aunque esa reacción podría deberse a una emoción que sintió, cuando nos ocupan los estados de ánimo, nos hallamos ante algo diferente. La recíproca independencia de emociones y estados de ánimo se advierte en al menos dos cosas. Una, que hay emociones, las que podríamos llamar atávicas, o quizá básicas, que experimentamos con independencia de cuál sea nuestro estado de ánimo.[9] Dos, que un estado de ánimo puede estar latente y no manifestarse más que cuando las condiciones de la situación en que se halle el agente sean muy especiales. Así, Ethan Edwards, el personaje principal de la historia que narra la película de John Ford *The Searchers*,[10] está decidido a matar a su sobrina, raptada años atrás por los comanches nauyeki y convertida en esposa del jefe Cicatriz. Una vez muerto éste, y en su arrebato, la levanta en sus brazos para aplastarla contra el suelo. Pero en esa condición, en medio de la tormenta de odio acumulado con los años –«Ya no son blancos; son comanches.»–, el *peso* del cuerpo de Debbie reaviva las viejas sensaciones de ternura experimentadas cinco años atrás, cuando la levantó en sus brazos al reencontrarse con su hermano y con la esposa y los hijos de éste. Y en ese estado, esta emoción anula todo lo demás. Una susceptibilidad de Ethan, que Ford ha mantenido oculta, se manifiesta en el momento culminante de la historia.

La pregunta por lo que la persona *experimenta* o vive y la pregunta por la condición en que se *está* son preguntas independientes. A su vez, la pregunta por cómo *es* atiende a otra faceta del caso. Nos interesan los rasgos de carácter de una persona, porque nos importa tener bien presente su trayectoria en el

---

[9] El ejemplo clásico es el de Charles Darwin. Véase *La expresión de las emociones en los animales y en el hombre*, Alianza Editorial, Madrid, 1984, págs. 68 y ss. Para un estudio reciente del principal responsable del peso que este concepto tiene en la actual psicología, véase P. Ekman, «Basic Emotions», en T. Dalgleish y M. J. Power (eds.), *Handbook of Cognition and Emotion*, John Wiley & Sons, Chichester, 1999. Y también los ensayos en la Question 1, en P. Ekman y R. J. Davidson (eds.), *The Nature of Emotion: Fundamental Questions*, Oxford University Press, 1994. Una crítica conocida de la propuesta de Ekman la desarrolla R. Solomon en «Back to Basics: On the Very Idea of "Basic Emotion"», en *Not Passion's Slave. Emotion and Choice*, Oxford University Press, 2003.

[10] Comercializada en España con el título de *Centauros del desierto*.

tiempo; es decir, nos interesa no perder de vista toda una serie de regularidades en su forma de entender las cosas y plantear su conducta: qué le atrae y qué rechaza; qué despierta su curiosidad y qué le aburre o pasa por alto. Es en este sentido en el que, según dije antes, sus motivaciones están en línea con su carácter, aunque éste y aquéllas sean cosas diferentes. Así que si nos preguntamos cómo es alguien, nos guían intereses bien distintos de los que presiden nuestro interés por cómo está. Es más, no es excepcional el caso en el que dejamos a un lado cuál es la forma de ser, el carácter de la persona, y hacemos hincapié en cuál es su estado de ánimo. Ryle tiene una aguda observación que hacer a este respecto: un estado de ánimo, dice, «monopoliza» (pág. 88). Si alguien está en cierto estado de ánimo, entonces no está en otro: si está irritado, no está alegre. Pero uno puede ser al mismo tiempo vengativo y cordial, al menos por períodos de tiempo moderadamente largos. (Este tipo de gente es peligrosa de veras.) Por lo tanto, hay en este asunto algo que no se capta nada bien diciendo que las diferencias dependen de cuán largo o corto sea el plazo de tiempo implicado. Los estados de ánimo contienen la manera en que el sujeto afronta emocionalmente una situación, su *susceptibilidad ante las propiedades de ésta.* Los rasgos de carácter delinean la forma de ser de la persona y, por lo tanto, contienen los recursos (o la falta de recursos) para manejarse en esa situación. Por eso, aunque podamos afirmar, con Ryle, que tanto si un sujeto se halla en un determinado estado de ánimo como si posee cierto rasgo de carácter tiene la propensión a experimentar tales o cuales emociones, las implicaciones son notablemente distintas. En un caso, son disposiciones en las que las riendas, podríamos decir, las lleva la situación, a no ser que se introduzca el factor de corrección del carácter de la persona. En el otro las dicta la persona, a no ser –y también hemos de precavernos– que se introduzca el factor de corrección de la situación. Justamente esto es lo que sucede en el momento culminante de la historia de Ethan. Una sensibilidad enterrada en el devenir de la historia emerge en su momento culminante. No hay duda de que Ethan ha decidido matar a Debbie, que se ha hecho a la forma de vida de los comanches, ha renegado de lo que era y se ha convertido en esposa de Cicatriz. Pese a todo eso, algo ha pervivido en Ethan que le hace susceptible a revivir la sensación de ternura que aquella niña había despertado en él tiempo atrás; algo que hace que un sujeto extremadamente violento y vengativo –dos rasgos de carácter entre otros– sea susceptible a una situación inesperada –un estado de ánimo del que no era consciente y del que el espectador se apercibe cuando el ciclo de la narración se cierra–. El carácter de la persona constituye un punto de referencia o rasero contra el cual calibrar el sentido que tenga un estado de ánimo, pues éste puede esperarse a partir de aquél o, por el contrario, constituye una ruptura que tiene interés en sí misma. Dependiendo de cuál sea la opción que haya que seguir, así habrá que entender su estado de ánimo como resultado de una experiencia excepcional.

IV. Entrando en polémicas

Ahora trataré de poner a prueba, y al mismo tiempo seguir elucidando, la distinción de Ryle entre emociones, estados de ánimo y rasgos de carácter comparando sus puntos de vista con los de dos autores contemporáneos.

a) Errol Bedford, por ejemplo, es de los pocos autores que abiertamente polemiza con el análisis conceptual de Ryle, por lo que no carece de interés examinar sus objeciones. En lo esencial, Bedford manifiesta su discrepancia ante lo que él entiende que es la decisión de Ryle de «[a]similar las palabras de emoción muy cerca de las palabras disposicionales», puesto que ello impide dar razón de una forma completa de la función explicativa de esta área del léxico.[11] A juicio de Bedford, las palabras que denotan emociones no sólo son relevantes para entender la conducta de las personas, sino que también ubican esa acción en un contexto social. Y, por lo tanto, sirven para más que para poner al sujeto individual en el foco del análisis. A esto hay que añadir, en segundo lugar, otro reproche que Bedford hace a Ryle, a saber: que el uso de las palabras de emoción hace más de lo que Ryle pretende, pues no sólo permite explicar el porqué de la acción, sino que también la justifica. Así, los conceptos de emociones son más que conceptos puramente psicológicos y «presuponen conceptos de las relaciones e instituciones, y conceptos que pertenecen a sistemas de juicio morales, estéticos y legales» (pág. 295).

Ryle no se merece estas críticas. Para empezar, el léxico de la emoción no es exclusivamente disposicional y, por ello, no responde de manera uniforme al paradigma que Bedford toma en consideración: «El vidrio se rompió porque era frágil». La única atribución emocional que cita es «Él fue grosero contigo porque estaba celoso». Y sorprende que ponga su atención en un caso así, porque no está nada claro, si el ejemplo se toma a solas, sin más comentarios, que la explicación que se quiere proporcionar con él apunte a una motivación o a una inclinación. Bedford no parece distinguir unas de otras (véase pág. 294), pero esto no es algo que se le pueda conceder. La apelación a inclinaciones y la apelación a inclinaciones explican de forma distinta. Así pues, la primera de las críticas de Bedford es técnicamente defectuosa por pasar por alto la distinción entre emociones, estados de ánimo y rasgos de carácter. La segunda de sus críticas tampoco es mejor, pero resulta interesante no enfrentarse a ella rutinariamente, porque pone de manifiesto una habitual mala comprensión de *El concepto de lo mental*. La cuestión es por qué considera Bedford que para Ryle los conceptos de emoción son puramente psicológicos y que, por ello, ignora que «al usar las palabras de emoción somos capaces de relacionar la conducta con el más com-

---

[11] Erol Bedford, «Emociones», *loc. cit.*, pág. 294.

plejo ambiente en que se lleva a cabo, y así hacer inteligible la acción humana» (pág. 295). Quizás este juicio se debe a que cuando Ryle explica su idea de lo que es una disposición pone como ejemplo la fragilidad del vidrio. Ahora bien, resulta tendencioso interpretar este recurso pedagógico como si nos obligara a aceptar la imposibilidad conceptual de entender muchos episodios de la conducta humana a través de la atribución de disposiciones morales, estéticas o legales. Ciertamente, ello haría de Ryle un filósofo muy cercano a, si no comprometido plenamente con, alguna forma de naturalismo reductivo. *El concepto de lo mental* está repleto de ilustraciones contrarias a esa interpretación. Y, además, el final de esta obra ha de tomarse en serio. Sucede que la distinción entre emociones, estados de ánimo y rasgos de carácter es ortogonal a la divisoria de Bedford entre lo (que él considera lo) psicológico y lo social sin desquiciarla. A menudo, por ejemplo, entenderemos el carácter de una persona o sus estados de ánimo *vis-à-vis* sus relaciones interpersonales. De ahí que la segunda de las objeciones de este autor quede en nada.

b) Aunque no la mencione en absoluto, de entre las discusiones recientes la más próxima a la propuesta de Ryle, y a la que aquí se ha elaborado a partir de ésta, es la que Paul E. Griffiths hace en el capítulo final de *What Emotions Really Are*.[12] La propuesta que Griffiths examina, y que acaba rechazando, propone analizar las emociones como disposiciones de primer orden, los estados de ánimo (el término inglés es «*mood*») como disposiciones de segundo orden y los rasgos de carácter como disposiciones de tercer orden. Según este esquema, las emociones son disposiciones a reaccionar, tanto con respuestas somáticas como conductuales, a los estímulos apropiados. Los estados de ánimo son disposiciones a tener disposiciones de primer orden: paradigmáticamente, disposiciones a tener emociones. Así, entre los estados de ánimo y las emociones se daría el género de vínculo que mantienen la magnetizabilidad y el magnetismo o capacidad de atraer el hierro. Y, finalmente, los rasgos de carácter serían disposiciones de tercer orden: disposiciones a encontrarse en tal o cual estado de ánimo.

> Un rasgo temperamental como la irascibilidad es el estado de encontrarse marcadamente dispuesto a estar en un estado de ánimo de enfado. El estado de ánimo de hallarse enfadado es una disposición a enfadarse con facilidad. El enfado mismo es una disposición a llevar todo tipo de comportamientos y cambios de estado mental.[13]

Griffiths no acepta el Modelo de la Jerarquía de Disposiciones, la propuesta según la cual las emociones, los estados de ánimo y los rasgos de carácter se distribuyen en una jerarquía de disposiciones. Si esa jerarquía fuese como dice ese

---

[12] Paul E. Griffith, *What Emotions Really Are*, Chicago University Press, Chicago, 1997. El capítulo se titula «Coda-Mood and Emotion».
[13] Paul E. Griffith, *op. cit.*, pág. 249. Griffiths atribuye esta propuesta al psicólogo Vincent Nowlis.

modelo, entonces no habría manera de explicar que las emociones pueden causar estados de ánimo y no meramente ser causadas por éstos. No es posible tal cosa, porque para que exista una disposición de cierto orden ha de existir previamente una del orden inmediatamente superior. Y esto no admite excepciones. Sin embargo, parece natural aceptar que una emoción puede dar lugar a un estado de ánimo, como cuando una noticia nos causa alegría y esa experiencia nos deja en un estado de excitación. Por ello, aunque también por otras razones, Griffiths abandona el Modelo de la Jerarquía de Disposiciones por un modelo que identifica las emociones con estados funcionales de orden superior. Su intuición fundamental es que en su comportamiento una persona puede responder a, o materializar, diferentes descripciones funcionales en momentos o lapsos de tiempo diferentes, de forma que lo que esa persona haga dependerá de cuál es la descripción a la que responde. «El carácter normal de un individuo es una aproximación a una de esas descripciones» (pág. 251). Un cambio de estado de ánimo es una desviación significativa del modelo o de la descripción normal. Y un cambio de descripción funcional arrastra consigo cambios en la reacción del individuo ante la información sobre él o sobre su entorno. Ahora bien, si se acepta que una emoción puede dar lugar a un cambio tal, entonces la objeción que le preocupa a Griffiths queda superada.

¿Por qué he dicho que la propuesta de Griffiths es la que más se parece a la que ha sido desarrollada en las dos secciones precedentes? Primero, porque respeta en el espíritu y no sólo en la letra la distinción entre emociones, estados de ánimo y rasgos de carácter. Las diferencias que establece el Modelo de la Jerarquía de Disposiciones son manifiestas, y estas diferencias se mantienen en la modificación que Griffiths lleva a cabo en él. En particular, la divisoria entre estados de ánimo y rasgos de carácter adquiere en el nuevo modelo un sentido claro, que responde a la dicotomía de la conducta normal y la conducta que se sale de lo habitual. En esta dimensión de la diferencia entre estados de ánimo y rasgos de carácter se ha hecho hincapié antes. En segundo lugar, Griffiths considera que tanto los estados de ánimo como los rasgos de carácter son estados funcionales y, por lo tanto, disposiciones, como se ha propuesto antes, aunque no mantengan entre sí una relación jerarquizada. Finalmente, el análisis de Ryle y el que he elaborado a partir de éste comparte con el de Griffiths el evitar la objeción contra la que choca el Modelo de la Jerarquía de Disposiciones. Si las emociones son conmociones y los estados de ánimo son susceptibilidades a propiedades de situaciones, entonces no hay dificultad alguna en aceptar que una emoción active o cree una susceptibilidad.

Pese a estas coincidencias, no hay ninguna duda de que el punto de vista elaborado en las secciones precedentes y la propuesta de Griffiths son incompatibles por las dos razones siguientes. En primer lugar, resulta chocante que este autor no tenga ninguna objeción que hacer a la idea de que las emociones sean disposiciones o estados funcionales. Sin embargo, las emociones no son disposiciones, sino los efectos de la actualización de disposiciones; no son funciones, sino los efectos del ejercicio de estas funciones –una distinción metafísica fundamental–. Las emociones no son causas estructurantes, responsables de que el *proceso* emocional sea como es, sino en todo caso efectos de estas causas o los procesos mismos.[14] No son *condiciones*, sino eventos. Griffiths no distingue, por lo tanto, ni entre emociones y disposiciones ni tampoco entre emociones y las bases categoriales de las disposiciones correspondientes. No es ésta una dificultad menor, que podría salvarse diciendo que la opción elegida se fundamenta en el hecho de que, puesto que hay una correlación neta entre causas estructurantes y sus efectos, ¿por qué limitarnos a hablar de las primeras en vez de hacerlo de los segundos? Es algo más complicado. Griffiths nos debe una explicación pormenorizada de cómo es posible que una causa estructurante puede ser causa de un estado de ánimo, el cual es, a su vez, un estado funcional y, por lo tanto, otra causa estructurante. Si las emociones no fuesen causas estructurantes, no sería difícil salir de la dificultad, pues podría decirse que un evento –la emoción– modifica una causa estructural, dando lugar a otra. Pero si Griffiths ha modificado los términos del análisis, ¿cómo sale al paso de esto?

En segundo lugar, la relación entre estados de ánimo y rasgos de carácter que Griffiths presenta no es totalmente satisfactoria. El carácter de una persona, o quizá la suma de sus rasgos, resulta ser en su propuesta una suerte de estado de ánimo habitual o normal. Esto no es lo mismo que afirmar que un rasgo de carácter sea un estado de ánimo prolongado en el tiempo, pero sigue siendo una caracterización insatisfactoria. Lo razonable de la idea de Griffiths es que crea un contraste suficiente entre estados de ánimo y rasgos de carácter, un contraste que permitiría subrayar que un estado de ánimo no está en línea con lo que es el carácter de la persona que atraviesa por él. Ahora bien, al entender el carácter como un estado de ánimo normal y los estados de ánimo, en el sentido estricto de la noción, como condiciones anormales, Griffiths no tiene forma de justificar que un estado de ánimo propiamente dicho pueda estar en línea con el carácter de la persona. El contraste se hace ahora difícil de acomodar. La salida del callejón se ha cerrado porque, de acuerdo con el desarrollo que he hecho de la propuesta de Ryle, la diferencia entre estados de ánimo y rasgos de carácter es de un orden distinto al que Griffiths reconoce. No son tan sólo descripciones funcionales a las que la psicología humana responde en momentos distintos, sino también con-

---

[14] Las emociones son los efectos de causas desencadenantes, es decir, los efectos de las causas que hacen que el proceso acontezca *ahora* o que ocurriese *entonces*. Sobre las nociones de causa estructurante (en inglés, *structuring cause*) y causa desencadenante (en inglés, *triggering causes*), véase F. Dretske, *Explaining Behavior*, The M.I.T. Press, Cambridge, 1988, capítulo 2.

diciones psicológicas metafísicamente dispares. Los rasgos de carácter no son nuestras susceptibilidades habituales. A ello se debe que a veces nuestros estados de ánimo estén en línea con nuestra forma de ser y que a veces no lo estén.

V. GOLDIE Y LA ESTRUCTURA NARRATIVA DE LA EMOCIÓN

Para finalizar, voy a considerar diversas ideas expuestas por Peter Goldie, en su reciente libro *The Emotions*, a propósito de la distinción entre emociones, estados de ánimo y rasgos de carácter.[15] El punto de arranque de esta discusión lo constituye la sofisticada, a la vez que profunda, manera de entender las emociones que Goldie expone y elabora. Para este autor, las emociones adquieren toda su significación cuando las vemos como elementos integrantes de una estructura narrativa. En dicha estructura los sucesos y las disposiciones se relacionan los unos con las otras, además de con otros aspectos de la vida de las personas.[16] La estructura narrativa es, pues, algo eminentemente complejo: «(...) conlleva episodios de experiencia emocional, incluyendo percepciones, pensamientos, y sentires [y sentimientos] de varias clases, y cambios corporales de varias clases; e incluye disposiciones a experimentar otros episodios emocionales, a tener otros pensamientos y sentires, y a comportarse de ciertas maneras» (págs. 12 y ss.). Las emociones, sostiene Goldie, son complejas, episódicas, dinámicas y estructuradas. Esta novedosa forma de abordar el estudio de las emociones nos fuerza a cambiar el método del análisis utilizado hasta el momento. La emoción, es decir, el suceso emocional, pasa a entenderse como un episodio con una historia en la que de forma cambiante se suceden experiencias, pensamientos, sentires, ejercicios de disposiciones y demás. Es el flujo de todo esto lo que constituye la emoción de la cual aquel episodio es un momento significativo más. Así, la emoción de Ethan Edwards al levantar en brazos a su sobrina Debbie no es la experiencia que le inunda y que apacigua el odio alimentado con los años. La emoción es el complejo dinámico que *culmina* en esa abrumadora sensación. Y decir cuál es la emoción es contar la narración que lleva a este punto culminante:

> La experiencia emocional es, en este sentido, más como el desarrollo de los sucesos en la historia que como una serie de eventos en la naturaleza (pág. 145).

La admisión explícita que hace Goldie de que él distingue las emociones (como los celos) de los episodios emocionales (como un ataque de celos) con-

---

[15] Peter Goldie, *The Emotions. A Philosophical Exploration*, Oxford University Press, 2000. Véase nota 2 del capítulo IV.

[16] Richard Wollheim ha desarrollado una concepción muy similar en *On the Emotions*, Yale University Press, New Haven, 1999, *passim*.

firma la novedad de su propuesta.[17] Puede apreciarse, entonces, que ésta difiere notablemente de las aproximaciones más habituales por considerar los sentires como «insertos en la narrativa de una emoción» (pág. 51). Es decir, en atribuir a las emociones condiciones de identidad holistas. Una emoción es, ciertamente, un suceso, pero un suceso que se despliega en el tiempo y que, en función de sus conexiones con las situaciones en las que el sujeto se halle y sus otras experiencias y disposiciones, va adquiriendo uno u otro sentido. La emoción no es el arrebato de ternura hacia su sobrina que paraliza a Ethan, sino el profundo cariño que se soterra cuando cae en la cuenta de que Debbie acabará siendo la esposa de algún comanche y que reaparece con su regreso al seno familiar.

No estoy sugiriendo que la perspectiva que propone Goldie sea errónea o carente de interés. No pienso que ése sea el caso. Quiero, sin embargo, presentar aquí tres consideraciones que sirven, quizás, para subrayar la diferencia de perfiles de esta perspectiva y de la que, tomando pie en Ryle, he expuesto brevemente en la segunda parte de mi exposición. La primera consideración es que para Goldie no resulta fácil distinguir emociones, estados de ánimo y rasgos de carácter. Así, las emociones difieren de los estados de ánimo «en el grado de especificidad de sus objetos» (pág. 141), una tesis que ha tenido partidarios desde antiguo.[18] Mientras que el objeto intencional del odio puede ser una persona, como en la historia de Ethan y Debbie, ni la depresión ni la irritabilidad ni la ansiedad tienen objetos intencionales tan definidos. Es el mundo, la vida, la existencia, a lo que –se dice– apuntan intencionalmente los estados de ánimo. Goldie admite incluso que la mejor descripción posible de ese objeto puede ser «todo» o bien «nada en particular» (pág. 143). En mi opinión, sin embargo, esta respuesta es insatisfactoria. No porque niegue que estar vivo pueda ser el objeto intencional de una emoción. Lo es porque no me parece que ésos sean objetos de un estado de ánimo. Es tan simple como que no *tenemos* que dar ese paso y dar el visto bueno a un objeto intencional tan *sui generis*, si aceptamos que los estados de ánimo no son emociones y, por lo tanto, que no precisan que se los empareje con un objeto intencional. Los estados de ánimo, claro está, pueden ser causados por emociones con estados intencionales. Pero de ahí no se sigue que ellos mismos hereden las propiedades de sus causas.[19] Goldie ha de enfrenarse

---

17　Peter Goldie, *op. cit.*, véanse págs. 13 y ss., así como la nota 2 de la pág. 14.

18　Para una exposición reciente de esta tesis, véase T. Crane: «Intentionality as the Mark of the Mental», en A. O'Hear (ed.): *Current Issues in the Philosophy of Mind*, Cambridge University Press, Cambridge, 1998. En el terreno de la filosofía de las emociones, aquellos que se mueven en la órbita de la fenomenología, incluyendo la existencial, son quienes defienden esta opción. Véase, por ejemplo, R. Solomon, *The Passions*, edición revisada, Hackett Publications, Indianápolis, 1993, págs. 70 y ss. Una conocida crítica de esta doctrina, que viene de antiguo, se halla en J. C. Gosling: «Emotion and Object», *Philosophical Review*, LXXIV, 1965, págs. 98-104. Yo desarrollo la mía en el resto de este párrafo y en el siguiente.

19　Aunque de una manera poco decidida, esta tesis la defiende también Kenny, para quien una de las diferencias fundamentales entre emociones y estados de ánimo es que las primeras tienen, o se dirigen a, objetos –es decir, tienen propiedades intencionales–, mientras que los segundos «están más vagamente ligados a objetos que las emoa esta dificultad, pues la diferencia en el grado de especificidad de los objetos intencionales de emociones y estados de ánimo no anula el hecho de que «esta distinción no es tajante» (pág. 143). Es más, los estados de ánimo cuyos objetos intencionales ganan en resolución devienen emociones; y las emociones cuyo objeto intencional queda más y más desenfocado se convierten en estados de ánimo (pág. 148). En realidad, podemos decir que, emociones y estados de ánimo ocupan posiciones distintas en un único espectro emocional. Esto entra en colisión, naturalmente, con la tesis de que las emociones son sucesos y los estados de ánimo disposiciones constitutivas de nuestra susceptibilidad a las situaciones en que nos hallemos.

La segunda consideración es que tampoco la categoría de los rasgos de carácter resulta nítidamente perfilada en esta aproximación. Goldie concibe estos rasgos como «disposiciones a tener ciertos motivos en ciertos tipos de situación» (pág. 154), siendo los motivos pensamientos y sentires que dependen de cuál sea la situación en la que se encuentra una persona y de su historia particular. Sin embargo, una vez más, la contribución de los rasgos de carácter a la comprensión de la conducta de las personas adquiere perfiles definidos dentro de «una narración detallada del pasado de la persona, dado en términos de sus pensamientos, sentires y decires concretos, así como de las acciones en las que los rasgos se manifestaron» (pág. 155). Esta observación no sirve de ayuda, puesto que esto mismo o cosas muy parecidas pueden decirse también de las emociones y de los estados de ánimo, como Goldie los presenta. La vocación holista de su propuesta ayuda a que se difuminen las líneas que marcan las fronteras entre estas categorías. De hecho, el único criterio claro de distinción al que Goldie recurre es temporal –un paso sobre cuyas deficiencias he señalado antes–, pues cita el *Tratado* de Hume para presentar los rasgos de carácter como «principios duraderos de la mente».[20] De hecho, sospecho también que el criterio de la extensión temporal

---

ciones» (*La metafísica de la mente*, Paidós, Barcelona, 2000, pág. 95). Esa vinculación más indirecta tiene otro significado. Así, los pares de objetos y de estados de ánimo ligados a los primeros de un modo particular, con los que Kenny ilustra su opinión, ilustran más la susceptibilidad a responder emocionalmente –ahora en el sentido estricto del término– que es definitoria del estado de ánimo, según el punto de vista propuesto. Kenny trata de hacer hincapié en el tipo de sensación que, por ejemplo, la persona abatida siente, pero lo que acaba obteniendo es una gama de situaciones a la que se es susceptible. En efecto, «[el abatimiento] puede también consistir en un sentimiento generalizado que, en el mejor de los casos, se asocie a objetos completamente inadecuados, como una llovizna fuera de tiempo o la necesidad de llevar el gato al veterinario» (*loc. cit.*). Por otra parte, Kenny considera que hay estados de ánimo con objetos intencionales perfectamente definidos, como el abatimiento que siente un escritor por no haber escrito en una sesión de trabajo todo lo que tenía previsto. Este juicio confunde las cosas del todo, y pone de manifiesto el tipo de confusiones conceptuales en que se cae tras una mirada superficial al lenguaje. Un ejemplo así no lo es de un estado de ánimo, sino de una emoción: el escritor siente abatimiento y la causa, y posiblemente el objeto de su vivencia, es no haber escrito lo que pensaba que escribiría. Y ese abatimiento puede, a su vez, dejarle abatido; es decir, meterle en un estado de ánimo. Pero la palabra «abatimiento» no denota más un episodio emocional que un estado de ánimo. Kenny se confunde aquí y da pie a pensar que hay estados de ánimo con propiedades intencionales específicas, cuando no es así.

20 Peter Goldie, *op. cit.*, pág. 154.

es lo que subyace a su explicación de que los estados de ánimo son emociones cuyo objeto se ha ido haciendo más y más inespecífico. En efecto, si al estar irritable me incomoda esto, primero, y aquello, después, y lo demás, posteriormente, crece la tentación de concluir que me desagrada *todo*; y que todas las cosas son el objeto de mi irritación. Ampliemos el lapso temporal y acabaremos teniendo un objeto suficientemente inespecífico.

La tercera y última observación que quiero hacer sobre este tema trata de la interpretación que hace Goldie de los estudios, bien conocidos en sociología, sobre el Buen Samaritano realizado por Darley y Batson en los años setenta[21] y, más en concreto, sobre el denominado *error fundamental de atribución*. Goldie interpreta que esos estudios llevan a la conclusión de que es un error explicar la acción humana haciendo principalmente hincapié en el carácter de las personas y pasando por alto las situaciones en que estas personas se hallen. A su juicio, «de forma sistemática dejamos de valorar que los factores situacionales pueden ser altamente significativos a la hora de determinar [es decir, explicar y predecir] el comportamiento [de las personas]» (pág. 161). Hay bastante de certero en este juicio, pero quiero añadir que su manera de analizar las emociones, los estados de ánimo y los rasgos de carácter le hace tener una visión excesivamente unilateral en su diagnóstico.

Los estudios de Darley y Batson tenían como objeto investigar el comportamiento de socorro de las personas tomando dos variables: las disposiciones humanitarias de un grupo de seminaristas de la Universidad de Princeton y el tipo de situación en que pudieran hallarse. A una parte de estos estudiantes se les pidió que preparasen una exposición oral sobre la parábola del Buen Samaritano; al resto, una exposición oral sobre sus futuras perspectivas laborales. Esas exposiciones habrían de hacerse en el extremo opuesto del campus universitario. Cada uno de estos grupos se dividió en tres subgrupos, en función del tiempo del que, según se les dijo, dispondrían para preparar su exposición y cruzar el campus. A algunos (los subgrupos A de cada uno de los dos grupos iniciales) se les dijo que disponían de mucho tiempo; a otros (los subgrupos B) que tendrían tiempo suficiente y al último tercio (los subgrupos C) que deberían darse prisa para hacer ambas tareas. Camino del lugar donde debía hacerse la exposición todos los estudiantes tuvieron que pasar delante mismo de una persona que parecía necesitar ser socorrida con urgencia. Pues bien, el sesenta y tres por ciento de los estudiantes de los grupos A, el cuarenta y cinco por ciento de los estudiantes de los grupos B y el diez por ciento de los estudiantes de los grupos C se detuvieron a interesarse por el estado de esa persona. Darley y Batson llegaron a la conclu-

---

[21] J. M. Darley y C. D. Batson, «From Jerusalem to Jericho: A Study of Situational and Dispositional Variables in Helping Behaviour», *Journal of Personality and Social Psychology*, 27, 1973, págs. 100-108.

sión de que la situación de los seminaristas, y no su carácter, que supuestamente les hacía elegir los estudios que cursaban, es decisiva a la hora de explicar su comportamiento. Goldie extrae esta misma conclusión.

A mi juicio, Goldie pasa por alto una forma natural de encajar la naturaleza del error fundamental de atribución en una teoría o concepción de las emociones, a causa de que su manera de articular los conceptos de emoción, estado de ánimo y rasgo de carácter no crea el espacio de maniobra suficiente para el análisis. Pues los resultados de Darley y Batson pueden leerse de esta otra manera: los tres tipos de situaciones en que se encuentran los seminaristas –quiero decir, las tareas encomendadas y el plazo de tiempo disponible para atravesar el campus universitario– corresponden a otras tantas maneras de hacerles susceptibles a situaciones en las que podrían encontrarse. Por lo tanto, el experimento ha sido diseñado para que los sujetos se enfrenten a una experiencia emocional en un estado de ánimo (de entre tres posibles). Afirmar, como hacen Darley y Batson, que la variable situacional no sería tomada en consideración por quien pronosticara un comportamiento de socorro por parte de todos los seminaristas, afirmar eso es pasar por alto que los rasgos de carácter y los estados de ánimo cumplen funciones explicativas netamente distintas. Lo que explica, entonces, la diferente conducta de los sujetos de los subgrupos A, B y C es la diferencia de los respectivos estados de ánimo inducidos, es decir, las diferencias de susceptibilidad ante las propiedades de una o más situaciones. Goldie no puede ofrecer esta explicación sin revisar su concepto de estado de ánimo.

VI. CONCLUSIÓN

En estas páginas he recordado el análisis conceptual que hizo Ryle del territorio de la emotividad, he criticado algunos de sus argumentos expuestos y sugerido cómo superar esas críticas. Se desprende de la forma de articular la divisoria entre emociones, estados de ánimo y rasgos de carácter que, en la medida en que resulte iluminadora, en absoluto precisa de, o descansa en, el tipo de presupuestos naturalistas que un filósofo como Richard Rorty ha considerado obstáculos para el progreso del debate filosófico. Empeñarse en lo contrario, como cuando se distinguen las emociones de los estados de ánimo y éstos, a su vez, de los rasgos de carácter mediante criterios operacionales que atienden a la duración de unos y otros, nos hace correr el riesgo de cometer errores filosóficos muy serios.

NATURALISMO, REALISMO PSICOLÓGICO Y JUSTIFICACIÓN*

Tobies Grimaltos
Valeriano Iranzo
(Universitat de València)

I. INTRODUCCIÓN: EL PRINCIPIO DEL REALISMO PSICOLÓGICO

De acuerdo con el enfoque naturalista de la epistemología, la investigación debe estar en estrecha conexión con la ciencia. Frente a la aproximación tradicional, apriorística, lo que los autores naturalistas reclaman es una reorientación empírica de la tarea del epistemólogo. Aunque hay diferencias apreciables entre los defensores del naturalismo en cuanto al grado de imbricación exigido entre la ciencia y la epistemología, un supuesto ampliamente –e implícitamente– compartido es lo que aquí llamaremos el principio del realismo psicológico. La idea general es que un criterio para juzgar la plausibilidad o adecuación de una posición epistemológica es que ésta no entre en conflicto con los resultados de la psicología experimental.[1]

La psicología es una ciencia descriptiva; la epistemología, por contra, al menos en lo que refiere a las cuestiones que tradicionalmente han ocupado al epistemólogo, no versa sobre nuestra conducta cognitiva *de facto*. Entonces, si la epistemología no hace afirmaciones empíricas, ¿cómo puede entrar en conflicto con la psicología? Admitamos que el contexto que interesa al epistemólogo es el normativo. Las tareas que se plantean en este contexto son: la justificación de

---

* Este trabajo forma parte de los proyectos de investigación «La naturalización de la filosofía: problemas y límites» financiado por el Ministerio de Ciencia y Tecnología (BFF2000-1300) y «Creencia Motivación y Verdad» que ha sido parcialmente subvencionado por la Generalitat Valenciana (GV04B-251) (GRUPOS04/48) y por el Ministerio de Ciencia y Tecnología (BFF2003-08335-C03-01). Agradecemos la ayuda y el apoyo prestados por estas instituciones.

[1] French *et al.* 1994 recoge distintas opiniones sobre las implicaciones del giro naturalista en la epistemología.

nuestras pretensiones de conocimiento, el establecimiento de normas epistémicas, el análisis de la racionalidad doxástica, etcétera, pero, en cualquier caso, la epistemología no puede prescindir de la noción de sujeto. Pues bien, los epistemólogos naturalistas invocan el principio del realismo psicológico contra aquellas concepciones del sujeto epistémico excesivamente idealizadas o psicológicamente implausibles.

Una cuestión central en el debate epistemológico es la justificación –o racionalidad, si se prefiere un término menos neutro– de las creencias. El análisis de la noción de justificación ha distinguido entre internismo y externismo. Grosso modo, los internistas exigen que lo que confiere justificación a una creencia –un hecho, otra creencia, etcétera– ha de ser accesible al sujeto, mientras que los externistas prescinden de este requisito.[2]

En principio, los autores que simpatizan con el naturalismo epistemológico se inclinan hacia posiciones externistas por razones diversas. Que la justificación no dependa exclusivamente de factores internos aumenta, al menos de manera aparente, las posibilidades de enfrentarse con éxito al escepticismo tradicional de raíz cartesiana. No en vano, para los naturalistas no eliminacionistas, esto es, para los naturalistas que no pretenden olvidar sin más la problemática epistemológica tradicional, ésta es una de las cuestiones donde pueden apreciarse las ventajas del enfoque naturalista de una forma más clara. Por otro lado, y aquí nos topamos con el principio del realismo psicológico, de acuerdo con las capacidades que razonablemente podemos atribuir al sujeto a la luz de las investigaciones empíricas, los modelos internistas tienden a «sobrecargar» al sujeto epistémico con un aparato cognitivo excesivo. La implausibilidad psicológica en este sentido supone, desde el frente naturalista, otra desventaja respecto a modelos más parcos y más próximos a las investigaciones en psicología.[3] Nuestro objetivo será, en primer lugar, discutir alguna de las críticas realizadas en esta línea contra modelos internistas, tomando como autor de referencia a A. I. Goldman. En la segunda parte del trabajo sugeriremos un análisis de la justificación mixto que combina el componente externista con un requisito internista.[4]

---

[2] Entre los internistas cabría incluir a R. Chisholm, K. Lehrer, L. BonJour, o J. Pollock; entre los externistas a D. M. Armstrong, F. Dretske, R. Nozick, A. Plantinga y A. Goldman. W. Alston y E. Sosa han optado por posiciones intermedias. Véase Pryor 2001 para un panorama del estado actual de la cuestión.

[3] Tal vez otra de las razones para preferir el externismo por parte de los naturalistas sea que el requisito de la accesibilidad lleva a tomar como estados justificadores estados que se resisten a la investigación empírica (estados introspectivos, por ejemplo). Esto sólo podría defenderse desde un enfoque contrario a la psicología cognitiva, puesto que para esta escuela la introspección no tiene por qué ser un proceso intrínsecamente más problemático que la memoria o la imaginación.

[4] Quede claro que la distinción externismo/internismo no concide con la distinción naturalista/no naturalista. Es obvio que no todos los externistas son naturalistas. Por ejemplo, las teorías de la justificación probabilistas hacen depender la justificación de hechos lógicos.

Una puntualización antes de proseguir. Ciertamente, el principio del realismo psicológico es él mismo una tesis epistemológica, así que la estrategia metodológica de conceder prioridad a la evidencia experimental frente al razonamiento filosófico –en caso de conflicto– no tiene por qué ser aceptada sin más. Pero nuestra intención aquí no es discutir el fundamento filosófico del principio, ni su estatus. Simplemente lo daremos por bueno, ya que lo que pretendemos hacer es evaluar su rendimiento cuando se aplica a uno de los problemas tradicionales de la epistemología.

II. REALISMO PSICOLÓGICO Y JUSTIFICACIÓN EPISTÉMICA

A. I. Goldman, a quien podríamos considerar un naturalista moderado, ha subrayado que la epistemología debe partir de un agente epistémico entendido como un sistema biológico en interacción con un medio físico. Una consecuencia de esto es que el conocimiento, la justificación y la racionalidad no dependen exclusivamente de las relaciones evidenciales entre oraciones o proposiciones. Lo decisivo, según Goldman, es el estudio de cómo interactúa la dotación biopsicológica del ser humano con el medio físico. En consecuencia, la lógica y la teoría de la probabilidad no nos proporcionan las herramientas que requiere la tarea epistemológica.

Goldman añade además, en la línea de lo que nosotros hemos llamado «principio de realismo psicológico», que la epistemología naturalizada debe primar el «realismo descriptivo» frente a la idealización. En concreto, insiste en que las normas epistémicas han de ser normas que un sujeto humano pueda cumplir –de acuerdo con el lema *ought implies can*–, y en que hay que rechazar las teorías epistemológicas que exijan recursos cognitivos desmedidos a los agentes epistémicos, sobre todo cuando vayan en contra de los resultados obtenidos en la investigación experimental. Nuestro objetivo a continuación será ver en qué medida el planteamiento naturalista esbozado por Goldman condiciona la posición que hay que adoptar sobre la cuestión externismo/internismo.[5]

A la teoría de la justificación de Goldman se la ha denominado «fiabilismo histórico» (*historical reliabilism*) porque hace depender la justificación de una creencia de los procesos psicológicos por los que fue generada. Así, la afirmación nuclear del fiabilismo histórico es que la creencia *p* está justificada si y sólo si ha sido causada/generada por un proceso cognitivo fiable. Llamemos a esta condición C_1:

---

[5] Lo que sigue se refiere a la posición defendida en Goldman 1994. Véase también Goldman 1992, ensayos 6, 7, 8 y 9, y Goldman 1999b.

C_1 p ha sido generada por un proceso (θ_1) que es fiable.

De entre los diversos procesos al alcance del sujeto (θ_1, θ_2, … θ_n) distingui-remos los procesos fiables –los que arrojan una alta tasa de creencias verdaderas– de los que no lo son. Solamente los fiables son fuentes de justificación.

Claramente estamos ante una teoría externista de la justificación, pues puede darse el caso de que el sujeto no tenga la menor idea sobre la fiabilidad de los procesos empleados en obtener su creencia de que p y, sin embargo, estar justi-ficado en creer que p. Es necesario reconocer que el fiabilismo logra encajar muchas de nuestras intuiciones respecto a la justificación. Sin embargo, no pare-ce que sea *suficiente* con la condición externista estipulada por C_1. Podemos ima-ginar situaciones en las que un sujeto emplea un método fiable sin que esté por ello justificado en las creencias que obtiene. Nuestra idea es que en lo concer-niente a la justificación doxástica no sólo hemos de tener en cuenta la fiabilidad de los procesos, sino también las creencias que el sujeto tiene sobre ello. Ra-zonaremos la insuficiencia de C_1 a partir de ejemplos. Veamos el primero:

> Rosa está convencida de que puede ver cosas que pasan en otros lugares a través de una bola de cristal. Antes de cada sesión con su bola de cristal, Rosa se toma una píldora que le produce alucinaciones. Ella no sabe que el fármaco le produce alucinaciones, sino que cree que despierta sus poderes extrasensoriales. Imaginemos ahora que, sin que Rosa lo sepa, sustituimos la píldora alucinógena por un placebo y, además, insta-lamos una pantalla de televisión dentro de la bola de cristal. La pantalla reproduce las imágenes captadas por una cámara situada a tanta distancia como queramos, imágenes que aparecen distorsionadas debido a la convexidad del cristal, de tal modo que ella no nota diferencia alguna con respecto a otras sesiones. Rosa las ve y cree que correspon-den, como siempre, a algo que está ocurriendo en otro lugar.

Esta vez Rosa tiene una creencia verdadera, realmente está viendo cosas que ocurren en otro lugar. Esta creencia ha sido causada, generada, por un proceso cognitivo fiable –ver imágenes en una pantalla del televisor captadas por una cámara–. De acuerdo con la condición externista, esto sería suficiente para que Rosa estuviera justificada. Sin embargo, parece claro que no podemos aceptar que lo esté.

¿Qué ocurre en este caso que nos hace considerar intuitivamente que Rosa no estaba justificada? Ella cree que son sus poderes extrasensoriales los que están operando cuando en realidad se trata de una cámara que está filmando algo que ocurre realmente. Rosa es víctima de un engaño. Las creencias que obtiene son verdaderas, pero no están justificadas precisamente porque el proceso que ella cree que las genera no es el que realmente lo hace. Este ejemplo sirve como muestra de que las creencias del sujeto respecto al proceso que ha generado p influyen en la justificación de p. No pensamos, sin embargo, que nos obligue a incluir una cláusula internista adicional en la definición de justificación exigiendo, tal vez, que S crea que el proceso θ_1 que ha generado su creencia p es el que realmente la ha generado. Lo que el ejemplo señala es una especie de condición *ceteris paribus*: que el sujeto no debe creer que el proceso que ha generado su creencia p es un proceso distinto al que de hecho la ha generado.

Veamos ahora otro ejemplo que, en nuestra opinión, nos obliga a introducir una cláusula internista:

> De acuerdo con una costumbre ancestral en algunas comunidades de la zona andina los indios aymara predicen la calidad de la cosecha próxima mediante un curioso sistema. A finales de junio suben a las montañas para observar un cúmulo de estrellas, las Pléyades. Están convencidos de que según aparezcan las estrellas se puede pronosticar aproximadamente si la época lluviosa va a retrasarse, así como la cantidad de precipitación que traerá (la época lluviosa abarca más o menos de octubre a marzo). Cuando al hacerse de día pueden verse con nitidez un buen número de las estrellas que integran el grupo, lloverá pronto y en abundancia, y la cosecha será buena. Si se ven pocas estrellas (seis o siete), y su brillo es tenue y borroso, las lluvias llegarán tarde y de forma irregular, lo que obliga a demorar la siembra y asegura una cosecha menor. Recientemente un equipo de científicos ha investigado la base de tal superstición. Los registros de predicciones pasadas reflejan una alta tasa de aciertos. Los científicos han encontrado una correlación entre el aspecto que presentan las estrellas y los episodios del Niño, ya que la presencia del Niño provoca efectos meteorológicos que afectan al brillo aparente con que aparecen las Pléyades (variaciones en el contenido atmosférico del vapor de agua, turbulencias atmosféricas y presencia de tenues nubes a gran altitud que provocan la dispersión de la luz). Los años del Niño, por otra parte, son más secos en el altiplano andino, y las cosechas son peores (Orlove *et al.* 2004).

Los aymara creen que el procedimiento que ellos emplean es fiable, y de hecho lo es. Pero, a pesar de que C_1 se satisfaga, no está nada claro que su creencia esté justificada. Según cuentan los científicos, a los aymara les resulta natural asociar la «lozanía» de las estrellas con la fertilidad de la tierra. Esta analogía no es, desde luego, una razón de peso para confiar en el éxito de la próxima cosecha. No obstante, cabe suponer que los aymara se basan también en el éxito obtenido en ocasiones anteriores. Tal vez la analogía les sirve ahora para explicar de un modo coherente con su concepción del mundo por qué el procedimiento es fiable. En cualquier caso, un episodio como éste sí que plantea la necesidad de una cláusula adicional que haga referencia a las creencias que el sujeto tenga sobre la fiabilidad de los procesos que les llevan a generar su creencia, con independencia del éxito que éstos puedan tener. Las posibilidades que se plantean de inmediato son dos:

C_2 S cree que el proceso θ_1, que ha generado su creencia, es fiable.

C_2' S *cree justificadamente* que el proceso θ_1, que ha generado su creencia, es fiable.

Goldman considera que C_2 es demasiado débil, ya que podría ser satisfecha aunque la creencia de *S* fuera una pura conjetura, o aunque fuera verdadera por casualidad, en cuyo caso no podríamos decir que hay justificación. En cuanto a C_2', requisito más exigente, deja abierta la puerta a una regresión de niveles de justificación, y ello es incompatible con el planteamiento naturalista por dos razones. La primera, porque los recursos limitados de los sujetos humanos tornan imposible manejar tal jerarquía de metacreencias, ya no solamente por su cantidad, sino por la complejidad creciente de sus contenidos proposicionales. La segunda porque, según Goldman, el naturalismo no puede admitir que las propiedades normativas no estén ancladas de algún modo en las propiedades naturales o no normativas. Una jerarquía infinita de niveles de justificación violaría el principio de superveniencia, en la medida en que no existiría ninguna propiedad –o conjunto de propiedades– natural o no normativa tal que si algún *x* la posee, necesariamente posee la justificación (que sí es una propiedad normativa).

En las razones que apunta Goldman en contra de la regresión funciona implícitamente el principio del realismo psicológico, pero no nos detendremos en ellas. Lo que hemos de ver ahora es qué puede ofrecernos el fiabilismo externista de Goldman para encajar nuestras intuiciones relativas a ejemplos en los que los procesos empleados por el sujeto son fiables pero, o bien éste cree que son fiables sin tener justificación para ello, o bien no tiene ninguna creencia al respecto. La respuesta de Goldman es una teoría del evaluador epistémico a la que él denomina «fiabilismo de la virtud» (*virtue reliabilism*). Según esta teoría, los procesos cognitivos admiten tantas modalidades como funciones básicas hay (percepción, memoria, razonamiento inferencial, etcétera). Respecto a cada una de estas modalidades el sujeto tiene almacenados ciertos prototipos de formación de creencias. Los prototipos no son más que modelos de procesos virtuosos y de procesos viciosos, distinción esta última que el agente epistémico efectúa en función de la fiabilidad que les atribuye: procesos virtuosos son los que el sujeto estima como altamente fiables, al contrario de lo que ocurre con los viciosos. Pues bien, cuando juzgamos si el sujeto está justificado en una situación concreta lo que hacemos es comparar con los prototipos almacenados. Dependiendo del grado de semejanza que se dé entre la situación y el prototipo, consideraremos que hay o no hay (o incluso, nos abstendremos de pronunciarnos si la situación no es clara) justificación. Los ejemplos que hemos visto antes no encajan, se supone, con nuestros prototipos, por eso consideramos que se trata de una creencia no justificada. Esto, según Goldman, permitiría explicar el porqué de nuestras intuiciones (nuestros juicios) en este ejemplo sin necesidad de añadir ninguna cláusula internista.

La propuesta de Goldman pretende aplicar al concepto de justificación una hipótesis sobre la naturaleza de los conceptos que goza de cierto predicamento en la psicología experimental. Los interrogantes planteados a propósito de esta hipótesis son múltiples; pero lo que a nosotros nos interesa es si de verdad sirve para mantener la definición de justificación expresada por C_1, sin introducir ninguna cláusula internista, ya que éste es el motivo por el que Goldman recurre a ella. Creemos que no. Nuestro argumento sigue dos fases. En la primera intentaremos mostrar que la posibilidad de que el sujeto se pronuncie sobre la justificación en una situación particular involucra creencias sobre los méritos comparativos de los diferentes procesos-tipo. En la segunda argumentaremos que Goldman se ve enfrentado al siguiente dilema: si tales creencias no están justificadas, no podremos dar cuenta de la normatividad que el análisis filosófico concede a las intuiciones; y si tales creencias han de estar justificadas, se sigue que cualquier atribución legítima de justificación presupone que quien la realiza posee a su vez creencias justificadas, con lo cual el rodeo emprendido por Goldman nos devuelve al punto de partida.

Goldman propone una hipótesis sobre la raíz de nuestras intuiciones prefilosóficas acerca de la justificación. La teoría prototípica de los conceptos puede dar cuenta de un fenómeno interesante: a menudo el hablante no tiene ninguna dificultad en reconocer una instancia de un concepto dado sin reflexionar, y sin ser capaz siquiera de explicitar las notas definitorias del concepto. Cuando nos las hemos de ver con conceptos como «pájaro» o «manzana» la hipótesis muestra su potencia; pero está por comprobar que conceptos como el de justificación funcionen del mismo modo (para empezar en este último caso la identificación de los prototipos resulta mucho más complicada).

Aceptemos que los juicios sobre la justificación de una creencia dependen de si la situación particular encaja en los prototipos virtuosos o viciosos, y que la división entre estos prototipos se hace en función de la fiabilidad estimada. La posición de Goldman implica, en primer lugar, que ningún sujeto puede pronunciarse sobre la justificación de *p* si no cree algo más, a saber: que tal situación-tipo arroja una alta tasa de resultados exitosos y que tal otra arroja un elevado número de creencias erróneas. El problema no es la capacidad de discernir entre situaciones donde hay justificación y situaciones donde no la hay. El problema es que esta capacidad particular de discernimiento –a diferencia, tal vez, de lo que ocurre cuando distinguimos una fruta de una semilla– parece involucrar necesariamente creencias. Y esto es así porque Goldman, de acuerdo con la propiedad que toma como criterio de virtud epistémica –la fiabilidad– exige una estimación del rendimiento comparativo de los diferentes procesos en cuanto a su ratio de creencias verdaderas. Si el sujeto no posee creencias relativas a este extremo, podemos llamarlas «creencias epistémicas», no se ve cómo podría trazar la distinción entre situaciones en las que hay justificación y situaciones en las que no la hay. En suma, para explicar por qué tenemos ciertas intuiciones respecto a la justificación, y también cómo *S* llega a pensar que su creencia está (o no está) justificada, hemos de admitir que *S* posee creencias epistémicas. Este esquema se aplicaría tanto en las autoatribuciones de justificación como en las atribuciones de creencias justificadas a otros sujetos.

Admitido esto, tiene pleno sentido preguntarse por la justificación de estas creencias. Supongamos que tales creencias no pasan de ser una conjetura arbitraria por parte del sujeto. Entonces no se ve por qué el epistemólogo ha de preocuparse por encajar las intuiciones de los sujetos en su análisis. De no conceder cierto grado de justificación a las creencias que el sujeto forma respecto a la fiabilidad de unos u otros procesos, las intuiciones de *S* no serían más que una peculiaridad psicológica. Dado que lo que pretenden Goldman y muchos otros es reconstruir la noción preanalítica de justificación a partir de las intuiciones de los sujetos –recuérdese que la teoría del fiabilismo de la virtud trata de responder a supuestos contraejemplos frente a un análisis externista y fiabilista de la justificación–, y dado que las intuiciones desempeñan el papel de *check-points* a la hora de dirimir la plausibilidad de los análisis propuestos, aceptar que las creencias que elaboran los sujetos sobre la fiabilidad pueden no estar justificadas obligaría a replantear el proyecto por entero. La consecuencia inmediata sería que las intuiciones perderían el valor normativo que se les concede en el análisis epistemológico.

Exijamos, pues, que las creencias epistémicas de *S* estén justificadas. Pero aquí reaparece la amenaza de una regresión flagrante. De nuevo cobra sentido plantear la cuestión de la fiabilidad de los procesos que generan esas creencias epistémicas. ¿Deberíamos entonces apelar a prototipos específicos relativos a las creencias epistémicas? Además de eso, al exigir que las creencias epistémicas de *S* estén justificadas no estamos pidiendo que estén justificadas según la distinción que traza el propio *S* de acuerdo con sus prototipos de virtud y vicio epistémicos. Se exige que haya justificación en un sentido más fuerte. Si los prototipos de *S* son incorrectos, sus creencias epistémicas no estarán justificadas, con lo cual corre peligro también la justificación de las creencias de primer nivel.

¿De qué sirve entonces el rodeo propuesto por Goldman? La pregunta sigue siendo con qué condiciones está justificada una creencia, y no con qué condiciones llega un sujeto a creer que alguien está justificado. La explicación en términos psicológicos de cómo llegamos a establecer distinciones epistémicas no nos ha hecho avanzar en el esclarecimiento de lo que es la justificación.[6]

---

[6] En Goldman y Pust 1998 se retoma la cuestión. Frente a la objeción que aquí planteamos Goldman replica «Si, por ejemplo, el concepto de creencia verdadera justificada realmente consiste en una lista de fuentes productoras de creencias, entonces lo que hace que una creencia esté justificada es que sea producida por una o más de

Es el momento de rescatar el principio del realismo psicológico y ver cómo ha funcionado en la argumentación de Goldman. Hemos visto que una de las razones por las que Goldman descarta un internismo con una cláusula como C_2' es por su implausibilidad psicológica. C_2, en cambio, no es objetable desde esta perspectiva, sólo que impone una condición demasiado débil, ya que no consigue dejar fuera aquellas situaciones en que los procesos son fiables y el sujeto así lo cree, aunque no tiene ninguna justificación para ello. Goldman apela entonces a la teoría prototípica de los conceptos –de nuevo una hipótesis psicológicamente realista– para explicar los procesos que subyacen a las intuiciones del agente. De esta manera tal vez podamos dar cuenta de cómo *S* llega a creer que *S'* está justificado, pero seguimos en el mismo punto que antes. En suma, el fiabilismo de la virtud de Goldman no ha mostrado que podamos prescindir de toda cláusula internista en la definición de justificación. La atribución de justificación remite a las creencias epistémicas del sujeto y, en particular, a las creencias sobre la fiabilidad de los procesos empleados. La teoría prototípica no hace más que introducir de modo encubierto una cláusula internista, con el agravante de que no se ha propuesto ninguna alternativa a la disyuntiva entre C_2 y C_2'.

Decir, entonces, que el principio de realismo psicológico es irrelevante en el análisis de la noción de justificación resultaría injusto. Dicho principio sirve para descartar alguna modalidad de internismo. No obstante, para un naturalista moderado como Goldman, que no cuestiona el valor del análisis epistemológico tradicional y que sigue considerando que las intuiciones preanalíticas constituyen la piedra de toque, la función del principio es meramente subsidiaria. Descartadas las posiciones a todas luces insostenibles por razones empíricas, el trabajo epistemológico está aún prácticamente por hacer.

III. NUESTRA PROPUESTA

Mediante su teoría del «evaluador epistémico» Goldman ha pretendido demostrar, a nuestro juicio sin éxito, que puede prescindir de toda cláusula internista en la definición de justificación. Como no dejamos de reconocer el mérito del enfoque fiabilista, consideramos que una condición necesaria para que la creencia *p* esté justificada es que *p* haya sido causada/generada por un proceso θ_1 que sea fiable. Con otras palabras, un análisis adecuado de la justificación debe contener una cláusula como C_1. Pero también pensamos que C_1 es insuficiente y que en el análisis de la justificación debe incluirse alguna cláusula adicional de

estas fuentes (…). Con otras palabras, estar justificado es simplemente ser producido por alguno de estos procesos» (pág. 195). El problema, que Goldman sigue pasando por alto, y que es especialmente grave para una posición mentalista como la suya, es qué ocurre con las divergencias individuales.

carácter internista que haga referencia a las creencias que el sujeto tenga sobre la fiabilidad del proceso empleado para generar p. En todo caso queda planteado un problema crucial: si la justificación de las creencias involucra otras creencias, ¿deben estas últimas estar justificadas, o no? En relación al análisis de la justificación que estamos discutiendo, este problema se convierte en el problema de elegir entre C_2 (S cree que el proceso θ_1, que ha generado su creencia, es fiable) y C_2' (S cree justificadamente que el proceso θ_1, que ha generado su creencia, es fiable).

Conformarnos con C_2 no parece una buena política porque en tal caso daría igual por qué creyera S que el proceso que emplea es fiable, o cómo hubiera llegado a creerlo. S puede creer que θ_1 es fiable por razones absolutamente peregrinas, o como resultado de errores en su estimación de la tasa de éxitos que finalmente se cancelan. En tales casos, la creencia de S no estará justificada. C_2 parece, pues, demasiado débil, como señalaba Goldman.

Una segunda posibilidad es optar por C_2' entendiendo esta condición en el sentido de que S ha de tener razones –o sea, otras creencias– a favor de sus creencias sobre la fiabilidad de θ_1. Aquí es donde se planteaba la pregunta por la justificación de esas otras creencias con el peligro de la regresión al infinito de las razones. Esta regresión se podría cortar si se llegara a un nivel en el que bastara con la creencia, aunque no estuviera justificada en este sentido. Pero eso vuelve a plantear la cuestión de qué ocurre si las creencias de dicho nivel son el resultado de errores, etcétera.

Queda una tercera alternativa. Se trata de exigir que las metacreencias de S respecto al proceso empleado para generar p hayan sido también generadas mediante un proceso fiable. Lo que se está diciendo es que no basta simplemente con que las metacreencias que aparecen en C_2 sean creencias que el sujeto efectivamente mantiene, sino que han de ser creencias que posean cierta justificación. Pero tal justificación no debe entenderse en el sentido mencionado en el párrafo anterior, o sea, que el sujeto tenga razones a favor de que el proceso que genera su creencia es fiable, sino en el sentido fiabilista preconizado por C_1, es decir, que las metacreencias tienen que haber sido generadas mediante un proceso fiable. En realidad esta posibilidad es considerada por el propio Goldman, aunque él la descarta sin apenas entrar en detalles.[7] Dedicaremos el resto del artículo a desarrollarla, ya que pensamos que ofrece la oportunidad de apuntalar el fiabilismo concediendo un papel a las consideraciones internistas.

---

[7] Véase Goldman 1994, págs. 312-313. Las razones que él aduce contra esta alternativa son: que no permite encajar un conocido contraejemplo, y que los críticos del fiabilismo que no acepten que C_1 es suficiente en el primer nivel, tampoco aceptarán que vaya a serlo en el caso de las creencias sobre la fiabilidad de los procesos. A continuación trataremos de responder a estas cuestiones.

De acuerdo con esta alternativa, pues, la creencia *p* está justificada si y sólo si:

C_1 *p* ha sido generada por un proceso $(\theta_1, \theta_2, \ldots \theta_n)$ fiable.

C_2 *S cree* que el proceso $(\theta_1, \theta_2, \ldots \theta_n)$, que ha generado su creencia, es fiable.

C_3 La (meta)creencia a que refiere C_2 ha sido generada por un proceso $(\theta_1, \theta_2, \ldots \theta_n)$ fiable.

La necesidad de incluir C_3 se debe a lo mismo que nos llevó a introducir C_1. Si las creencias del sujeto sobre la fiabilidad de los procesos que emplea no son ellas mismas el resultado de un proceso fiable, la justificación se resentirá. Supongamos que *S* es daltónico. Si *S* llega a creer que determinado proceso θ_1 es fiable basándose en sus creencias sobre el color (en este caso la percepción del color sería θ_2), la justificación de las creencias que obtenga mediante θ_1 se verá en entredicho, a pesar de que θ_1 sea un proceso de hecho fiable.

Un primer punto que hay que tener en cuenta es que la clase de los procesos que aparece en C_1 es la misma que la que aparece en C_3. Cabe la posibilidad incluso de que el proceso sea el mismo. Tanto respecto a la fiabilidad de los procesos como respecto a las creencias de *S* sobre qué procesos son fiables y cuáles no, resulta irrelevante la distinción entre creencias y metacreencias. Si θ_1 es un proceso fiable respecto a *p*, también lo será respecto a las metacreencias; y si no lo es en un terreno, tampoco tiene por qué serlo en otro. Puesto que los procesos son los mismos al referirnos a los procesos que generan las metacreencias, al añadir C_3 no hemos de introducir ni nuevos procesos ni nuevas creencias *respecto a la fiabilidad de los procesos*.

De todas formas, la creencia de que la metacreencia *h* ha sido generada mediante el proceso θ_j es diferente de la creencia de que *p* ha sido generada mediante el proceso θ_i, con independencia de si el proceso que genera *h* y el que genera *p* es el mismo. Se podría objetar, pues, que si respecto a *p* surge la necesidad de introducir cláusulas internistas, por qué no ha de ocurrir lo mismo con la metacreencia a la que refiere C_2. Sea θ_i el proceso que ha generado *p*. *S* cree que θ_i es fiable. Pero esta última creencia, llamémosle *h*, ha sido generada por el proceso θ_j. Paralelamente a lo que ocurre con *p*, si exigimos que *S* crea que *p* ha sido obtenida por un procedimiento fiable, ¿no deberíamos exigir también que *S* crea que θ_j es un proceso fiable? ¿Por qué habríamos de ser menos exigentes con *h* que con *p*?

Hemos dicho que la justificación de las metacreencias no remite a procesos diferentes de los que intervienen en la justificación del resto de creencias; pero no hemos mostrado que podamos prescindir en este nivel de una cláusula internista a modo de réplica de C_2. El peligro es multiplicar indefinidamente los niveles de metacreencias e incurrir así en una regresión que tornaría inviable nuestra definición de justificación.

Nótese que lo que se está planteando no es una cláusula internista que aplica reiteradamente el operador «creer que…», esto es, no se está pidiendo algo como «S cree que cree que θ_i es un proceso fiable». Si exigiéramos esto la regresión sería inevitable, pero tal exigencia nos parece fuera de lugar ya que a partir de cierto nivel la aplicación reiterada del operador «S cree que…» carece de sentido psicológico.[8] No obstante, ¿no podríamos llegar a creer que θ_j es fiable sin que esta creencia hubiera sido generada por un proceso fiable? Por supuesto que sí. Pero esto no aboca a una regresión sin fin, porque la situación es la misma que cuando se plantea la justificación de p. De hecho, y puesto que el repertorio de procesos involucrados en C_3 es el mismo que en C_1,[9] las metacreencias que entran en juego son las mismas, surgen a propósito de la justificación de p, q, r, …, y no cabe pedir sino que hayan sido obtenidas mediante un proceso fiable. Puesto que el repertorio de procesos es limitado, no hay lugar para la regresión infinita de niveles: los procesos reaparecerán más tarde o más temprano.

Dijimos que C_1 es insuficiente porque hay ejemplos que muestran que la justificación de la creencia depende no sólo del proceso por el que ha sido generada, sino también de las creencias que el sujeto pueda tener respecto a los procesos que la generan. Pensamos que esto ocurre en cualquier creencia, incluso en aquellas creencias que versan sobre otras creencias relativas a la fiabilidad de los procesos empleados. Creemos, no obstante, que esta idea queda englobada en las condiciones C_1, C_2, y C_3, sin necesidad de añadir nada más. Así pues, C_1, C_2, y C_3 serían las condiciones necesarias –por separado– y suficientes –en conjunto– de la justificación. Es el momento de comprobar cómo se comporta nuestra propuesta.

Caso 1. S cree que p. El proceso para generar p es fiable. S cree que no lo es y esta última creencia ha sido obtenida por un proceso fiable.

Nuestra propuesta nos obliga a considerar que p no está justificada, puesto que falla la condición C_2. Pero ¿no es cierto que la creencia de S está, en parte al menos, justificada? La idea es que la justificación de p va en relación con la confianza que S conceda al proceso por el que la ha generado, y ello depende a

---

[8] «S cree que cree que p» no es lo mismo que «S cree que p», pero «S cree que cree que cree que p» no añade nada a «S cree que cree que p». Sobre los problemas relativos a la aplicación reiterada de los operadores epistémicos, véase Grimaltos 1994.

[9] Recuérdese que eso no implica que el proceso que genera p haya de ser el mismo que el proceso que genera h; puede serlo o no.

su vez de otras creencias sobre la fiabilidad de otros procesos, como hemos visto en esta sección. Y bien, ¿está p justificada o no? A esto respondemos que depende de lo que S crea sobre el proceso que ha aplicado para generar su creencia de que el proceso generador de p no es fiable: tanto si S cree *terminantemente* que su estimación de la fiabilidad de dicho proceso es fiable como si cree que no lo es, p no está justificada; si la opinión de S al respecto es vacilante, aunque el proceso sea de hecho fiable, no podemos pronunciarnos sobre la justificación de p.[10] Pensamos que este veredicto coincide con las intuiciones al respecto.

Caso 2. S cree que p. El proceso empleado para generar p es fiable, pero S no tiene ninguna creencia sobre la fiabilidad de dicho proceso.

Por la misma razón que antes –el incumplimiento de C_2–, nuestra propuesta nos obliga a considerar que p no está justificada. Pensemos en un sujeto que obtiene creencias mediante un proceso que es fiable, pero sobre el que él no tiene la menor idea.[11] Diríamos que sus creencias no están justificadas. Eso no significa que para estar justificado un sujeto deba ser capaz de explicar o entender los mecanismos que subyacen a los procesos que él emplea. Basta con que el sujeto haya comprobado de algún modo que el proceso arroja una tasa elevada de creencias verdaderas. Así, si el sujeto comprueba que las creencias que ha obtenido son verdaderas en un alto porcentaje (y esto realmente es así, de acuerdo con C_1), habremos de admitir que la próxima creencia que obtenga estará justificada, aunque él no posea ni la más ligera idea de cuál es el proceso operante. El asunto es que S puede tener creencias sobre la fiabilidad de un proceso sin conocer cómo funciona, y por tanto, que las creencias de S generadas mediante dicho proceso pueden estar justificadas, sin que S crea nada acerca de ello. Lo contrario sería exigir demasiado al sujeto para atribuirle creencias justificadas.

Caso 3. En un concurso le preguntan a Andrés quién escribió *La vida es sueño.* Andrés, que jamás ha visto el libro, piensa un instante, y contesta «Calderón de la Barca» porque «le suena».

Puesto que no diríamos que Andrés da con la respuesta correcta por casualidad, ¿no está entonces justificado? Sin embargo, aparentemente no se cumplen ni C_1 ni C_2: ni el proceso es fiable ni Andrés tiene creencia alguna sobre su fiabilidad.

---

[10] Seguramente se puede argumentar que si S está convencido de que el proceso por el que genera p no es fiable, entonces S no cree que p, y consiguientemente, no es pertinente siquiera la pregunta de si p está justificada o no. Nuestro modelo, sin embargo, no nos obliga a comprometernos con este argumento.

[11] En BonJour 1985, capítulo 3, y en Lehrer 1990, págs. 190 y ss. se encuentran varios ejemplos en esta línea.

El ejemplo no nos parece decisivo, entre otras cosas porque las intuiciones sobre él no son muy claras. No obstante, no podemos pasarlo por alto puesto que para Goldman se trata de un contraejemplo al análisis de la justificación que estamos desarrollando en esta sección, y por eso hemos preferido reseñar el ejemplo a diferencia de cómo hemos presentado los casos 1 y 2.[12]

Nuestra réplica aquí es que no está claro que el ejemplo no cumpla las condiciones C_1 y C_2. En primer lugar, si Andrés no tuviera cierta confianza en el funcionamiento de su memoria en situaciones semejantes, no daría la respuesta que le viene a la cabeza. Por tanto, él concede cierta fiabilidad al proceso. En segundo lugar, el proceso puede ser fiable o no. Depende de la efectividad de Andrés a la hora de retener datos concretos. En esto algunos sujetos son mucho mejores que otros. Así pues, el ejemplo no sirve para mostrar que C_1 y C_2 fallan y que el sujeto está, a pesar de todo, justificado. Solamente queda comprobar si C_3 se cumple; pero el ejemplo no nos dice nada y podríamos completarlo en un sentido o en otro. Así pues, el veredicto de que la creencia de Andrés está justificada es compatible con nuestra propuesta. Lo que nosotros diríamos es que en tal caso se está suponiendo que se cumplen C_1, C_2 y C_3.

IV. Consideraciones finales

Parece, pues, que nuestras tres cláusulas son suficientes (y necesarias) para dar cuenta de la justificación. Por lo que respecta a C_3, ésta no es, por tanto, una condición tan exigente como parecía ni conduce al tan temido regreso. Nuestros mecanismos de adquisición de creencias son variados. Unos son más complicados que otros. Los más complicados no reposan inmediatamente en facultades como la percepción, la memoria o la introspección, sino que necesitan de conocimientos y técnicas adicionales. Éstos, sin embargo, reposan en último término en procesos mucho más simples. Los procesos complejos necesitan de razones para creer en su fiabilidad, pero éstas nos conducen a procesos más simples basados en las facultades generadoras de creencias inmediatas. Respecto a estos procesos (percepción, memoria e introspección), hay que decir que su número no es muy amplio, y que, de un modo u otro, determinar la fiabilidad de cualquiera de ellos no puede hacerse sin suponer la fiabilidad de alguno de los otros. Hay en ello cierta circularidad, indudablemente: la fiabilidad de la percepción se «comprueba» de manera perceptiva. La fiabilidad de la percepción visual queda corroborada por la percepción táctil, etcétera. Veo un libro sobre la mesa,

---

[12] Véase lo dicho en la nota 7, pág. 102 de este volumen. En Goldman 1999b, pág. 280, se vuelve sobre un ejemplo parecido, aunque en esta ocasión Goldman lo utiliza en contra del internismo «de acceso», según el cual todo lo que justifica las creencias, sea lo que fuere, debe ser accesible al sujeto (véase *supra* sección 1, págs. 93-95 de este volumen). Por lo demás, nuestra vindicación del internismo no va en esta línea.

tiendo mi mano y lo cojo, como esperaba. La fiabilidad de la memoria queda corroborada por la percepción. Recuerdo que había un semáforo en esta esquina, miro en la dirección adecuada y lo veo. Mi memoria corrobora el éxito de percepciones anteriores. Creo haber advertido un semáforo en esa esquina en el pasado, voy a la esquina y ahí está.

¿Qué tipo de justificación podemos dar de estas creencias? En nuestra opinión, creer en la fiabilidad de la percepción, por poner un ejemplo, es condición de posibilidad de su uso y el éxito en nuestros juicios perceptivos refuerza esa primera creencia tácita, animal. Creer que *p* es creer que *p* es verdadera. Entonces, al formar creencias de determinada manera, no nos cabe más que tomar el resultado del proceso como un conjunto de creencias mayoritariamente, al menos, como verdaderas. Con otras palabras, comprometerse con un procedimiento de obtención de creencias equivale a comprometerse con la fiabilidad de dicho procedimiento. Creer que un procedimiento es fiable no incrementa la probabilidad de que lo sea, ya hemos dicho que la búsqueda de evidencia a favor de la fiabilidad de un proceso de generación de creencias irremediablemente remite a los demás, de manera que no podemos pretender una justificación externa.[13] En lo que queremos insistir, no obstante, es en que tan irremediable como la circularidad mencionada resulta el hecho de que nos vemos obligados a confiar en ciertas prácticas y a creer que son fiables.[14]

De todas formas, la circularidad no tiene por qué ser paralizante. Lo sería si permitiera la vindicación de cualquier procedimiento, pero eso no es así. Nuestra práctica cotidiana refuerza a unos y desacredita a otros. Por eso podemos, a pesar de la circularidad, establecer comparaciones entre ellos en cuanto a su fiabilidad. Otro aspecto importante es poder dar cuenta de la efectividad de un proceso. Nuestro conocimiento sobre la percepción, por ejemplo, permite explicar su funcionamiento y determinar con bastante precisión las condiciones en las que esta facultad resulta fiable. Aunque, en último término, esta actividad habrá de suponer la corrección de la percepción, y de otros procesos, el hecho de que exista un refuerzo mutuo entre ellos no impide la posibilidad de corregir nuestras creencias epistémicas. A partir del estadio inevitable de la confianza irreflexiva en las propias facultades, los sujetos son capaces de realizar distinciones más o menos sutiles entre facultades y subfacultades en función de las circunstancias que influyen en la fiabilidad, y por consiguiente, de refinar y revisar sus estimaciones sobre la fiabilidad de los procesos que emplean. El desarrollo epistémico de

---

[13] Véase Alston 1993, págs. 130 y ss.

[14] Como dice Sellars (1998, pág. 191) que los juicios de introspección, percepción y memoria (IPM) son probablemente verdaderos es epistémicamente previo a la razonabilidad de los juicios IPM particulares, mientras que los juicios IPM particulares son epistémicamente previos a las explicaciones de la probable verdad de los juicios IPM.

los sujetos revela, pues, las íntimas conexiones entre los distintos procesos de obtención de creencias. Lo que aquí hemos defendido cuestiona, desde luego, que la epistemología pueda elaborar una justificación global y externa a dichos procesos.

BIBLIOGRAFÍA

ALSTON, W. P., *Epistemic Justification*, Cornell University Press, Ithaca, 1989.
– *The Reliability of Sense Perception,* Cornell University Press, Ithaca, 1993.
BONJOUR, L., *The Structure of Empirical Knowledge*, Harvard University Press, Cambridge, 1985.
FRENCH, P., *et al.* (eds.), *Midwest Studies in Philosophy (vol. 19): Philosophical Naturalism*, University of Minnesota Press, Minneapolis, 1994.
GOLDMAN, A., *Liaisons. Philosophy Meets the Cognitive and Social Sciences*, MIT Press, Cambridge, 1992.
– «Naturalistic Epistemology and Reliabilism», en P. French *et al.*, 1994, págs. 301-320.
– y PUST, J., «Philosophical Theory and Intuitional Evidence», en M. R. DePaul y W. Ramsey (eds.), *Rethinking Intuition*, Maryland, Rowman and Littlefield, Lanham, págs. 179-197.
– «A priori Warrant and Naturalistic Epistemology», *Philosophical Perspectives (13)*, *Epistemology*, 1999a, págs. 1-28.
– «Internalism exposed», *Journal of Philosophy*, 96, 1999b, págs. 271-293.
GRIMALTOS, T., «Externalismo, escepticismo y el principio iterativo del conocimiento», en J. Marrades y N. Sánchez Durá (eds.), *Mirar con cuidado: filosofía y escepticismo,* Pre-textos, Valencia, 1994.
LEHRER, K., *Theory of Knowledge* (2.ª ed.), Westview Press, Boulder, 1990.
ORLOVE, B. S. *et al.*, «Etnoclimatología de los Andes», *Investigación y Ciencia*, marzo de 2004, págs. 77-85.
PRYOR, J., «Highlights of Recent Epistemology», *British Journal for the Philosophy of Science*, 52, 2001, págs. 95-124.
SELLARS, W., «More on Givenness and Explanatory Coherence», en J. Dancy (ed.), *Perceptual Knowledge*, Oxford University Press, Oxford, 1998.
TAYLOR, J. «Epistemic Justification and Psychological Realism», *Synthese*, 85, 1990, págs. 199-230.

INTUICIONES Y CONTENIDOS NO-CONCEPTUALES*

Manuel García-Carpintero
(Universitat de Barcelona)

MI objetivo en este trabajo es proponer y defender una posición racionalista moderada sobre el conocimiento a priori en general y el filosófico en particular, intermedia entre el racionalismo y el naturalismo radicales. Por *racionalismo radical* entiendo la tesis de que la justificación de las respuestas a las cuestiones centrales de la filosofía depende sólo de métodos filosóficos de investigación –argumentos intuitivamente válidos que parten de premisas intuitivamente verdaderas, siendo las intuiciones en cuestión de un carácter particular–, no de la ciencia; la filosofía es así autónoma respecto de la ciencia empírica, y goza de una autoridad propia frente a ella. Aunque ningún filósofo contemporáneo defiende sin matices esta posición, Bealer (1998) y BonJour (1998) se muestran cercanos a la misma. Por *naturalismo radical* entiendo la tesis de que la justificación de las respuestas a las cuestiones centrales de la filosofía, como la de cualquier respuesta a cualquier cuestión bien formulada, procede sólo de los métodos de la ciencia, argumentos abductivos e inductivos a partir de observaciones. Tampoco es fácil encontrar filósofos contemporáneos que suscriban este punto de vista sin reservas; Kornblith (1998) y Williamson (2004) sin duda simpatizan con el mismo. Boghossian (1997), Burge (1993) y Peacocke (1993) defienden por su parte posiciones moderadas como la que aquí propongo plantear.

---

* Mi trabajo ha sido apoyado en parte por la ayuda de la DGI, MECD, BFF2002-10164 en el marco del programa «The Origin of Man, Language and Languages» European Science Foundation EUROCORES; por el proyecto HUM2004-05609-C02-01, y por el DURSI, Generalitat de Catalunya, ayudas SGR01-0018, y *Distinció de Recerca de la Generalitat, Investigadors Reconeguts* 2002-2008. El trabajo se presentó en el seminario de homenaje a Josep Ll. Blasco del que proceden los trabajos de este volumen, y diversas observaciones de la audiencia llevaron a modificaciones que han contribuido a mejorarlo. Josep Corbí, José Díez, Dan López de Sa, Manuel Pérez Otero y Josep Ll. Prades me hicieron observaciones que también contribuyeron a mejorarlo. Quisiera consignar aquí mi débito –el de los filósofos españoles de mi generación– hacia el ejemplo y el estímulo de la obra y la actividad de Josep Ll. Blasco.

Mi estrategia argumentativa va a ser un tanto alambicada, de manera que conviene que la resuma a manera de introducción. En la primera sección presentaré una propuesta que encuentro *prima facie* razonable (y correcta si restringida, como se propondrá) sobre la justificación de los juicios perceptivos, el dogmatismo de Pryor (2000) y argumentaré que esta propuesta recoge de la manera más apropiada la idea de que la experiencia perceptiva tiene un contenido noconceptual; para concluir sostendré que para mantener la propuesta es preciso discriminar juicios perceptivos a los que se aplica de otros a los que no. En la segunda sección, argumentaré que la justificación del conocimiento lógico requiere patentemente una forma de dogmatismo, en que la intuición desempeña el papel de la experiencia perceptiva; luego que sostendré los juicios relevantes para defender en general el dogmatismo son aquellos que dependen de intuiciones o experiencias constitutivas del significado de términos o de las condiciones de posesión de conceptos; concluiré por último que este racionalismo es suficientemente compatible con el conservadurismo que recoge el principio del equilibrio reflexivo amplio de Daniels (1979), y es por ello moderado.

I. El dogmatismo sobre la percepción

La percepción constituye en humanos epistémicamente competentes una forma de conocimiento; consiste en la corrección de *juicios/creencias perceptivos*, los que se adscriben con oraciones como «*S* ve que…», «*S* oye que…», que se distinguen por depender de *experiencias perceptivas* o *sensaciones*. Como se conciben aquí, las sensaciones tienen, como los juicios perceptivos, *contenidos*; representan el mundo de cierto modo, correcta o incorrectamente. La percepción es *factiva* (si alguien percibe que p, p), pero no la experiencia perceptiva.[1] Fatigo el ojo izquierdo, mirando atentamente durante un minuto con el derecho cerrado a una superficie de color bermellón puro. Inmediatamente, miro en t_1 con el ojo derecho a la superficie, juzgo (1) «he aquí (t_1) bermellón», y acto seguido miro en t_2 a la superficie con el ojo izquierdo fatigado, considero y rechazo el juicio (2) «he aquí (t_2) pardo», para juzgar más bien (3) «he aquí (t_2) bermellón». (1) y (2) expresan juicios perceptivos (en el caso de (2), uno sólo posible, que el sujeto se abstiene de efectuar, o al menos de tomar en consideración para su acción), pero no (3).

Este ejemplo se ofrece con la intención de suscitar intuiciones que apoyan dos razones para introducir en nuestra ontología sensaciones, además de juicios perceptivos: en primer lugar, podemos así explicar las diferencias fenoménicas

---

[1] Véase García-Carpintero 2002a y 2002b para algunos argumentos contra la llamada *concepción disyuntiva* de la sensación, aquí pasada por alto, y ulteriores referencias.

entre los juicios (1) y (2), por un lado, y (3). Estas diferencias fenoménicas subsisten incluso si, a la vez que hacemos el juicio (3), nos imaginamos la superficie en cuestión siendo bermellón. Más adelante volveremos sobre la cuestión de enunciar la naturaleza de la diferencia fenoménica en este segundo caso. En segundo lugar, aunque recogiésemos, como parece razonable, la relación entre sensación y juicio perceptivo haciendo constitutivo de la sensación una inclinación a juzgar, en la presencia de las condiciones apropiadas (en particular, de las capacidades conceptuales pertinentes),[2] la explicación apropiada del caso (2) requiere postular la existencia categórica de algo; la mera existencia de una disposición cuya manifestación es la existencia categórica de un juicio intuitivamente no basta.

Una forma dialécticamente conveniente de presentar diferentes posiciones epistemológicas sobre la percepción es considerar respuestas a los argumentos escépticos respecto de la posibilidad de conocer el mundo externo. Tales argumentos postulan una *hipótesis escéptica*, HE (soy un cerebro en una vasija, estoy –como Neo en la película *Matrix*– conectado a una simulación computacional de un mundo virtual, etcétera), y proceden típicamente así: (a) no estoy en posición de saber que ¬HE; (b) si no estoy en posición de saber que ¬HE, no estoy en posición de saber nada sobre el mundo externo; (c) no sé nada sobre el mundo externo. Pryor muestra que este argumento es cuestionable por dos razones. Primera: la argumentación antiescéptica de Moore (M), «Se que hay aquí una mano; por lo tanto, sé que existe el mundo externo», muestra que (a) no pude tomarse sin más como premisa, más aún en vista del atractivo de una posición *falibilista* (cabe saber sobre la base de una justificación impugnable, una que no *garantice* la verdad de lo sabido). Segunda razón: el argumento escéptico así formulado no permite cuestionar la pretensión de justificación de la creencia en el mundo externo, en contraste con la del conocimiento; pero tradicionalmente los argumentos escépticos llevan a cuestionar ambas pretensiones.

Para construir un argumento escéptico alternativo, Pryor parte de la idea de que el escéptico considerará por su parte que M *prejuzga la cuestión*. La idea de que un argumento prejuzga la cuestión (como intuitivamente lo hace cualquiera con la forma *p*, por tanto *p*) resulta mucho más difícil de articular de lo que pueda parecer a primera vista. Crispin Wright se ha ocupado por extenso de esto, como parte de su programa para enunciar una posición epistemológica próxima a la de Wittgenstein en *Sobre la certeza* (y por ende a la de Ortega en «Ideas y creencias»). Los siguientes argumentos claramente *prejuzgan la cuestión* de si (i)/(i') (Wright, en prensa): aunque (p)/(p'), sus premisas, implican lógicamente

---

[2] La propuesta que hice (García-Carpintero 2002a) recoge esta relación constitutiva entre experiencia perceptiva y juicio perceptivo.

(i)/(i'), (d)/(d'), los datos que justifican las premisas sólo lo hacen en un contexto en que ya se está justificado en cuanto a (i)/(i'), información colateral que es preciso poseer independientemente para que los datos justifiquen las premisas: (d) Raúl acaba de cabecear a la red, su equipo lo felicita, la multitud vitorea entusiasmada; (p) Raúl ha marcado un gol; (i) está teniendo lugar un partido de fútbol. (d') Oímos al hablante decir: «Ésta es la última llamada para el vuelo IB 0816»; (p') diciendo eso, el hablante ha avisado intencionadamente a los pasajeros de la última llamada para el vuelo IB 0816; (i') el hablante sabe español. Cuando se prejuzga la cuestión de la conclusión, una inferencia que se sabe válida no transmite a la conclusión la legitimación epistémica específica que se tenía para las premisas; porque esa legitimación epistémica sólo cuenta como tal, si se está legitimado en creer la conclusión con independencia de la legitimación que ofrece el argumento. Compárese el razonamiento que apoya el argumento anti-escéptico de Moore, M: tengo la experiencia perceptiva de que hay aquí una mano; hay aquí una mano; ¬HE.

Para formular un argumento escéptico alternativo más poderoso, Pryor se vale de la idea de que todo escéptico pensará que el argumento mooreano anterior prejuzga la cuestión contra él. Formula pues del siguiente modo el argumento escéptico alternativo: (a) si sé que ¬HE, tal saber descansa en parte en conocimiento perceptivo; (b) para cualquier juicio perceptivo de que p, para saber que p sobre la base de una experiencia perceptiva cualquiera e, debo saber sin prejuzgar la cuestión que ¬HE; (c) por tanto, no sé que ¬HE; por tanto, no sé que p. Para justificar la conclusión intermedia (c), procedemos por reducción al absurdo. Supongamos que sé que ¬HE. Por (a), mi legitimación se apoya en parte en conocimiento perceptivo; supongamos que cp recoge la totalidad del mismo. Ahora bien, por (b), para saber que cp debo saber independientemente que ¬HE; por (a) de nuevo, no puedo tener tal conocimiento de que ¬HE independiente de cp, que suponíamos que recogía todo el conocimiento perceptivo sobre cuya base presuponíamos que sé que ¬HE. Por tanto, no sé que ¬HE. A partir de esto y de (b), obtenemos (d).

En réplica al argumento escéptico así formulado, el fiabilismo, como otras formas de externismo epistémico, rechaza (b), porque de acuerdo con estos puntos de vista para saber basta que la creencia la produzca un proceso fiable, no es precisa ninguna base reflexivamente accesible; pero estas posiciones son intuitivamente cuestionables.[3] Una derivación del externismo contemporáneamente más popular es el *contextualismo* (DeRose 1995). Las adscripciones de conocimiento son contextualmente dependientes; en el contexto de un artículo de investigación

---

[3] Véase la breve exposición hecha por Boghossian (2003) de la fuerza intuitiva de los conocidos contraejemplos de BonJour, así como las referencias a otros trabajos pertinentes.

bien fundado, «cuando hizo la declaración ante la ONU en febrero de 2003, Powell sabía que los indicios de armas de destrucción masiva en Irak no eran fiables» puede ser verdad, y ser falso el mismo enunciado en el de un juicio a Powell. La verdad de (b) depende del contexto; en un contexto común, (b) es falso, y Moore sabe *he aquí una mano*. Su argumento, sin embargo, al introducir la conclusión escéptica, imperceptiblemente cambia el contexto por uno en que (b) es verdadera y la conclusión antiescéptica falsa. Esto explica su carácter paradójico, la ilusión que hace a la posición escéptica intuitivamente poderosa. El contextualismo, sin embargo, parece conceder demasiado al escéptico; Williamson (en prensa) formula con precisión esta objeción, señalando que el contextualismo está abocado a una forma de la paradoja de Moore (*p*, aunque no sé que *p*).

El *dogmatismo* de Pryor constituye una réplica mejor, que también rechaza (b): algunos juicios perceptivos los legitima, inmediata aunque revocablemente, y quizá sólo en pequeño grado, *el mero hecho* de que el sujeto tiene experiencias perceptivas pertinentemente relacionadas, no la mediación argumentativa de otras creencias, incluidas creencias introspectivas sobre las experiencias en cuestión y sobre su estatuto justificativo. Heck (2000) y Burge (2003) desarrollan esta posición, el primero específicamente en réplica a los argumentos de McDowell (1994), el segundo en respuesta a posiciones hiperintelectualistas en epistemología en general. El dogmatismo es compatible con el *internismo epistémico simple* (Pryor 2001): que uno esté legitimado en creer que *p* sobreviene de hechos accesibles reflexivamente (accesibles por introspección, razonamiento a priori y conocimiento así adquirido). Uso (aquí, como antes) «legitima» para traducir el término de Burge (2003) «*warrant*», cuyas subclases son «*entitlement*» (la legitimación no necesariamente reflexivamente articulada que estamos aquí considerando) y «*justification*» (la legitimación reflexiva de quien es capaz de articular filosóficamente su «*entitlement*»). El dogmatismo no es, en cambio, compatible con el *internismo de acceso*, que motiva las posiciones hiperintelectualistas; pues éste exige para la legitimación acceso reflexivo al estatuto epistémico de las creencias.

El dogmatismo sugiere un modo de enunciar con propiedad lo que enfrenta a partidarios y detractores del carácter no-conceptual del contenido de la experiencia. Pues la distinción entre *contenido conceptual* y *no-conceptual* no se suele trazar con claridad, como puede verse examinando algunos ejemplos destacados. Así, Cussins (1990) propone que un contenido es no-conceptual si un sujeto puede captarlo sin tener los conceptos de una teoría ideal que lo define. En este sentido, los contenidos de muchos juicios reflexivos de los seres humanos adultos son no-conceptuales; sin ir más lejos, es más que probable que los seres humanos adultos (incluidos los psicólogos contemporáneos) carezcan de los conceptos que definirían en una teoría ideal conceptos tales como los de percepción, sensación, etcétera. Sin embargo, las intuiciones que se pretenden recoger mediante la distinción entre contenidos conceptuales y no-conceptuales (a saber, que bien podemos compartir algunos estados perceptivos con bebés y animales superiores) resultarían desvirtuados si los contenidos de los juicios más reflexivos que puedan hacer los psicólogos contemporáneos sobre la percepción y la sensación han de contar como no-conceptuales.

Heck (2000) propone una explicación diferente: el contenido de un estado es no-conceptual si no impone al estado condiciones de corrección e incorrección relativas a diferentes mundos posibles estructuralmente derivadas. El problema con esta propuesta es el opuesto; por más que haya percepciones y sensaciones que compartimos con bebés y animales, es más que razonable pensar que su contenido está estructuralmente determinado (hay elementos que aportan contenidos espaciales, otros contenidos cromáticos, otros temporales, etcétera), y determina condiciones de corrección e incorrección: permite, por ejemplo, distinguir experiencias perceptivas ilusorias y alucinatorias de otras verídicas. En el sentido definido por Heck, pues, el contenido de las experiencias es conceptual. Burge (2003), por su parte, entiende que un contenido es conceptual si es el contenido de una premisa o una conclusión de una transición argumentativa que lleva a cabo un sujeto, no alguno de los subsistemas que constituyen su mecanismo cognitivo. (Burge cree que los animales superiores llevan a cabo argumentaciones del primer tipo.) El problema de esta propuesta es que es la distinción entre las argumentaciones que hace el sujeto y las que hacen sus mecanismos cognitivos es tan poco clara como la que se intenta clarificar.

Mi propuesta se inspira en que, si bien no-conceptualistas y conceptualistas como McDowell (1994) coinciden en que la experiencia perceptiva proporciona justificación interna para los juicios perceptivos, el internismo simple compatible con el dogmatismo es una alternativa genuina al internismo de acceso que presupone McDowell; el dogmatismo es, tanto como el externismo, una concepción de la justificación que McDowell pretende objetar al defender que, para ofrecer justificación epistémica, las experiencias perceptivas deben estar en el «espacio de las razones».

La propuesta es ésta: un contenido es conceptual si es el contenido de un juicio posible, entendido éste como un estado ubicado en el «espacio de las razones»: uno gobernado por normas constitutivas del conocimiento, de modo que los judicantes deben estar en posición de acceder a su estatuto epistémico, justificando el juicio si surge la cuestión, y de invocarlo para justificar otros estados. No es esencial a los juicios así entendidos que sean lingüísticamente expresables mediante aseveraciones; pero contribuye a fijar la referencia de «juicio» en nuestra concepción de los mismos el que de hecho lo sean.[4] Los contenidos de los juicios perceptivos están constituidos por conceptos, pues son contenidos de aseveraciones posibles, a cuyos sujetos cabe en principio pedir una justificación para las mismas (incluso si la justificación es: es evidente). Los de las experiencias perceptivas son para el partidario del dogmatismo no-conceptuales, pese a ser susceptibles de ofrecer legitimación de carácter interno; no cabe pedir responsabilidad por las mismas, podemos así compartirlas con bebés y animales. McDowell indica que los contenidos de las experiencias perceptivas son conceptuales en cuanto que para tenerlas genuinamente es preciso poseer un «trasfondo de comprensión» que las suponga sensibles «a un tipo de estado de cosas en el mundo, algo que puede darse en cualquier caso, independientemente de esas perturbaciones en el propio flujo de la consciencia»; esto, a su vez, requiere tener «por ejemplo, el concepto de superficies visibles de objetos y el concepto de condiciones apropiadas para establecer qué color tiene algo mirándolo» (McDowell 1994, pág. 12). Estas citas muestran, creo, que lo que está en juego es si, para poder ofrecer legitimación epistémica a los juicios perceptivos de que es capaz un ser humano adulto, las experiencias perceptivas deben a su vez ser ellas mismas susceptibles de recibir justificación si se plantea la cuestión de su estatuto epistémico.

Aplicar el dogmatismo a juicios perceptivos como los expresados con «He aquí un Ferrari Testarossa a algo más de un metro de mí» o «He aquí una mano con un dedo amputado» resulta poco plausible, sin embargo. Pryor parece proponer aplicarlo sólo a juicios perceptivos básicos, como «He aquí bermellón». Se hace pues necesario enunciar un criterio que justifique esta distinción. La fenomenología no basta. Las impresiones fenoménicas de inmediatez en la aplicación de los conceptos involucrados en los ejemplos son análogas. Y otra impresión fenoménica más elusiva pero indudablemente presente tampoco distingue a mi parecer los casos. Pryor la caracteriza así: «Nuestra experiencia representa proposiciones de tal modo que "sentimos como si" bastase que se nos representen así para decir que tales proposiciones son verdaderas, y que estamos percibiendo su verdad. (…) Creo que este "sentimiento" es en parte lo que distingue la actitud de experimentar que *p* de otras actitudes proposicionales, como la creencia o la imaginación visual» (*op. cit.*, pág. 547). Heck (*op. cit.*, págs. 508-509) describe como *presentational* este aspecto de las experiencias perceptivas, y Burge usa *commital* (*op. cit.*, pág. 542); otros autores usan metáforas como «manifestación» o «revelación». Este *carácter presentante* propio de la fenomenología de las sensaciones es, dicho sea de paso, lo que distingue los juicios perceptivos (1) y (2) propuestos como ilustración al comienzo de esta sección del (3), incluso cuando, como entonces contemplamos, (3) se hace en la presencia de una imagen visual de bermellón; como indi-

---

[4] La distinción entre rasgos que fijan la referencia y rasgos constitutivos proviene de Kripke 1980.

ca Pryor, tal carácter presentante distingue lo sentido de lo imaginado. A mi parecer (y así lo refleja parte de lo que dicen los autores mencionados), la fenomenología responde aquí a la naturaleza de la *fuerza ilocutiva* (o lo que corresponde a la misma en los actos mentales) de todas las experiencias perceptivas; no puede por ello servir para hacer la distinción que el dogmatismo requiere.

II. EL DOGMATISMO Y LA EPISTEMOLOGÍA DE LA LÓGICA

La posición de racionalistas como Bealer y BonJour se caracteriza por otorgar un papel epistémico fundacional a la intuición; de ahí que Bealer (1998) pueda considerar suficientemente autónoma y autoritativa a la filosofía con respecto a su ámbito propio de investigación. En la posición que quiero defender, las intuiciones desempeñan más bien con respecto a algunos juicios un papel análogo al de las experiencias perceptivas en el dogmatismo; ofrecen una justificación *prima facie* suficiente, si bien revocable (incluso a partir de consideraciones empíricas) y seguramente escasa.

Al comienzo de la sección anterior, he dado dos razones apoyadas en intuiciones sobre ejemplos claros, como el del ojo fatigado, para introducir la distinción entre sensación y juicio perceptivo. Siguiendo a Bealer (1998), podemos justificar de manera análoga la postulación de intuiciones. Como las experiencias perceptivas, las intuiciones son estados conscientes, con contenido representativo, que comparten con las experiencias ese carácter fenoménico *presentante* que las metáforas del último parágrafo de la sección anterior tratan de recoger. En virtud del mismo, igual que una experiencia perceptiva de que p nos inclina a juzgar que p (incluso cuando, en virtud de nuestro conocimiento de que se dan circunstancias revocantes, nos resistimos al menos a actuar de acuerdo con la aceptación del juicio de que p), una intuición de que p nos inclina a juzgar que p. Como ejemplo de ilusión intuitiva (inclinación a juzgar basada en la intuición, junto con la resistencia a hacerlo o al menos a comportarse de acuerdo con ello), considere el lector su propia actitud ante la proposición de que el número de los pares es menor que el de los naturales, o ante casos concretos de la falacia del jugador (que cuanto más se ha repetido un número obtenido en una lotería no sesgada, menos probable es que vuelva a repetirse).

La otra razón ofrecida para postular experiencias perceptivas era que ello permitía distinguir juicios perceptivos de los no-perceptivos. Algo análogo podemos alegar en el caso de las intuiciones. Los datos que se utilizan típicamente en filosofía analítica contemporánea (los casos-Gettier, por ejemplo) constituyen modelos prototípicos de juicios intuitivos; en rigor, lo mismo cabe decir de muchos argumentos utilizados en este mismo trabajo, incluido el que ahora se está desarrollando. Contrástese uno de estos juicios con el de que las creencias *de re* no son reducibles a las *de dicto*, o con el de que no hay conjuntos con cardinalidad superior a la de los naturales e inferior a la de los reales. Entre los casos potenciales de intuición, en filosofía nos interesan en particular aquellos en que el sujeto considera *obvia* la proposición, que –en la línea de Jeshion (2000)– caracterizaremos en último extremo como aquellos en que su inclinación a juzgarla constituye su comprensión de alguno de los conceptos involucrados.

La paradoja de Carroll (1895) se ha venido usando tradicionalmente para cuestionar el internismo de acceso. Quizá tal haya sido la intención de su autor al proponerla; sea lo que fuere, la discusión reciente por parte de Boghossian (2003) y Wright (2004) ha clarificado sustancialmente la cuestión. En el caso de la justificación de las inferencias, el internismo de acceso requiere para la justificación de la creencia en la conclusión no sólo justificación para creer las premisas (y quizá que tal justificación no prejuzgue la cuestión de la conclusión), sino también conocimiento reflexivo de que las premisas constituyen una buena razón para creer la conclusión. Ahora bien, si consideramos un caso de inferencia de acuerdo con una regla fundamental, como *modus ponens* (MP: 1.437 es primo; si 1.437 es primo, entonces 1.561 es primo; 1.561 es primo), no parece posible satisfacer esa exigencia sin caer en un regreso o círculo vicioso. El problema es que cualquier justificación razonable de que la justificación de las premisas de MP justifica la creencia en la conclusión pasa por justificar la validez en general de la forma que MP ejemplifica; y cualquier justificación razonable de la misma, así como cualquier aplicación de la validez general a la justificación de un caso particular, invoca transiciones como la que se intenta justificar.

Éste es pues un caso claro en que el internismo de acceso, que en la percepción lleva a esas posiciones hiperintelectualistas como la de McDowell que en la cuestión de la naturaleza de la percepción asignan un contenido conceptual a las experiencias perceptivas y abren las puertas al escepticismo, no es ni siquiera una opción coherente. Imaginemos que HE es ahora una hipótesis escéptica aún más radical, que cuestiona incluso nuestro conocimiento lógico (como la hipótesis del genio maligno cartesiano), y reproduzcamos un argumento escéptico a la manera de Pryor: (a) si sé que ¬HE, tal saber descansa en parte en conocimiento lógico; (b) para cualquier juicio lógico de que *p*, para saber que *p* sobre la base de conocimiento lógico cualquiera *e*, debo saber sin prejuzgar la cuestión que ¬HE; (c) por tanto, no sé que ¬HE; por tanto, no sé que *p*. Parece claro que, en este caso, alguna forma de dogmatismo que rechace (b) debe ser viable.

Para articular la forma de dogmatismo que me parece correcta, noto primero que hay promesas condicionales distintas de promesas cuyo contenido es condicional y apuestas condicionales distintas de apuestas cuyo contenido es condicional. Si hago una apuesta con el contenido condicional de que si viene Raquel a la excursión, vendrá Pere, me basta para ganarla convencer a Raquel de que no venga; no así si se trataba de una apuesta, condicionada a que venga Raquel a la excursión, con el contenido de que Pere vendrá a la excursión. Una distinción similar vale para otros actos con contenido; en particular, igual que hay promesas condicionales distintas de promesas cuyo contenido es condicional y apuestas condicionales distintas de apuestas cuyo contenido es condicional, hay aseveraciones (y juicios, su correlato mental) condicionales distintas de aseveraciones cuyo contenido es condicional.[5] Una promesa o una apuesta condicional no son promesas «que cuentan como no efectuadas» si no se dan sus condiciones. Son más bien promesas y apuestas que cuentan como (es decir, están sujetas a las normas constitutivas de) las promesas y apuestas categóricas correspondientes cuando se dan sus condiciones, y sólo entonces. Lo mismo vale para los asertos y juicios condicionales. Ahora bien, una vez reconocidos los juicios condicionales, parece razonable aceptar también intuiciones condicionales: intuiciones que asignan el carácter presentante mencionado antes a una proposición sólo condicionalmente respecto de otras, y constituyen así inclinaciones conscientes a efectuar juicios condicionales. Cualquier hablante competente del castellano tiene una intuición de este tipo respecto de casos particulares de *modus ponens*, como el anteriormente ofrecido MP; la tiene, en rigor, sistemáticamente, sobre muchos otros casos de la misma forma.

El núcleo de mi propuesta es que el *mero hecho* de tener las intuiciones descritas legitima, inmediata aunque revocablemente, y quizá sólo en pequeño grado, los juicios correspondientes; no es precisa la mediación de otras creencias, incluidas creencias sobre el carácter epistémico del vínculo en cuestión. ¿Qué la justifica? Pues es indudable que no todos los juicios apoyados por intuiciones están justificados. Podría buscarse justificación en general para las propuestas dogmáticas en la que ofrece Burge (1993) para el *Acceptance Principle*: «Una persona está legitimada *a priori* a aceptar una proposición inteligible que se le presenta como verdadera, a menos que haya razones más fuertes en contra, porque parece proporcionarla o preservarla una fuente racional; confiar en los recursos para la razón es, *ceteris paribus*, necesario para su función». Pues este «presentársele a uno como verdadera» una proposición es, en suma, el carácter presentante que, como hemos dicho, caracteriza la «fuerza ilocutiva» de intuiciones y experiencias.

Ahora bien, dudo de que esta justificación sea fundamental. Valen aquí las consideraciones que he hecho al final de la sección previa para cuestionar que, sin un criterio que permita seleccionar casos en que el dogmatismo para la percepción es razonable, la propuesta de Pryor sea aceptable. Limitándonos a casos

---

5 Véase Dummett 1973, capítulo 10, «Assertion»; Woods 1997 contiene observaciones relevantes.

como el de las intuiciones lógicas considerado en esta sección, podemos imaginar perfectamente que alguien tuviera intuiciones condicionales sobre la validez de inferencias del tipo de las que contempla Prior (1960) como reglas de introducción y eliminación inconsistentes para su célebre *tonk*; y es más que discutible que tales intuiciones realmente legitimen los juicios correspondientes. Análogamente, en respuesta a las tesis de Burge sobre el testimonio se ha hecho notar que en general no parece razonable creer que la mera aseveración de un contenido legitime la aceptación de la proposición aseverada; por más que no esté en el foco de nuestra atención, son relevantes también para determinar la legitimación epistémica de la aceptación consideraciones empíricas relativas al tipo de contenido aseverado o la fiabilidad del testigo.[6] Burge está en lo cierto al insistir en que requerir de manera general para la justificación de lo creído a partir del testimonio creencias justificadas sobre condiciones de ese tipo ha de conducir a un escepticismo intuitivamente poco razonable, en este caso tanto como en el de la percepción, la memoria o el razonamiento lógico. Pero esto no hace más que poner de relieve la necesidad de disponer de un criterio discriminatorio aceptable.

Mi propuesta es que la justificación que ofrece el principio de Burge, cuando lo hace, no es más que un caso particular de otra más básica aplicada al concepto de *conocimiento*. A saber –en el caso del conocimiento lógico–: que sólo aceptando una forma restringida de dogmatismo tenemos una explicación aceptable del significado de los conceptos lógicos involucrados, el condicional, la negación, las categorías lógicas (Boghossian 2003, Peacocke 1993). La única propuesta plausible sobre cómo se determinan esos significados es que entender el condicional (y las «expresiones» relacionadas, como la categoría lógica de las proposiciones, los significados susceptibles de darse y no darse) es tener intuiciones condicionales del tipo de MP; los referentes de tales expresiones se determinan bajo el supuesto de que tales intuiciones proporcionan conocimiento. Algo análogo vale para el caso de conceptos observacionales como los expresados con «pardo» y «bermellón», como propone Burge (2003); obtenemos así el criterio de discriminación que, como se ha argumentado al final de la sección precedente, necesita el dogmatismo para los juicios perceptivos. El dogmatismo es razonable en los casos en que, como los examinados aquí, las intuiciones en cuestión son constitutivas del significado de determinados conceptos.[7]

---

6 Véase por ejemplo, Christensen y Kornblith 1997.

7 Una breve glosa de lo que se indica al comienzo del párrafo. En el caso de *conocimiento*, Williamson (en prensa, y referencias en ese texto) ha argumentado que la empresa de buscar un análisis conceptual que se ha venido persiguiendo está desencaminada, como sugieren las dificultades para encontrar modos de acomodar los contraejemplos de Gettier a la definición tradicional (creencia verdadera justificada). Como propusiera Wittgenstein, nuestro concepto de *conocimiento* generalizaría «parecidos de familia» a partir de casos particulares prototípicos. Tales casos paradigmáticos (casos de percepción, memoria, testimonio, razonamiento) tendrían en común, entre otras cosas, la presencia de estados conscientes con el «carácter presentante» a que se apela en el *Acceptance Principle* de Burge.

En la sección precedente vinculamos el dogmatismo a la enunciación de una distinción aceptable entre contenidos conceptuales y no-conceptuales. El dogmatismo sostiene que determinados estados conscientes con carácter presentante, por ende disposiciones a efectuar ciertos juicios en las circunstancias apropiadas, sensaciones e intuiciones en particular, legitiman por su mera presencia los juicios correspondientes por parte del sujeto de los mismos, inmediata, revocablemente y en el grado más pequeño que se considere bastante para la legitimación. A manera de complemento necesario, en la presente reformulación hemos añadido que los estados conscientes a que el dogmatismo se aplica son constitutivos del significado de algunos de los conceptos en el contenido de esos juicios. Esto permite una caracterización algo más positiva de la naturaleza de los contenidos no-conceptuales que la propuesta en la sección anterior.

En esa sección sólo he ofrecido una caracterización positiva de los contenidos conceptuales; son contenidos de juicios y aseveraciones, prototípicamente efectuados por alguien que domina un lenguaje, susceptibles de constituir razones: susceptibles de justificar otros juicios y de recibir justificación a partir de otros juicios. Llevado por las motivaciones que apoyan el internismo de acceso, el filósofo próximo a McDowell sostiene que todos los significados son constituyentes potenciales de razones. El partidario de las tesis de Evans o Peacocke en este ámbito sostiene en cambio que hay significados que, si bien estén dotados de rasgos fenoménicos que los hacen accesibles a la conceptualización reflexiva en la presencia de una configuración cognoscitiva apropiada, constituyen estados conscientes que no son propiamente razones; justifican, pero no son susceptibles de recibir justificación. Entre ellos están significados aducidos tradicionalmente como ejemplos en este contexto discursivo, tales como los asociados a propiedades observables como las cromáticas, temporales y espaciales, el «carácter presentante» de la experiencia perceptiva, asociado a un aspecto fundamental de las fuerzas ilocutivas, la distinción entre las «direcciones de ajuste» del mundo al estado representativo o viceversa, y los asociados a la apreciación de la forma lógicamente relevante de una transición argumentativa básica.

¿Reside así en la teoría del significado la justificación última para una forma aceptable del dogmatismo? En cierto sentido, no; porque, a su vez, esta justificación se apoya en el valor probatorio de nuestras intuiciones sobre conceptos como los de *significado*, *conocimiento* y *concepto*. La justificación última está a mi parecer en el conservadurismo que recoge el principio del equilibrio reflexivo, formulado inicialmente por Goodman y Rawls, y modificado por Daniels para evitar contraejemplos como los de Stich (1998) haciéndolo holista, incluyendo también la búsqueda de respuestas a cuestiones filosóficas mediante el método aquí descrito. En su formulación original, la metodología del equilibrio reflexivo es compatible con uno de los supuestos fundamentales del internismo de acceso, a saber: que sólo las razones justifican. La lección de las respuestas al escepticismo que ofrece el dogmatismo es que es preciso generalizar la metodología incluyendo no sólo razones en sentido estricto, sino también sensaciones e intuiciones. La metodología valida algunos de los juicios, condicionales y categóricos, que formamos dando por buenas nuestras impresiones conscientes en forma de sensaciones e intuiciones. Tales juicios los refrendaría el ser más reflexivo imaginable en un estado estable de equilibrio reflexivo que incorporase todo el conocimiento empírico que quepa obtener de una considerable experiencia con el mundo y las teorías que quepa elaborar para acomodar esos datos; pues, en definitiva, las impresiones conscientes en cuestión son constitutivas de los conceptos con que tal ser reflexivo enuncie su conocimiento. Esto es compatible con que en el camino que lleva al estado de equilibrio reflexivo se hayan revocado muchos de los juicios tenidos por basados en impresiones constitutivas de significados, y con que el grado de justificación que se puede tener en el estado de equilibrio reflexivo para los juicios que sobreviven sean inmensamente superior.

Wright (2004) considera críticamente una línea racionalista como la que he propuesto: «(...) el único camino claro para el internista pasa por negar el supuesto de que el papel que desempeña el conocimiento de la corrección en la justificación de una inferencia pasa por una inferencia a partir de tal conocimiento (...) el modo en que tal conocimiento justifica la inferencia no puede ser inferencial». El internismo en epistemología de la lógica que Wright critica es el de acceso; pero sus críticas cuestionan igualmente el internismo más moderado que aquí se ha tratado de convalidar. Wright rechaza estas propuestas sobre la base de que cualquiera que dude siquiera de, o considere dubitable, la corrección de inferencias como MP «pone en cuestión con ello que entienda siquiera los pensamientos involucrados». Sobre esta base, apoya una propuesta más deflacionaria, en la línea del tratamiento dado por Wittgenstein del argumento antiescéptico de Moore en *Sobre la certeza* –coincidente con, tal vez influido por, propuestas de Ortega (1940)–: no es apropiado designar como «conocimiento» nuestra relación con las proposiciones en cuestión; se trata más bien de un *dar por supuesto*, constitutivo de nuestra «vida», del marco en que se desarrollan los genuinos proyectos cognoscitivos.

Curiosamente, Williamson (2003) apoya su escepticismo, de carácter opuesto, en cuanto a que intuiciones como las que hemos contemplado antes sobre la corrección de (MP) puedan ser constitutivas del significado del condicional, sobre la base de que uno puede suspender el juicio sobre casos particulares de argumentos con esa forma, sin contar por ello como alguien que no posee los conceptos en cuestión. En cualquier caso, esta apelación final a la metodología del equilibrio reflexivo pone de relieve lo inadecuado de la objeción de Wright. La justificación inmediata *prima facie* que proporcionan las intuiciones es revocable, además de ser pequeña; en cualquier caso particular, es posible que consideraciones de simplicidad, coherencia con el resto de lo que tenemos por conocimiento, etcétera, nos lleven a rechazarlas, incluso a rechazar que exista un concepto coherente cuya naturaleza constituyen tales intuiciones. Tenemos ejemplos de ello, incluso ejemplos reales (como los relativos a la probabilidad); y Jeshion (2000) ofrece un plausible argumento general que justifica la revocabilidad holística de cualquier juicio intuitivo que razonablemente quepa contar como *prima facie* constitutivo de significados.

Es este grado de naturalismo el que hace superior la presente propuesta al racionalismo radical. El problema fundamental para el racionalismo radical consiste en seleccionar, de entre todo lo que a primera vista parecen juicios intuitivos, aquellos que han de constituir esa presunta base fundacional para una filosofía autónoma y autoritativa. BonJour (1998) sostiene que se trata de intuiciones basadas en una facultad específica de discernimiento racional (*rational insight*) que basta para «ver», «captar» o aprehender directamente, sin mediación aparente, que las proposiciones aprehendidas son necesariamente el caso. En términos menos misteriosos, pero a mi juicio igualmente sin éxito, Bealer (1998) se esfuerza en distinguir las intuiciones relevantes de, por ejemplo, intuiciones meramente físicas, por su carácter modal (penetraciones en lo posible) y relativamente independiente de la experiencia. La propuesta moderada, con su disposición a aceptar la impugnación empírica de lo dado por intuido, nos exime de la ingrata tarea de tratar de hacer este tipo de distinciones.

REFERENCIAS

BEALER, George, «Intuition and the Autonomy of Philosophy», en M. R. DePaul y W. Ramsey (eds.), *Rethinking Intuition*, Rowman & Littlefield, Oxford, 1998, págs. 201-239.

BOGHOSSIAN, Paul, «Analyticity», en C. Wright y B. Hale, *A Companion to the Philosophy of Language*, Blackwell, Oxford, 1997, págs. 333-368.

– «Blind Reasoning», *Proceedings of the Aristotelian Society*, sup. vol. LXXVII, 2003, págs., 225-248.

BONJOUR, Laurence, *In Defense of Pure Reason*, Cambridge U.P., Cambridge, 1998.

BURGE, Tyler, «Content Preservation», *Philosophical Review*, 102, 1993, págs. 457-488.

– «Perceptual Entitlement», *Philosophy and Phenomenological Research*, 57, 2003, págs. 503-548.

CARROLL, Lewis, «What the Tortoise Sais to Achilles», *Mind*, 4, 1895, págs. 278-280; reproducido en *Mind*, 104, 1995, págs. 691-693.

CHRISTENSEN, David y Kornblith, Hilary, «Testimony, Memory and the Limits of the *A Priori*», *Philosophical Studies*, 86, 1997, págs. 1-20.

CUSSINS, Adrian, «The Connectionist Construction of Concepts», en M. Boden (ed.), *The Philosophy of Artificial Intelligence*, Oxford University Press, Oxford, 1990.

DEROSE, Keith, «Solving the Skeptical Problem», *Philosophical Review*, 104, 1995, págs. 1-52.

DUMMETT, Michael, *Frege: Philosophy of Language*, segunda edición, 1981, Duckworth, Londres, 1973.

GARCÍA-CARPINTERO, Manuel, «Sense-data: the Sensible Approach», *Grazer Philosophische Studien*, 62, 2002a, págs. 17-63.

– «A Vindication of Sense-Data», en U. Moulines y K. Niebergall (eds.), *Argument und Analyse*, Mentis Verlag, Paderborn, 2002b, págs. 203-224.

HECK, Richard G. Jnr., «Nonconceptual Content and the "Space of Reasons"», *Philosophical Review*, 109, 2000, págs. 483-523.

JESHION, Robin, «On the Obvious», *Philosophy and Phenomenological Research*, 60, 2000, págs. 333-355.

KORNBLITH, Hilary, «The Role of Intuition in Philosophical Inquiry: An Account with No Unnatural Ingredients», en M. R. DePaul y W. Ramsey (eds.), *Rethinking Intuition*, Rowman & Littlefield, Oxford, 1998, págs. 129-141.

KRIPKE, S., *Naming and Necessity*, Harvard University Press, Cambridge, 1980. (Traducción castellana de Margarita Valdés, *El nombrar y la necesidad*, UNAM, Mexico, 1985.)

MCDOWELL, John, *Mind and World*, Harvard University Press, Cambridge, 1994.

ORTEGA Y GASSET, José, «Ideas y creencias» (1940), en *Obras Completas, vol. 5*, Alianza, Madrid, 1994, págs. 381-409.

PEACOCKE, Christopher, «How Are A Priori Truths Possible?», *European Journal of Philosophy*, I, 1993, págs. 175-199.

PRIOR, Arthur, «The Runabout Inference Ticket», *Analysis*, XXI, 1960, págs. 38-39.

PRYOR, James, «The Skeptic and the Dogmatist», *Noûs*, 34, 2000, págs. 517-549.

– «Highlights of Recent Epistemology», *British Journal for the Philosophy of Science*, 52, 2001, págs. 95-124.

STICH, Stephen, «Reflective Equilibrium, Analytic Epistemology, and the Problem of Cognitive Diversity», en M. R. DePaul y W. Ramsey (eds.), *Rethinking Intuition*, Rowman & Littlefield, Oxford, 1998, págs. 95-112.

WILLIAMSON, Timothy, «Understanding and Inference», *Proceedings of the Aristotelian Society*, sup. vol. LXXVII, 2003, págs. 249-293.

– «Philosophical "Intuitions" and Scepticism about Judgement», *Dialectica*, 58, 2004.

– (En prensa): «Knowledge and Scepticism», en F. Jackson y M. Smith, *The Oxford Handbook of Analytic Philosophy*, Oxford University Press, Oxford.

WOODS, Michael, *Conditionals*, Clarendon Press, Oxford, 1997.

WRIGHT, Crispin, «Intuition, Entitlement and the Epistemology of Logic», *Dialectica*, 58, 2004.

– «Wittgensteinian Certainties», en D. McManus, *Wittgenstein and Scepticism*, Routledge, Londres, en prensa.

NATURALISMO SOBRE LA INTENCIONALIDAD, PROPIEDADES SECUNDARIAS Y PROPIEDADES NARCISISTAS*

Daniel Quesada
(Universidad Autónoma de Barcelona)

EL presente trabajo pretende contribuir a una concepción naturalista de la intencionalidad. Para ello centra su atención en el caso del contenido intencional de los estados de percepción. El punto de vista realista (externista) sobre los mismos se basa en que el contenido intencional de un estado de percepción exitosa está constituido por objetos, propiedades y estados de cosas objetivos en el sentido de independientes del sujeto de ese estado. Un punto de vista tradicional se centra en que los sistemas sensoriales de que nos servimos contribuyen de forma fundamental a que ello sea así, de manera que un estudio científico del trabajo realizado por los sentidos habría de revelar los detalles de cómo se realiza esa contribución, sustentando de ese modo una concepción naturalista de la intencionalidad.

Sin embargo, un argumento reciente debido a Kathleen Akins pone en duda que los sistemas sensoriales realicen en general la tarea que se les asigna en esta perceptiva teórica. Como veremos, el argumento de Akins obliga, efectivamente, a matizar la posición del realismo intencional de la percepción, si bien, al final, en una dirección que había sido ya anticipada de forma parcial por realistas cautos. En particular, la afirmación (relativamente menos tradicional) de que la función de los sistemas sensoriales es, al menos en buena parte, la de detectar propiedades plenamente objetivas debe ser rechazada, y en la medida –poca o mucha– en que una explicación naturalista ha descansado en esa afirmación, tal explicación es inaceptable.

* Este artículo se ha beneficiado de la ayuda del Ministerio de Ciencia y Tecnología, a través del proyecto de investigapistemoloción BFF2001-2531 y de la financiación de la Generalitat de Catalunya al Grup d'Investigació en Epistemologia i Ciències Cognitives (GRECC), referencia 2001SGR-00154. Agradezco a Josep Corbí y a Manuel García-Carpintero sus preguntas y comentarios con ocasión de la presentación oral del mismo.

Como se verá, la propia Akins contrapone el llamado *proyecto sensorio-motor* al *proyecto ontológico*. Sin embargo, como se desprende del análisis de su argumento, la separación radical que ella ve en ambos proyectos no está justificada. El estudio de estas cuestiones lleva a plantear de un modo diferente lo que en verdad se dirime en la pregunta por la relación entre ambos «proyectos».

I. La explicación naturalista de la intencionalidad

En líneas generales, llamamos «intencionalidad» a la propiedad característica de los estados mentales de ser acerca de (o representar) algo que, al menos en primera instancia, entenderíamos como objetos, propiedades y estados de cosas distintos de aquellos estados e independientes del sujeto de los mismos. Decimos que tales objetos, propiedades y estados de cosas constituyen el *contenido* intencional de los estados mentales.

Entendemos por explicación naturalista de la intencionalidad una explicación de este fenómeno en la cual se muestre que la propiedad de tener un contenido puede entenderse desde un punto de vista naturalista, es decir, un punto de vista que, en primer lugar, sea *congruente* con lo que la ciencia empírica informada filosóficamente puede explicar y que, en segundo lugar, no sea circular, es decir, no presuponga –tampoco indirecta o encubiertamente– el rasgo que se quiere explicar. Esto último podría ocurrir, por ejemplo, si en el lenguaje en que se da la explicación en cuestión aparecieran predicados semánticos, ya que puede muy bien suceder que, como sostienen ciertos puntos de vista influyentes en filosofía del lenguaje, la explicación de las propiedades semánticas haya de recurrir de alguna forma a los contenidos de los estados mentales de los usuarios del lenguaje en cuestión.

En este trabajo, por tanto, con la denominación «naturalista» no se hace referencia a la posición del filósofo que sostiene que el método científico es también el método de la filosofía, es decir, a la posición quineana sobre la epistemología.[1] Esta posición sería la de un naturalista *extremo* –un cientificista– y es estrictamente incompatible con el tipo de naturalismo propugnado aquí, como se señalará más adelante.

---

[1] Christopher Hookway ha sostenido (en el simposio en el que se presentó oralmente el presente trabajo y, presumiblemente, por tanto, en la presente publicación) una «interpretación flexible» de Quine de acuerdo con la cual Quine estaría sosteniendo una versión del naturalismo predominantemente negativa, es decir, más o menos como la que se caracteriza a continuación. Si esto fuera cierto habría, claro está, que retirar el contraste recién expresado con la posición de Quine, pero me parece que hay dudas legítimas de que tal interpretación de Quine pueda sostenerse. Algo parecido cabe decir sobre la interpretación meramente «no autonomista» (de la filosofía con respecto a la ciencia) que Diana Pérez hace de la posición de Quine, si bien, dejando aparte esta cuestión, la concepción del naturalismo del presente artículo coincide a grandes trazos con los dos primeros sentidos del término en la sistematización de esta autora (anti-sobrenaturalismo y anti-autonomía); véase Pérez 2002, págs. 108-111.

Caracterizada por la vía negativa, cualquier explicación naturalista no puede aceptar que se admita ningún elemento de misterio incomprensible en la mencionada característica de los estados mentales, ni (lo que viene a ser lo mismo) habría de postular en la explicación entidad sobrenatural alguna. Por último, parece que una posición naturalista no es tampoco compatible con los puntos de vista de la filosofía trascendental en ninguna de sus versiones, o cuando menos con las que pueden considerarse como las más características (como por ejemplo la filosofía de Kant o de Husserl),[2] ni tampoco con los «descendientes naturales» de la filosofía trascendental, las doctrinas que, como la fenomenología hermenéutica de Heidegger o Gadamer, conciben el mundo como simbólicamente articulado y sostienen que el mundo así concebido es la base para una explicación del mundo natural que estudia la ciencia. En particular y en esencia, el recurso a la noción de un yo trascendental y lo que ello comporta es inaceptable, y es parte de un punto de vista naturalista explicar de manera convincente por qué lo es.

La mención de una concepción trascendental del «yo» sugiere que, en cierta medida, podemos dividir una explicación naturalista de la intencionalidad en dos partes: la explicación de la propiedad misma de los estados mentales de ser acerca de o representar algo y una explicación, congruente con la anterior, del sujeto de tales estados representacionales. Sin embargo, no abordaremos aquí lo que, según esta división, consideraríamos la segunda parte del problema general de la explicación naturalista de la intencionalidad, aunque quizá sea oportuno mencionar de paso el reciente e iluminador análisis que Peacocke ha dedicado a la ilusión subyacente a la diferenciación entre un «yo empírico» y un «yo trascendental» (véase Peacocke 1999, capítulo 6 y especialmente § 6.4).

La mayor parte del esfuerzo naturalista se ha concentrado en la primera parte del problema de la perspectiva trascendental, según la división anterior. Los análisis y discusiones teóricas de Fodor, Dretske, Millikan y otros han contribuido a clarificar cuáles son los obstáculos que encuentra una concepción naturalista del contenido intencional[3] y a la elaboración de nociones útiles para su solución. El tema del presente trabajo tiene que ver directamente con tales aportaciones.

---

[2] El propio Blasco parece conceder algún tipo de vigencia al menos a la filosofía trascendental kantiana, aunque su posición al respecto no estaba exenta de matices (véase, por ejemplo, Blasco 1996 o el capítulo 3 de Blasco y Grimaltos 1997). Para las críticas más explícitas y radicales al punto de vista trascendental en filosofía en el ámbito lingüístico hispano –con especial referencia al trascendentalismo kantiano– véase Pacho 2000.

[3] Para una introducción a estos problemas y a las aportaciones de los autores aludidos véase Quesada 1995. El presente trabajo concierne a una concepción naturalista del *contenido intencional de los estados mentales*, incluidos paradigmáticamente los de la psicología de sentido común. Por esta razón, de manera estricta no serían aquí relevantes los notables trabajos de Paul y Patricia Churchland, puesto que su posición, en lugar de explicar de un modo naturalista la intencionalidad, la concibe como un seudoproblema. Ciertamente, para esa posición existe lo que podríamos denominar «un problema sucesor», a saber: el de clarificar desde un punto de vista naturalista el

Los dos obstáculos específicos que plantea el hecho de que los estados mentales tengan esencialmente contenido son el de la superveniencia y el de la indeterminación del contenido. Aquí trataremos del primero de ellos. Puede argumentarse que las aportaciones aludidas han dejado claro que, para poder aceptar el papel causal que una concepción de sentido común otorga a los estados mentales (percepciones, creencias y deseos causan nuestra conducta) debe sostenerse que esos estados sobrevienen sobre estados físicos en un sentido fuerte que implica que si dos estados son físicamente idénticos (en cuanto a su tipo), son necesariamente idénticos en cuanto al tipo de estados mentales que son. Ahora bien, si se acepta –como es el caso mayoritario– que los estados mentales se individualizan por objetos y propiedades «externos», afirmar que se da esa superveniencia plantea dificultades especiales: ¿no podría ser que seres idénticos físicamente, al estar situados en entornos diversos, estuvieran en estados mentales distintos, dado que la identidad de tales estados depende de las mencionadas propiedades?

Puede sostenerse que algunos de los filósofos aludidos –y de manera notable Dretske y Millikan– cuando menos han mostrado el camino de la solución de esa dificultad.[4] Es importante precisar cuál es el carácter general de esa solución. Lo que se sostiene es, aproximadamente, que vale una proposición bicondicional expresable del modo siguiente:

> (C) *Si* se dan determinadas relaciones explicativas entre los estados intencionales en cuestión y determinados «microestados» (estados neurofisiológicos, digamos) que hacen posible explicar cómo su contenido representacional contribuye al poder causal de los primeros, *entonces* (y sólo entonces) es legítimo considerar a tales estados intencionales como causalmente eficaces.

La justificación de este bicondicional es a priori, como lo es también la explicación que trata de ofrecer el filósofo naturalista de cómo el carácter representacional de los microestados en cuestión contribuye a su eficacia causal, razones ambas por las que la posición aludida es incompatible con el naturalismo de tipo quineano. Ahora bien, una cosa es admitir que existen buenas razones (a priori) para acep-

---

carácter representacional de los estados neuronales. Éste es también el caso de Dennett, para quien la adscripción de estados mentales –a los que atribuimos intencionalidad– a las personas es una cuestión meramente instrumental de poder predictivo. Los estados en cuestión y su intencionalidad no requieren, por tanto, una explicación naturalista, puesto que no nos comprometemos realmente con su existencia. Dicho esto, la problemática que se aborda en el presente trabajo encuentra un obvio análogo en el problema de la explicación naturalista de las representaciones mentales que los mencionados filósofos postulan, por lo que, como se explicará más adelante (en la tercera sección), en cierto modo puede considerarse incluida dicha problemática en el presente ámbito de discusión.

   4 Al menos en determinadas interpretaciones o versiones. Véase García-Carpintero 1994a y 1995a. Para detalles sobre las condiciones de una solución, véanse especialmente págs. 129-134 y 136-139 del segundo de estos artículos. La línea naturalista que postula la superveniencia de los estados mentales sobre los físicos en una concepción fuerte de la superveniencia y sostiene algo como (C) se opone a las perspectivas –diversas entre sí, por lo demás– de quienes no consideran necesario establecer estas condiciones o no consideran posible que puedan ser cumplidas, como Davidson, Rorty, Dennett o Andy Clark.

tar el bicondicional en cuestión y otra distinta es que creamos que existen razones que hacen legítimo sostener que tales estados son causalmente eficaces (contribuyendo de ese modo a la comprensión naturalista de tales estados). Para esto último necesitamos establecer que, efectivamente, se dan las relaciones explicativas en cuestión entre los estados relevantes. Y eso no es algo que pueda establecerse a priori (o no enteramente a priori).

II. LA DIFICULTAD PLANTEADA POR LAS PROPIEDADES SECUNDARIAS Y UN PRINCIPIO DE SOLUCIÓN

A partir de ahora voy a dar por supuesto que existe un enfoque prometedor para poder dotar de contenido y justificar el condicional esquemático (C). Más concretamente, en aras de la concreción voy a suponer que existe *prima facie* una manera razonable de argumentar a favor de la superveniencia de estados intencionales sobre microestados, un ingrediente crucial de la cual lo constituye la tesis (conceptual) de que los estados intencionales son, básicamente, estados con un contenido determinado de manera teleológica. Aunque creo en la viabilidad de alguna de las versiones de este enfoque (véanse Millikan, Dretske, García-Carpintero, especialmente García-Carpintero 1994b), otras teorías del contenido podrían servir de igual modo para plantear el problema que voy a tratar aquí.

Siguiendo aproximadamente, a título ilustrativo, el enfoque de la indicación de Stampe y Dretske, mi punto de partida concierne a un estado mental M (que dejo sin especificar: quizá se trata de un estado de percepción, quizá de un juicio o creencia perceptiva o quizá de un estado sensorial) el cual tiene la función de indicar la presencia de la propiedad P, entendiendo teleológicamente el término «función», en el sentido de (F):

(F) M existe porque indica la ejemplificación de P,

donde P es una propiedad que se ejemplifica en el entorno de los sujetos que se encuentran en el estado M en determinadas ocasiones, y la relación de indicar debe entenderse en términos causales, que no es necesario especificar en detalle a los presentes propósitos, pero que ciertamente incluyen una relación causal (efectiva en condiciones normales) entre la ejemplificación de P en el entorno del sujeto y la ejemplificación de M en el mismo.[5]

---

[5] Véanse Stampe 1977, Dretske 1981. Aunque este enfoque sirve bien para ilustrar el problema que voy a formular, no pienso que proporcione la mejor teoría teleológica del contenido, pues deja de lado el papel que en la determinación del contenido tiene el hecho de que el estado mental M haga una contribución causal a la conducta

Supongamos ahora que *P* es una propiedad secundaria, la propiedad *Rojo* (denotada por el predicado «es rojo») y que *M* es el estado mental en relación al cual caracterizamos esa propiedad, de manera que, de acuerdo con ideas ampliamente difundidas sobre las propiedades secundarias, está justificado a priori que:[6]

(*DR*) Un objeto *a* es rojo si y sólo si en sujetos y circunstancias normales *a* causa la ejemplificación de *M*.

Pues bien, el enfoque teleológico del contenido (*F*), aplicado al presente estado mental *M*, daría:

(1) *M* existe porque indica la ejemplificación de *Rojo*,

y, aplicando lo dicho anteriormente, entendemos (1) como algo que implica:

(2) La ejemplificación de *Rojo* causa (en condiciones normales) la de *M*.

La situación es, pues, la siguiente. Según la teoría teleológica del contenido, es la historia causal de las relaciones entre ejemplificaciones de la propiedad y ejemplificaciones del estado funcional-indicador *M* la que llevó a que dicho estado se consolidara como un estado repetible. Pero cuando la propiedad de que se trata es una propiedad secundaria, entonces estamos considerando una historia causal –de hechos como el reseñado en (2)– que afecta a propiedades de las que sabemos a priori que se ejemplifican en un objeto si y sólo si ese objeto causa la ejemplificación del estado *M*. El problema es que podría parecer que esto implica que sabemos a priori que (2), pues parece que (2) puede interpretarse como un enunciado que, en definitiva, dice que la ejemplificación de una propiedad que se ejemplifica si y sólo si causa *M* (en condiciones normales), causa *M*, y si

---

del sujeto u organismo en el cual se da. En este sentido el enfoque de Millikan 1989 es preferible (véase Quesada 1995). Una versión libre del mismo podría ser que el contenido de uno de los estados relevantes es la condición que ha de cumplirse en el entorno para que ese estado desarrolle normalmente sus funciones causales. Incluso podríamos, para los presentes propósitos, redefinir la *función de indicar* aproximadamente en tales términos: una estructura tiene la función de indicar *P* si y sólo si la presencia de *P* en el entorno explica por qué en condiciones normales esa estructura hace la contribución causal que le es propia.

[6] Aunque ni mucho menos universalmente aceptadas. El problema de la caracterización adecuada de la diferencia entre las propiedades primarias y las secundarias es un problema abierto que no puede tratarse aquí, aunque parece que cualquier formulación adecuada propondría una condición parecida a *DR* como distintiva de las segundas. En cualquier caso, no parece que ello pueda afectar a la existencia del problema que pretendo plantear porque, o bien éste resultaría ser más grave de lo que inicialmente es (al afectar también a las propiedades primarias), o bien volvería a replantearse de nuevo (*mutatis mutandis*) para las propiedades secundarias en relación con la nueva caracterización de la distinción entre ambos tipos de propiedades. De manera que no parece prejuzgarse nada sustantivo aceptando *DR* por mor del argumento. Es preciso advertir que *DR* no supone o implica que conozcamos a priori que la propiedad *Rojo* sea una propiedad secundaria. La idea es que *si* la propiedad *Rojo* es una propiedad secundaria, entonces vale *DR*.

fuera cierto que sabemos a priori que (2), entonces (2) no hablaría de una genuina relación causal pues desde Hume admitimos que no hay nada a priori que podamos saber acerca de qué acaecimientos singulares causan qué otros.

Formulado de otro modo el problema, lo que tenemos aquí no es sino un caso de presunta «explicación perdida». Es decir, (2) nos habría de capacitar para explicar causalmente la ejemplificación de *M*:

(3) *M* se ejemplifica (en el sujeto normal que estamos considerando) porque se ejemplifica *Rojo* (en el entorno de ese sujeto).

El problema es que, dado (*DR*), parece que en (3) tenemos una explicación vacía en lugar de una auténtica explicación causal (verdadera o falsa, lo cual no es aquí la cuestión). Pero entonces (2), del que procede (3), tiene que expresar él mismo una proposición vacía, es decir, no simplemente una proposición causal falsa, sino una proposición a la que no tiene sentido considerar como causal. La duda que esto genera para el caso que nos ocupa es si es legítimo proponer explicaciones del tipo funcional-causal de la existencia de estados como *M* del tipo de las propuestas en (*F*), es decir, de estados que tienen como función indicar la ejemplificación de una propiedad en el caso de que ésta sea una propiedad secundaria.

El fondo de la cuestión con respecto a (3) es si la relación, conocida a priori, entre la ejemplificación del estado mental y la de la propiedad secundaria vinculada al mismo hace que no tengamos aquí «existencias distintas», con lo que estaría excluido (a priori) que entre las mismas pueda existir una relación causal. A esto puede replicarse que la situación en el caso planteado es distinta la del caso de una relación como la que se da entre el enviudar y el fallecimiento del cónyuge, o entre el convertirse en tía y el nacimiento del primogénito o primogénita de un hermano o hermana. Enviudar *consiste* en que fallezca el cónyuge, al igual que convertirse en tía no consiste en nada más que en ser una mujer perteneciente a una familia, a los miembros de la misma generación de la cual (excluida la mujer en cuestión) les nace por primera vez un hijo o hija. Al menos no estamos en el caso que nos ocupa frente a una relación así *si no existe una relación reductiva* entre la propiedad *P* (*Rojo*) y el estado *M* (la sensación-de-rojo, quizás), es decir, si un acaecimiento en que se ejemplifica la primera no *consiste* lisa y llanamente en un acaecimiento en que se ejemplifica la propiedad de producir ese estado. (Es pues crucial caer en la cuenta de que el conocimiento a priori de algo como *DR no* implica esta reducción.)

Un último ejemplo que sirve de contraste –más cercano al de *Rojo*, en tanto en cuanto las reacciones de los sujetos también están esencialmente involucradas– es el de *guai*. Que algo sea guai consiste exclusivamente en que sea considerado en general así por ciertos miembros (abrumadoramente jóvenes o muy jóvenes) de la sociedad. No cabe entonces afirmar con propiedad que un objeto es reconocido como guai porque (el «porque» causal) es guai, sino, en todo caso, que un objeto es guai porque es reconocido como guai por la población relevante, donde este último «porque» tiene la fuerza del «dado que» de una aclaración conceptual.

Podemos, por tanto, admitir que (3) expresa una genuina relación causal, y, si esto es así, no hay razón por la cual (2) o (1) no puedan ser igualmente expresión de genuinas relaciones causales.

El hecho de que tenga sentido considerar la denotación de uno de nuestros predicados («es rojo») como un término de una relación causal es lo que, de acuerdo con una influyente concepción de las propiedades, hace que la denotación de ese predicado pueda considerarse como una genuina propiedad. Respecto a una propiedad así una actitud correcta es la de la *servidumbre epistémica* que se expresa en las afirmaciones del tipo (3), o, para el caso, las del tipo (1).[7] Además no parece descabellado sostener que en muchos contextos el sentido relevante en que cabe considerar como *objetiva* una propiedad es el de propiedad respecto a la que tenemos servidumbre epistémica. De manera que, en este sentido mínimo, *Rojo* es una propiedad objetiva, aunque dado el papel que desempeñan los estados mentales de los sujetos en su caracterización, no sea, si se quiere, *plenamente* objetiva.

---

[7] Véase Menzies y Pettit 1993, pág. 106. En Johnston 1991 y 1998 se requiere la satisfacción de una condición más fuerte para las propiedades genuinas, la de *receptividad epistémica*. En cierta interpretación (la que parece subscribir el propio Johnston) la satisfacción de esta condición exige que haya una dependencia causal entre la disposición que un objeto tiene a provocar un estado *M* en condiciones y sujetos normales y la propiedad *P*. Como parece claro que conocemos a priori que un objeto tiene la *disposición* de provocar una sensación-de-rojo (por ejemplo) en un sujeto normal en condiciones normales si ejemplifica *Rojo* (lo que se desprende de concebirla de acuerdo con *DR*), esta propiedad no satisfaría el requisito (por lo que si ello es esencial para el estatuto de *Rojo* como propiedad genuina, se vería privada del mismo). Coincido con Menzies y Pettit en considerar la segunda condición mencionada como insuficientemente motivada (*ibídem*). Sin embargo, tengo dudas sobre que la receptividad epistémica implique esa segunda condición. Parece que esta implicación depende de la aceptación (o/y del estatuto apriorístico) del bicondicional entre la disposición de los objetos a producir «respuestas» y la «correspondiente» disposición de los objetos a dar o presentar tales respuestas, que Johnston considera como «inexcusable» (se trata de la condición rotulada como (D) en López de Sa 2000, pág. 172, donde se clarifica la cuestión). No veo motivos que nos fuercen a admitir la verdad de este bicondicional, y mucho menos su supuesto estatuto a priori. Por ello no creo, tentativamente, que la condición de receptividad epistémica no pueda ser satisfecha por una propiedad a la que consideramos como propiedad secundaria. De todas formas, como he sugerido, considero la servidumbre epistémica como una condición suficiente del estatuto de una propiedad como genuinamente tal.

III. EL ARGUMENTO DE AKINS

Si lo anterior es en esencia correcto, tenemos los elementos para elaborar una respuesta a un argumento relativamente reciente debido a Kathleen Akins, argumento que se dirige contra diversos esfuerzos de naturalización de la intencionalidad –incluidos los anteriormente aludidos– y que paso ahora a examinar.

El tipo de concepción naturalista de que estamos hablando no exige que el contenido de todo estado mental se determine del modo teleofuncional que he descrito brevemente (bien sea apelando a su presunta función indicadora o bien de la manera más «liberal» a la que se alude en la nota 6), pues puede que ese contenido se determine por apelación al de otros estados. Pero sí se presupone que hay estados básicos cuyo contenido se determina del modo mencionado. Parecería entonces que el candidato más firme al estatuto de estados básicos en este sentido lo serían los estados de los sistemas sensoriales. Pues bien, ¡cuán desagradable ha de ser para un naturalista que arduamente ha explicado el papel causal de un estado que tiene la función de indicar (u otra al mismo efecto) oír que no hay fundamento para pensar que los estados básicos a los que esa explicación habría de aplicarse carecen, en realidad, de contenido representacional! Es esto, en definitiva, lo que argumenta con vehemencia Kathleen Akins en «On the Sensory Systems and the Metal of States». ¿De qué sirve resolver la cuestión conceptual de cómo podría ser que el contenido representacional de un estado (en caso de tenerlo) pudiera contribuir al papel causal del mismo, si, de hecho, tales estados no tienen en general un contenido representacional? ¿De qué sirve argumentar de forma convincente que ciertas relaciones explicativas solucionarían de un modo satisfactorio gran parte del problema de delinear una concepción naturalista del fenómeno de la intencionalidad, si la existencia de esas relaciones explicativas no puede, de hecho, ser establecida?

De una manera general el argumento de Akins puede presentarse del modo siguiente. Los sistemas sensoriales son, por regla general, «narcisistas» (según el sugerente término que emplea Akins), es decir, contienen información de cierto tipo (el tipo de información que requiere el sistema motor) acerca del organismo mismo poseedor de tales sistemas (de tratarse de personas podríamos decir: información –apta para el sistema motor– sobre alguna parte del cuerpo del sujeto poseedor de tales sistemas). No están, pues, diseñados para suministrar información verídica sobre el entorno en el que actúan. Por ello no se ve cómo podrían constituir la base de los estados genuinamente intencionales; en particular, no se ve cómo podrían contribuir a conformar el contenido intencional de la percepción, pues éste se caracteriza en términos de propiedades «externas».

A partir de estas consideraciones el razonamiento de Akins prosigue del modo siguiente: puesto que se ha de admitir que el contenido de los genuinos estados intencionales (por ejemplo, los estados de percepción) se individualiza mediante tales propiedades, dicho contenido ha de concebirse como algo que forma parte de capacidades cognitivas separadas (se trata del denominado por Akins *proyecto ontológico*), independientes de las sensoriales en la economía cognitiva del sujeto. Por contraste, la función de los sistemas sensoriales es únicamente servir al sistema motor (Akins habla por ello del *proyecto sensorio-motor*). Cualquier programa filosófico (naturalista o no) habría de reconocer la radical separación de ambos «proyectos». Es esta independencia lo que a la postre da al traste con la posibilidad de que existan las relaciones explicativas que postula el filósofo naturalista.[8]

Como Akins misma señala, su argumento crítico no afectaría sólo a los filósofos que defienden el realismo intencional, es decir a quienes creen que debe, por así decir, otorgárseles carta de plena ciudadanía en el panorama cognoscitivo a los estados mentales reconocidos por el sentido común, sino a los filósofos cientificistas[9] que situarían el punto de partida en la explicación de cómo puede ser que estados neuronales puedan representar objetos y propiedades objetivas (véase Akins 1996, págs. 238-239). Estos filósofos están dispuestos (o deberían estarlo) a considerar los estados vinculados a la explicación científica de la percepción como un caso básico y también ellos presupondrían en algún momento que su versión del proyecto naturalizador pasa por identificar estados de los sistemas sensoriales que tienen el tipo de contenido representacional mencionado. Debido a que Akins quiere cubrir críticamente las posiciones de ambos tipos de filósofos, introduce el término «ser acerca de» (*aboutness*) para designar la propiedad (intencionalidad o representacionalidad) que ambos tratan de explicar desde un punto de vista naturalista, a la que podemos también describir simplemente como la propiedad de tener un contenido. No veo inconveniente en aceptar la estrategia de Akins, si bien tendré preferentemente en cuenta el tipo de posición naturalista de quienes sostienen que un proyecto naturalista debe incluir de manera central la explicación de los estados con contenido intencional.

8　Akins sugiere que el naturalista podría (o quizá debería) estudiar las relaciones entre tales «proyectos» independientes. Akins no afirma, sino más bien al contrario, que «el estudio de los sistemas sensoriales no es de ninguna utilidad al teórico de la intencionalidad» (*op. cit.*, pág. 372). Sin embargo, es difícil imaginar cuál puede ser aquí la utilidad, dada la mencionada independencia. Dos posibilidades de dar una explicación compatible con la misma que algunos teóricos podrían estar dispuestos a considerar naturalista son: una fundamentación social-inferencialista como la propugnada por Brandom (1994) o una concepción de la intencionalidad del tipo «postura intencional» de Dennett (véase, por ejemplo, Dennett 1981). No soy capaz de ver en los escritos de Akins indicios de si alguna de éstas o alguna otra sería la opción preferida por ella.

9　Utilizo el término «cientificista» en el sentido de Davies (2000), es decir, alguien que sostiene que «las únicas cuestiones sobre la mente y el lenguaje susceptibles de investigación racional son cuestiones que pertenecen a las ciencias de la mente y el lenguaje, incluyendo la ciencia cognitiva y la neurociencia cognitiva». Tanto Paul y Patricia Churchland como Dennett son cientificistas en este sentido.

Analizaremos el argumento de Akins empezando por considerar la premisa de que los sistemas sensoriales son, en general, narcisistas. Esto quiere decir que, normalmente, un sistema sensorial suministra información relevante *para el organismo* que lo contiene *sobre una parte de dicho organismo*. Por ejemplo, el sistema termorreceptor puede informar de que la piel de una parte del cuerpo (una mano, por ejemplo) ha comenzado a enfriarse de repente a un ritmo acelerado, o que (la piel de) otra parte del cuerpo (la otra mano, por ejemplo) ha comenzado a calentarse con rapidez (y puede informarnos de ambas cosas simultáneamente). Esta información es relevante porque puede ser recomendable tomar medidas ante tales acaecimientos (si el calentamiento es excesivo o demasiado rápido es aconsejable cesar en el contacto que lo provoca porque de lo contrario la piel puede resultar dañada). Las evidencias empíricas parecen darle claramente la razón a Akins acerca del carácter en gran medida narcisista de tales sistemas; en cualquier caso, esto no es algo que se vaya a cuestionar aquí.[10]

Del carácter narcisista de un sistema sensorial infiere Akins que los sistemas en cuestión no son verídicos en cuanto a que para que un sistema sea verídico es necesario *1)* que sea fiable (en el sentido de que exista una correlación constante entre las señales que envía y las condiciones del entorno de un modo, digamos, que esa información no esté sesgada por idiosincracias del sistema) y *2)* que las relaciones entre las señales reflejen las relaciones entre las condiciones que señalizan, del mismo modo en que, por ejemplo, la relación de altura entre marcas termométricas refleja la relación entre temperaturas.

De hecho, más que como un mero ejemplo, Akins toma el caso de la temperatura como caso paradigmático para explicar cuál *no* es la función de los sistemas sensoriales. La función del sistema termorreceptor no es la de suministrar información sobre la temperatura del entorno o ambiente en contacto con la piel, ni siquiera suministrar información sobre la temperatura de la piel misma. Según Akins, puede inferirse de aquí que los sistemas sensoriales no dan información acerca de «propiedades externas». Akins utiliza en varios lugares este término como una categoría general para contrastar la auténtica intencionalidad o el genuino carácter representacional con la información que suministran los sentidos (véanse págs. 350, 365, 372). Sin embargo, su uso del término no es unívoco. Unas veces se refiere a a propiedades plenamente objetivas, es decir, propiedades de géneros naturales de cosas, o a los géneros mismos. Otras veces se refiere simplemente a cualesquiera propiedades no-relacionales y otras aún a «propiedades estables,» sea lo que fuere lo que esto signifique a su vez. Por último, al contrastar la genuina intencionalidad –la cual, como veremos, caracteriza según Akins nuestras percepciones– con la información que suministran los sistemas

---

[10] En Akins 1996 se presenta información resumida sobre tales evidencias (véanse págs. 346-350).

sensoriales, se refiere también a que en el primer caso hemos de considerar a las propiedades como ejemplificadas en objetos concebidos como entidades con condiciones de persistencia en el tiempo, reconocibles como los mismos en diversas situaciones. Tampoco esto vale para la información que suministran los sistemas sensoriales.

En realidad en el presente contexto no importa la multivocidad del significado del término «propiedad externa», pues creo que debe dársele la razón a Akins cuando dice que la función de los sistemas sensoriales no es, en general, la de suministrar información acerca de ninguno de esos tipos de propiedades ni la de la ejemplificación de cualesquiera propiedades en objetos persistentes y reconocibles en ocasiones diversas. No obstante, como veremos, la distinción entre los varios sentidos del término se revelará importante en último término.

IV. Propiedades narcisistas y propiedades secundarias

A pesar de lo que se acaba de admitir, y en contra de lo que sostiene Akins, creo que puede defenderse que los sistemas sensoriales suministran (y tienen como función suministrar) información sobre propiedades objetivas en un sentido relevante del término «objetivo», y que, por tanto, representan estados de cosas en los que tales propiedades se ejemplifican.

Voy a explorar esta posibilidad en el contexto de una sugerencia que la propia Akins hace en beneficio de la posición rival: «Aceptando que los sistemas sensoriales utilizan codificaciones narcisistas, ¿por qué no decir que la función de un sistema sensorial es detectar *propiedades narcisistas*, propiedades que se definen relativamente a los intereses de un organismo?» (*op. cit.*, pág. 359).

Akins se opone a esta propuesta siguiendo dos líneas de argumentación distintas. La primera concierne a las evidencias empíricas o a las consideraciones metodológicas que pueda haber para apoyar lo que ella llama la «tesis de la detección», es decir, la tesis general de que la función de los sistemas sensoriales es la de detectar propiedades –plenamente objetivas u otras–, de modo que esta parte de su argumentación no se dirige específicamente contra la sugerencia que ha presentado en posible beneficio de la posición rival (la admisión de propiedades narcisistas entre las propiedades detectadas).

Esta primera línea de objeción se basa, pues, en que ni metodológica ni empíricamente está justificada la tesis de la detección. En concreto, Akins alega en primer lugar que el deteccionismo –al que se debería el intento sugerido de darles un protagonismo a las propiedades narcisistas– es una tesis muy fuerte que, considerada como tesis metodológica, condicionaría de forma injustificada la investigación neurobiológica (págs. 360-361). En segundo lugar, aduce que el examen concreto detallado de casos (trata especialmente el ejemplo de la propiocepción en el caso del estiramiento de los músculos del brazo) no señala que la detección de propiedad alguna desempeñe un papel importante (págs. 361-362); lo mismo cabe decir del ejemplo del sistema vestibular (pág. 369). Por último señala que el recurso a la biología evolucionista –sustituyendo una ciencia por otra en la búsqueda de justificación empírica– es demasiado general (págs. 363-364).

A la primera de las objeciones mencionadas cabe replicar que una tesis deteccionista formulada de una forma adecuadamente amplia (es decir, de modo que no se limite a postular la detección de propiedades plenamente objetivas, sino que también incluya propiedades narcisistas) está justificada en la medida en que esté justificado el análisis de los procesos sensoriales desde el punto de vista del procesamiento de la información, pues intentar especificar a qué información recurren los algoritmos implica identificar las propiedades que caracterizan dicha información (véanse Dretske 1981, capítulo 3, y Peacocke 1986, especialmente lo que concierne a las denominadas *teorías correlativas en cuanto al contenido* –content-correlate– de una explicación del nivel 1.5, pág. 109). Quizás Akins quisiera poner en cuestión todo este enfoque, pero ello situaría la discusión en un plano completamente distinto.

La afirmación de Akins con respecto al caso de propiocepción que menciona (segunda objeción) resulta sorprendente. Akins rechaza de plano la interpretación «representacionista» de los datos empíricos según la cual los nervios del músculo flexor informan acerca de una propiedad dinámica del mismo como la longitud que va adquiriendo cuando el codo se estira. Según Akins se trata de que «el control [del sistema nervioso] central altera la receptividad de los receptores (...) a medida que se extiende la extremidad y que el músculo se hace más y más largo» (*ibídem*, pág. 362). Pero soy incapaz de ver cómo la existencia del tipo de proceso de retroalimentación aludido se opone a la interpretación «representacionista», pues parece claro que la intervención del sistema nervioso central provoca que las células nerviosas en cuestión presentes en el músculo flexor realicen un «trabajo extra» (un trabajo que por sí mismas serían incapaces de realizar) precisamente para que esas células puedan seguir dando información acerca de los cambios en la longitud de los músculos del brazo (véase Carew y Ghez 1985). En el caso del sistema vestibular, los hechos (el sistema vestibular «registra la inclinación de la cabeza respecto de la vertical, realiza una "partición" de esta información de acuerdo con lo que se requiere para mantener derecho un cuerpo humano», *loc. cit.* pág. 369) parecen claramente compatibles con la idea de que existe un contenido representacional que varía a la vez que las condiciones normales en las que el mencionado sistema influye de manera causal sobre el sistema motor para que éste realice las acciones oportunas para mantener vertical el cuerpo.

Finalmente, la apelación a la biología evolucionista que hacen los filósofos naturalistas a los que Akins alude (Dretske o Patricia Churchland) ha de verse meramente como «notas prometedoras» que habrá que realizar o concretar específicamente en el futuro, por lo que la objeción, aunque adecuada si se formula diciendo que la apelación a la biología evolucionista no ofrece una «conclusión firme» (como lo hace Akins, *ibídem*, pág. 364), no va muy lejos.

La segunda línea de objeción a la propuesta presentada por la propia Akins, según la cual la función de los sistemas sensoriales sería detectar propiedades narcisistas, concierne de modo específico a tales propiedades y se basa en las sospechas acerca de su objetividad, como lo demuestra la manera en que Akins contrasta sin cesar la función de los sistemas sensoriales con la información acerca de propiedades objetivas mediante afirmaciones como ésta: «De manera que el problema para el naturalista estriba en el gran hiato [*rather large gap*] entre aquello acerca de lo que son nuestras percepciones corrientes y los contenidos representacionales que la detección de propiedades narcisistas les asignaría, a saber (...) propiedades dependientes del sujeto, por decirlo así. Dicho de otro modo, la esperanza del naturalista era la de encontrar una relación entre estados sensoriales y propiedades externas, una relación que fundamentara ... una teoría de [el contenido]. Pero, a fin de salvar la concepción tradicional, el objetor introduce propiedades narcisistas y con ello sacrifica el vínculo con las propiedades objetivas del mundo. *Prima facie* éste no es un comienzo prometedor para la teoría naturalista» (*op. cit.*, pág. 365; Akins utiliza aquí el término «ser acerca de» –*aboutness*– en lugar de «contenido»).

Llegados a este punto, y con propósitos clarificadores, querría introducir la distinción entre *propiedades narcisistas* y *propiedades secundarias*. Ambos son tipos de propiedades que caracterizamos teóricamente o que captamos (quizá conceptualmente) en relación con reacciones del organismo. Ahora bien, sólo las segundas son propiedades denotadas por nuestros conceptos corrientes, por ejemplo, nuestros conceptos de colores. Por otra parte, las reacciones del organismo que cuentan para las propiedades narcisistas son reacciones en algún sentido relevantes para los intereses de éste, mientras que este factor no cuenta en la clasificación de una propiedad como secundaria (lo que no quiere decir que las reacciones implicadas en tales propiedades no favorezcan los intereses del organismo, y mucho menos que los perjudiquen).

Pues bien, aunque las propiedades narcisistas no sean lo mismo que las propiedades secundarias, en virtud de su relación con las reacciones del organismo, común a ambos tipos de propiedades, se aplica también a ellas lo que dijimos acerca de su carácter objetivo. Un carácter objetivo mínimo, si se quiere, pero fundamental, puesto que, si son acertados los argumentos a favor de la relevancia causal de las propiedades con contenido que se mencionaron en la segunda sección de este artículo y es posible solucionar la dificultad acerca del contenido caracterizado con propiedades secundarias siguiendo la línea propuesta en dicha sección, lo mismo se aplica a la caracterización del contenido con propiedades narcisistas. De este modo, en un sentido importante las propiedades narcisistas *son también* propiedades objetivas, por lo que quien introduce las propiedades narcisistas *no* está por ello mismo sacrificando el vínculo con «las propiedades objetivas del mundo».

Ahora bien, las propiedades objetivas a las que se refiere Akins, de acuerdo con diversas de sus manifestaciones, serían propiedades completamente objetivas (propiedades caracterizadoras de géneros o sustancias naturales o los géneros o sustancias mismas) de las cuales supone que constituyen «aquello acerca de lo que son nuestras percepciones corrientes». Así pues, lo anterior no constituye una réplica completamente satisfactoria a su posición, por lo que habremos de volver más adelante sobre lo que ahora vamos a dejar pendiente (tampoco Akins dice su última palabra en el contexto en que ahora situamos la discusión, como lo revela al matizar su afirmación con la expresión *prima facie* en el texto recientemente citado de la pág. 365).

En el presente contexto, Akins ilustra la dimensión del mencionado hiato con un ejemplo, el cual habría de suministrar una razón específica para pensar que, en efecto, el hiato es *demasiado* grande. Dice Akins: «(...) cuando meto las manos en el lavaplatos siento *el agua* como caliente, como algo que tiene una propiedad objetiva que es independiente de mis percepciones. Considérese de nuevo la ilusión producida al enfriar una mano y calentar la otra para poner a continuación ambas manos en un cubo de agua templada. Aquí, la ilusión (...) es que *el agua* está a la vez caliente y fría (...) Sin embargo, no habría ilusión alguna de contradicción si se asignase el contenido del modo en que sugiere el objetor [es decir, quien objeta a las tesis anti-representacionistas de Akins proponiendo propiedades narcisistas]. Supongamos que una sensación indique la propiedad "rápido descenso en la temperatura de la mano derecha" y la otra sensación indique "rápido aumento en la temperatura de la mano izquierda" y no encontraremos ninguna contradición explícita» (*ibíd*em, pág. 365; la cursiva es de Akins).

Es preciso distinguir aquí dos afirmaciones. La primera es que si encontramos «una contradición explícita» eso nos proporciona una razón para pensar que el contenido se caracteriza por propiedades objetivas (algo que se relaciona con la caracterización que posteriormente hace Akins de los dos «proyectos», el ontológico y el sensorio-motor, y que subsumiremos en la discusión posterior de esa distinción). La segunda es que si caracterizamos el contenido mediante propiedades narcisistas eliminamos esa contradicción, lo que en el presente contexto constituiría la razón decisiva. Pues bien, lo segundo no es cierto, como creo que muestra con claridad el sencillo experimento mental siguiente. Supongamos que por un momento una parte de nuestro cuerpo estuviera sometida a un campo gravitatorio mayor que la otra; si cogiéramos entonces con cada mano un objeto de masas idénticas, nuestra impresión sería que un objeto pesa claramente más que el otro. Sin embargo la propiedad del peso es tan relacional como lo son las propiedades narcisistas (e incluso, si nos centramos en la propiedad como se concibe en la física de sentido común, tal vez se podría ella misma calificar de propiedad narcisista). Es importante caer en la cuenta de que existen numerosas propiedades que nos parecen objetivas, en el sentido de absolutas o no-relacionales, cuando en realidad son relacionales. Entre estas propiedades, podemos aventurar que se encuentran la propiedad térmica narcisista para la que cuenta la reacción de nuestros termorreceptores o la propiedad secundaria que conocemos como el «estar caliente» (una superficie o un líquido) para la que cuenta lo que llamamos «sensación de calor». Efectivamente, como dice Akins, es el *agua* la que está caliente, como es el objeto mismo de que se trate el que es más o menos pesado. Atribuimos esas propiedades simplemente al agua o al objeto, pasando por alto el papel que desempeña nuestra reacción, pero ulteriores reflexiones o informaciones nos hacen ver que nuestras reacciones o las de nuestros receptores deben estar involucradas.

V. El «proyecto ontológico» y el «proyecto sensorio-motor»

Lo que se acaba de sostener acerca del agua y de aquellas de sus propiedades que constituyen el contenido, choca frontalmente con la posición de Akins acerca del contenido intencional de la percepción. Como hemos visto, Akins sostiene que aquí nos vemos confrontados con propiedades objetivas: «... cuando meto las manos en el lavaplatos siento *el agua* como caliente, como algo que tiene una propiedad objetiva que es independiente de mis percepciones» (*op. cit.*, pág. 365). Akins mantiene, por tanto, que del contenido intencional forma parte la propiedad objetiva que llamamos *calor*, la propiedad para cuya medición disponemos del concepto métrico de temperatura y que así conceptualizada se relaciona con otras de acuerdo con determinadas leyes físicas; la propiedad, por último, que se identifica con la energía cinética media de las moléculas. En otros escritos (véase Akins y Hahn 2000) queda claro que Akins considera también los colores como tales propiedades objetivas (básicamente reflectancias). En general, Akins sostiene que la intencionalidad de nuestros estados mentales, comenzando por la percepción, reside en que su contenido está constituido por objetos persistentes

y propiedades objetivas: «Funcionen como funcionen nuestros sistemas sensoriales, somos criaturas que representan un mundo de objetos, propiedades y acaecimientos (...) a gran escala no hay razón (...) para poner en duda la existencia
de representaciones mentales» (Akins 1996, pág. 366).

Akins ve la intencionalidad, concebida en este sentido, como una capacidad
sui generis: «Nuestra capacidad de representar el mundo externo como algo que
contiene objetos, propiedades y acaecimientos constituye una capacidad distintiva –diferente– de un organismo» (*ibídem*, págs. 367-368). Se trata de «una capacidad de imponer estabilidad, orden y uniformidad sobre una concepción del
mundo (y a veces sobre el mundo mismo) sobre la base de estímulos que no
muestran ellos mismos estas propiedades» (*ibídem*). Akins denomina a la posesión y el ejercicio de esa capacidad el *proyecto ontológico*: «Que uno llegue a
apropiarse [*glean*] de esta ontología estable, de particulares que ejemplifican
tipos, de particulares que ocupan lugares estables en el mundo, constituye una
capacidad asombrosa. Requiere que encontremos (nosotros o nuestro cerebro)
estabilidad a pesar del cambio en los estímulos, y uniformidad a pesar de las
diferencias reales, a pesar de las disimilaridades entre objetos del mismo tipo y
los cambios en los objetos a través del tiempo. No importa si existen realmente
en el mundo estas estabilidades y uniformidades (o si, en algunos casos, meramente imponemos la estabilidad por la vía de las categorías ontológicas). Concebir
los tipos y los ejemplares, los lugares y los objetos como algo que existe, dado
nuestro acceso sensorial al mundo, es una tarea fantásticamente difícil. Llamemos
a esto el *proyecto ontológico*» (*ibídem*, págs. 368-369).

A este «proyecto ontológico» contrapone Akins el *proyecto sensorio-motor*.
Ya hemos adelantado la idea central: en la mayoría de los casos los sistemas sensoriales no representan nada y, de cualquier forma, hemos de atender no a lo que
puedan representar, sino a lo que tales sistemas *hacen*: en muchos casos «"hacer
que funcione" es todo lo que cuenta» (pág. 367).

Sin embargo, como hemos visto, los ejemplos de Akins no parecen suministrar buenos motivos para extraer consecuencias drásticas en esta dirección. Por
ejemplo, en el caso del sistema vestibular sería imposible explicar cuál es su contribución al sistema motor sin señalar previamente que, dentro de ciertos límites,
este sistema «*registra* la inclinación de nuestra cabeza respecto de la vertical»,
como apunta la propia Akins (*loc. cit.*). En realidad, atender a lo que los sistemas sensoriales hacen no está necesariamente reñido con detectar propiedades:
suponiendo que nos refiramos a lo que tienen por función hacer (no a lo que efectivamente hagan si, por ejemplo, están dañados), es razonable suponer que existen
condiciones (quizá constituidas por propiedades narcisistas), y que representar-
las es una precondición para que puedan ejercer esa función (de acuerdo con la

idea general de Millikan), como ya se ha mencionado; parece que el caso del sistema vestibular puede entenderse en este marco, y, si queremos, podemos incluso hablar, en un sentido laxo, de condiciones o propiedades que tales sistemas tienen como función detectar.

Examinando el otro lado del «hiato», el del «proyecto ontológico», hemos de estar de acuerdo en que llegar a concebir el mundo como algo estable en el sentido mencionado por Akins es una capacidad extraordinaria, y en que, sin duda, hay mucho que ignoramos acerca de esta capacidad. Pero las afirmaciones de Akins en este significativo pasaje son de valor desigual y hemos de diferenciar con cautela entre ellas.

En primer lugar y de modo general, parece exagerado afirmar que no importa si en el mundo existen realmente tales estabilidades y uniformidades. Es cierto que lo que Akins dice al respecto puede (y quizá debe) interpretarse como afirmando que *incluso si* «en el mundo existen tales estabilidades y uniformidades» la tarea de captarlas es «fantásticamente difícil». Pero sí es relevante diferenciar entre el caso en que tales «estabilidades y uniformidades» se dan de forma objetiva y el caso en que no se dan, para empezar porque, si estuvieran completamente ausentes, la capacidad de «imponerlas» parecería fantástica en el sentido literal; realmente incomprensible.

Hemos también de convenir con Akins en que en algunos casos (o en muchos) imponemos uniformidad y estabilidad. Observemos, sin embargo, que la admisión de esta posibilidad parece revelar una tensión en la posición de Akins, pues sus afirmaciones acerca de la objetividad de las propiedades constitutivas del contenido de «nuestras percepciones corrientes» (como en el caso de la temperatura del agua; propiedades del «mundo por sí mismo», dice Akins; véase pág. 367) no se avienen bien con ella. Es aquí cuando amalgamar bajo el mismo rótulo de «propiedades externas» –como vimos que hacía Akins– propiedades del todo objetivas, propiedades «estables» y propiedades simplemente no-relacionales puede inducir a confusión, ya que si las propiedades son estables y la estabilidad la imponemos nosotros, ¿no reflejará esa imposición nuestros intereses? Y entonces, ¿cómo pueden ser esas propiedades del todo objetivas y no relacionales? Es importante, por tanto, que aclaremos qué es lo que realmente se esconde tras esa imposición de «uniformidad y estabilidad».

Tomaremos los colores como caso paradigmático. ¿Está justificada aquí Akins en suponer que «aquello acerca de lo que son nuestras percepciones corrientes» son, en general, propiedades del todo objetivas? Parece más bien lo contrario. Los colores que decimos (acertadamente) percibir son las propiedades cromáticas de las que tenemos conceptos adquiridos en la infancia temprana y que ponemos en uso en nuestro trato cotidiano. Pero esos conceptos parece que de algún modo «tienen en cuenta» nuestra reacción al modo en que los objetos reflejan la luz y que son, en este sentido, «proyectivos de reacciones» (véase García-Carpintero 1998, pág. 53), como hemos supuesto, en efecto, en la segunda sección.

Más específicamente, en el caso de los colores la «imposición de estabilidad» tiene una interpretación clara. Se trata en esencia de que captamos las cosas como siendo del *mismo color* en condiciones de iluminación muy variadas. Pero, como se ha averiguado de manera empírica, en esto los colores acompañan a la reflectancia. Básicamente, una superficie con una reflectancia dada (proporción de luz reflejada de cada una de las longitudes de onda) se percibe como del mismo color en condiciones de iluminación muy variadas. Aquí lo que hacemos (lo que hace nuestro sistema perceptual) es «descontar las condiciones de iluminación» para «quedarnos» con la reflectancia (véase Land 1977, en especial págs. 42 y 47). El sentido de la «imposición» de estabilidad es el de captar una propiedad que puede ser más interesante que otra u otras para la pervivencia del organismo, pues ayudan a distinguir mejor los objetos, cuyas propiedades reflectantes son incomparablemente más uniformes que su apariencia bajo iluminaciones distintas. No estamos «imponiendo» nada en el sentido de establecer algo que previamente no exista con anterioridad.

Es por otro lado cierto, y bien conocido, que reflectancias muy distintas corresponden a los mismos colores (entendiendo por colores lo que usualmente entendemos). Podemos considerar esto como un caso de «imposición de uniformidad». Pero no se trata aquí del establecimiento *arbitrario* de algo, aunque esta vez sí que se trata del establecimiento de algo que no existe con anterioridad, pues las reflectancias que consituyen metámeros del mismo color *son* distintas. Pero podemos explicar esta impuesta uniformidad investigando con mayor profundidad. Hallamos así que nuestra capacidad para distinguir reflectancias está estrictamente condicionada por nuestra posesión de tres tipos de células retinales (conos). Averiguamos también que aumentar los tipos de células para mejorar en la distinción entre reflectancias tendría un alto coste para el organismo (en complejidad y aumento de energía requerida), y que de momento al menos parece que la evolución no ha encontrado conveniente ese camino (en caso de que se hayan producido las mutaciones básicas para abrirlo).

Lo relevante para nuestra discusión es que si identificamos los colores con conjuntos de reflectancias, qué es lo que se incluye en cada uno de ellos está determinado por la acción y las limitaciones de nuestras células retinales, y éstas, a su vez, condicionadas por los «intereses» de nuestro organismo. En cualquier caso, pues, en este sentido los colores no son algo plenamente objetivo.

Si los constituyentes del contenido intencional de la percepción no son propiedades por entero objetivas, la gran brecha entre nuestras percepciones y lo que hace el sistema sensorial, en cuya existencia insiste Akins, por de pronto no sería tan grande. No tenemos tanto éxito en captar lo plenamente objetivo en la percepción como podría desprenderse de la interpretación natural de algunos de los pronunciamentos de Akins. Pero, por otro lado, y como ya hemos visto, si –como parece razonable aceptar– la idea de que la función de los sistemas sensoriales puede caracterizarse a grandes rasgos como la de «detectar (o registrar) propiedades narcisistas», lo que hacen nuestros sentidos es algo del mismo tipo que lo que caracteriza un estado de percepción como un todo.

La brecha entre el proyecto ontológico y el sensorio-motor resulta ser así, en todo caso, mucho más estrecha de lo que supone Akins y la imagen que emerge de lo que de ella queda es claramente distinta de la delineada en origen. Es cierto que, desde una perspectiva muy general, todavía tenemos aquí un hiato entre nuestras concepciones de sentido común y lo que los avances de las neurociencias están comenzando a revelar. Pero sería inadecuado que nos contentáramos con suponer que se trata de un sencillo conflicto entre «nuestras intuiciones» y la «concepción del neurofisiólogo» (véase Akins, *op. cit.*, pág. 367). Es importante hacer hincapié en que, por de pronto y en gran medida, se trata en realidad de un conflicto provocado por una concepción errónea *de la estrategia científica* en el caso del estudio de la percepción u otras capacidades cognitivas. El caso es que nuestras concepciones comunes no nos proporcionan inmediatamente una explicación «semántica» de nuestras tareas cognitivas. Dicho de un modo más preciso, si con Marr admitimos que una parte crucial en la explicación de una tarea cognitiva es averiguar «qué es lo que se computa y por qué», lo cual podemos precisar en el sentido de Peacocke (1986) como la pregunta de cuál es la información de que se sirven o a la que recurren los algoritmos que describen abstractamente los procesos neurofisiológicos involucrados en la tarea, nuestros conceptos de sentido común pueden ser una guía muy deficiente para articular dicha información. En particular, no está justificado suponer que en el estudio de la percepción y otros procesos cognitivos rige la mal llamada «cascada clásica»,[11] según la cual la secuencia (temporal) de investigación se cifraría en un primer paso en el que se concretaría la información que se procesa, un segundo en el que se determinarían los algoritmos de procesamiento y un tercero en que se describiría cómo éstos se implementan neurofisiológicamente, y menos aún se habría de suponer que necesariamente el primer paso debe darse partiendo de nuestras

---

[11] Mal llamada porque de la distinción clásica entre niveles de explicación que originalmente delineó Marr no se desprende necesariamente que la investigación en los diversos niveles haya de guardar, de forma general, un orden temporal determinado, y menos aún que el orden sea el indicado; en los términos de García-Carpintero (1995b), se trata de una distinción *explicativa*, no *heurística* (véanse págs. 389-390).

concepciones de sentido común. Más bien lo que cabe esperar en general es que el primer nivel puede que sea fijado sólo teniendo en cuenta los otros dos.

Es cierto que en principio no está descartado que la concepción que de la percepción, por ejemplo, emerge de la consideración de teorías en el primer nivel (el nivel «semántico») podría estar en genuino conflicto con nuestras concepciones de sentido común. No puede descartarse a priori que no pueda haber razones teórico-empíricas de peso para rechazar el realismo intencional (o para rechazarlo en el contexto de las tareas cognitivas de que se trate) o aun para –más drásticamente– rechazar el «representacionismo» de los sistemas sensoriales. La sistematicidad de nuestras tareas cognitivas, presente también en la percepción, hace, según creo, poco probable estas perspectivas. Pero, como en muchos otros casos de conflicto entre la «concepción o imagen manifiesta» y la científica, no se trataría en ningún caso de un sencillo conflicto entre intuiciones y datos empíricos. De cualquier forma no parece que en el presente exista una combinación de motivos empíricos y razones teóricas que nos fuerzen a tomar el camino de Dennett o los Churchland. Al contrario, el hiato entre el «proyecto ontológico» y el «proyecto sensorio-motor», ya considerablemente estrechado por las consideraciones anteriores, puede resultar salvado al final y desprenderse de ello una visión, si no armoniosa, sí al menos no decisivamente conflictiva, entre la «visión de primera persona de nosotros mismos» y el estudio subpersonal de los mecanismo cognitivos.

BIBLIOGRAFÍA

AKINS, Kathleen, «Of Sensory Systems and the "Aboutness" of Mental States», *Journal of Philosophy*, 93, 1996, págs. 337-372.
– y HAHN, Martin, «The Peculiarity of Colour», en Steven Davis (ed.), *Vancouver Series in Cognitive Science, vol. 9: Colour Perception*, Oxford University Press, Oxford, 2000.
BLASCO, Josep Lluís, «Método analítico y transcendentalidad», en *Revista de filosofía*, IX, 1996, pág. 16.
– y Tobies GRIMALTOS, *Teoria del coneixement*, Servei de Publicacions de la Universitat de València, Valencia, 1997.
BRANDOM, Robert, *Making It Explicit*, Harvard University Press, Cambridge, 1994.
CAREW, Thomas J., y Claude GHEZ, «Muscles and Muscle Receptors», en Eric Kandel y James Schwartz (eds.), *Principles of Neural Science*, Elsevier, 2.ª edición, Nueva York, 1985, págs. 443-456.
DAVIES, Martin, «Persons and their Underpinnings», *Philosophical Explanations*, III, 2000, págs. 43-62.
DENNETT, Daniel, «Three Kinds of Intentional Psychology», 1981, reimpreso en Daniel Dennett, *The Intentional Stance*, MIT Press, Cambridge, 1987.
DRETSKE, Fred, *Knowledge and the Flow of Information*, MIT Press, Cambridge, 1981.
GARCÍA-CARPINTERO, Manuel, «Dretske on the Causal Efficacy of Meaning», *Mind and Language*, 9, 1994a, págs. 181-202.

– «The Supervenience of Mental Content», *Proceedings of the Aristotelian Society*, 94, 1994b, págs. 117-135.

– «Dretske on the Nature and Explanatory Role of Meaning», J. Hill y P. Kota'tko (eds.), *Karlovy Vary Studies in reference and Meaning*, Filosofia Publications, Academy of Sciences of the Czech Republic, Praga, 1995a, págs. 114-147.

– «The Philosophical Import of Connectionism: A Critical Notice of Andy Clark's *Associative Engines*», *Mind and Language*, 10, 1995b, págs. 370-401.

– «Un principio empirista del significado contra el realismo "metafísico"», *Análisis Filosófico*, 18, 1998, págs. 39-64.

JOHNSTON, Mark, «Explanation, Response-Dependence and Judgement-Dependence», en Peter Menzies (ed.), *Response Dependent Concepts: Working Papers in Philosophy*, Research School of Social Sciences, Australian National University, Camberra, 1991.

– «Are Manifest Properties Response-Dependent Properties?», *The Monist*, 81, 1998, págs. 3-43.

LAND, Edwin H., «The Retinex Theory of Color Vision», en Irving Rock (ed.), *The Perceptual World*, W. H. Freeman, Nueva York, 1990; publicación original en *Scientific Amercain*, 1977.

LÓPEZ DE SA, Dan, «Conceptos dependientes de respuesta: el problema de la explicación perdida», en Mary Sol de Mora y otros (eds.), *Actas del III Congreso de la Sociedad de Lógica, Metodología y Filosofía de la Ciencia en España*, Universidad del País Vasco, San Sebastián, 2000.

MENZIES, Peter y Philip PETTIT, «Found: The Missing Explanation», *Analysis*, 53, 1993, págs. 100-109.

MILLIKAN, Ruth, «Biosemantics», *Journal of Philosophy*, 86, 1984, págs. 281-297; reimpreso en Ruth Millikan, *White Queen Psychology and Other Essays on Alice*, MIT Press, Cambridge, 1993.

PACHO, Julián, «Naturaleza y artificio transcendental. Observaciones críticas a la teoría kantiana del conocimiento», en Josep Lluís Blasco y Mercedes Torrevejano (eds.), *Transcendentalidad y racionalidad*, Pre-Textos, Valencia, 2000, págs. 173-195.

PEACOCKE, Christopher, «Explanation in Computational Psychology: Language, Perception and Level 1.5», *Mind and Language*, 1, 1996, págs. 101-23.

PÉREZ, Diana, «Naturalismo y mente humana», en Diana I. Pérez (ed.), *Los caminos del naturalismo: mente, conocimiento y moral*, Eudeba, Buenos Aires, 2002, págs. 107-130.

– *Being Known*, Oxford University Press, Oxford, 1999.

QUESADA, Daniel, «La concepción teleológica de los estados mentales y de su contenido», en Fernando Broncano (ed.), *La mente humana*, Editorial Trotta, Madrid, 1995, págs. 77-95.

STAMPE, Dennis, «Toward a Causal Theory of Representation», en French (eds.), *Midwest Studies in Philosophy*, vol. 2, University of Minnesota Press, Minneapolis, 1997.

RELATIVISMO, VERDAD Y CRISIS
DE LA EPISTEMOLOGÍA

Vicente Sanfélix
(Universitat de València)

I. LA CRISIS DE LA EPISTEMOLOGÍA

Que la epistemología está en crisis se ha convertido casi en un tópico en las dos últimas décadas, al menos en ciertos ambientes. Este desafío a la teoría del conocimiento, al que a veces se alude con el rótulo de meta-escepticismo, no es sin embargo novedoso. Convendría recordar que, por ejemplo, filósofos de talante tan reputadamente «epistemológico» como fueron algunos positivistas lógicos consideraban los problemas de la teoría del conocimiento no menos insensatos que los de la metafísica. Y algunos diltheyanos, antes de que la crisis de la epistemología se pusiera de moda, ya hablaban de la necesidad de sustituir la teoría del conocimiento por una filosofía del conocimiento. Pero la responsabilidad fundamental de esta moda hay que atribuírsela, sin duda, a Richard Rorty, quien en nombre de la hermenéutica, primero, y del pragmatismo, después, ha venido cuestionando reiteradamente la viabilidad de la empresa epistemológica. Cuestionamiento en el que le han acompañado otros pensadores influyentes, como Charles Taylor.

Un efecto pernicioso de los tópicos es que, a fuerza de repetirse, se termina por no comprender exactamente lo que significan. Nuestro caso no es una excepción. Hoy dista de estar claro lo que quiere decir que la epistemología está en crisis. Desde luego, si nos atuviéramos a parámetros bibliométricos la afirmación quedaría rotundamente desacreditada: compendios, tratados generales, antologías, historias de la disciplina, estudios parciales y específicos, y una plétora de artículos especializados, muchos de ellos publicados en revistas no menos especializadas, parecen desmentir la tan llevada y traída crisis.

Pero es evidente que quienes hablan del descrédito o de la superación de la teoría del conocimiento no están haciendo un diagnóstico sobre su salud académica. Están intentado, por contra, apuntar a algo mucho más sustantivo, una cuestión estrictamente filosófica. ¿Cuál?

Una razón bastante obvia para negar la pertinencia de una teoría es la de negar la existencia de su objeto. No puede haber teoría del conocimiento porque no existe tal cosa como el conocimiento. Si éste fuera el argumento de los críticos de la epistemología, entonces su meta-escepticismo sería una consecuencia directa del escepticismo puro y duro.

Pero aunque quizá pudiera argumentarse que, en efecto, los detractores de la teoría del conocimiento terminan suscribiendo posiciones de amplias implicaciones escépticas, lo cierto es que muy probablemente no se reconocerán en este retrato. Antes por el contrario, ellos argumentan que el escepticismo es una consecuencia indefectible de la epistemología, y justo ello constituye a su entender una de las razones que hacen recomendable el meta-escepticismo. Si no quieres enredarte en el escepticismo, vienen a decirnos, no asumas los presupuestos de la epistemología de los que, secretamente, aquél depende. Más que negar el conocimiento, lo que el meta-escéptico quiere cuestionar son los presupuestos últimos de la epistemología, el significado de sus preguntas, la pertinencia de sus objetivos, etcétera.

El problema es que atendiendo a los meta-escépticos no queda nada claro cuáles son aquellos presupuestos, esas preguntas o estos objetivos. De hecho, una protesta habitual de los epistemólogos contra los meta-escépticos es que los que éstos denuncian como un presupuesto básico de la teoría del conocimiento (la concepción fundamentalista o representacional del mismo, por ejemplo) no es de ningún modo una asunción esencial a la misma.

A pesar de lo razonable de las protestas de los defensores de la teoría del conocimiento, y a pesar también de la deficiente explicitación que de los presupuestos de ésta hacen, por lo general, los meta-escépticos, quizá no fuera imposible, después de todo, aislar un conjunto más o menos amplio –en cualquier caso, interrelacionados– de tales presupuestos: el objetivismo, el teoreticismo, el cientificismo, el criticismo..., caracterizan un talante epistemológico.

Concebir la realidad como objetiva, algo que nuestras creencias no crean sino algo a lo que ellas pretenden ajustarse; considerar que tales creencias pueden estar libres de cualquier interés, o en cualquier caso no responder sino a intereses teoréticos, puramente cognoscitivos; pensar que las ciencias, y sobre todo las ciencias naturales, son la mejor concreción de tal actitud; asumir que cabe distinguir entre lo que es conocimiento y lo que no lo es, y que establecer una crisis semejante es de relevancia para el proceso de ilustración..., es lo que los partidarios de la teoría del conocimiento suelen, de manera más o menos consciente, hacer. Y lo que los meta-escépticos suelen, de manera igualmente más o menos consciente, cuestionar que pueda o deba hacerse. Según los meta-escépticos, aunque quizá lo que vayamos a decirle cuadre especialmente a Rorty, nos iría mejor si prescindiéramos de dicotomías como objetivo/subjetivo, si dejáramos de mirar a las ciencias naturales como paradigma cognitivo, si fuéramos conscientes de que todo lo que llamamos conocimiento responde a un interés pragmático, o de que no hay manera de establecer una tajante distinción entre lo que es verdaderamente conocimiento y lo que no.

Como se ve, pues, no es de poco calado lo que está en juego en la legitimidad de la empresa epistemológica. Mucho más que la salvaguarda de intereses académicos, o una cuestión arquitectónica sobre las partes de la filosofía y el orden que deben guardar, lo que está sobre la mesa es una parte de la autocomprensión que la cultura occidental ha tenido de sí misma a partir de la modernidad. Pues lo que aquí venimos llamando el talante epistemológico es lo que ha venido a prevalecer en el grueso de la tradición filosófica occidental al menos desde Descartes.

II. DE PIRÁMIDES, BALSAS Y CRUCIGRAMAS: VERDAD Y JUSTIFICACIÓN

Siendo de tanta envergadura las cuestiones que están en juego, sería pecar de inocente pensar que el desafío meta-escéptico puede conjurarse (o confirmarse) mediante un argumento simple. Obviamente, la decisión final, en caso de que podamos tomarla, habrá de ser, digámoslo así, prudencial, ponderativa: se trataría de sopesar de forma comparativa los argumentos en pro y en contra de la epistemología y del meta-escepticismo.

No obstante, una pregunta que podemos hacernos, para empezar, es si realmente la epistemología está condenada, como diagnostica el meta-escéptico, al escepticismo. Una pregunta que nos sitúa frente al problema quizá central que la tradición epistemológica ha afrontado, el de la relación entre verdad y justificación: ¿cómo, ésta es la cuestión, se justifican aquellas de nuestras creencias que, por estimarse verdaderas, reivindican para sí el honorífico título de conocimiento?

Varias respuestas se han dado a esta pregunta. Las dos más clásicas fueron la fundamentalista y la coherentista. Más recientemente, debido sobre todo al esfuerzo de Susan Haack, se ha bautizado un híbrido de ambas: el fundherentismo. Cada una de ellas cristaliza la estructura del conocimiento en una metáfora: la pirámide, la balsa, el crucigrama... Analicémoslas de manera sucinta.

Quizás el fundamentalismo sea la posición epistémica más antigua. Su razón de ser está clara. Todos tenemos la experiencia de la inferencia (no siempre ni necesariamente deductiva); de ese proceso por el que pasamos de unas creencias a otras. Ahora bien, la inferencia es un proceso epistémico relevante cuando unas premisas evidentes permiten concluir tesis que, en principio, no lo eran (de hecho, que no cumplía esta condición era el principal reproche de Descartes a la lógica de su tiempo, de ahí su apelación a la intuición), cuando la propia inferencia se convierte en transmisora de verdad y de evidencia, en suma: de justificación.

Lo que el fundamentalista hace es, a partir de aquí, una generalización. Del mismo modo como la inferencia tiene una estructura unidireccional –de las premisas a la conclusión– la justificación también: siempre irá de unas creencias más evidentes a otras que en principio lo eran menos o no lo eran en absoluto..., y si nos embarcamos en un regreso de premisas y, por ello mismo, de justificaciones, la única manera de ponerle fin es remontándonos a unas creencias –las creencias básicas– que ya no se justifican en ninguna otra y en las que, en última instancia, se apoyan todo el resto de creencias justificables –derivadas.

En resumen, que el fundamentalista se caracteriza por asumir que la justificación es una relación unidireccional y que en el conjunto de nuestro conocimiento cabe la distinción tajante, excluyente, entre dos tipos diferentes de creencias: las básicas, no justificadas ni justificables por ninguna otra creencia, y las derivadas, justificadas o justificables a partir de aquéllas. Las primeras constituyen el suelo, el fundamento, del edificio del conocimiento, cuya estructura podría compararse a una especie de pirámide, con las creencias básicas en su base –valga la redundancia– y las derivadas en las líneas de fuga que conducen hacia el vértice.

Esta caracterización del fundamentalismo puede parecer puramente formal; neutral por tanto con respecto a sus diferentes concreciones, pero no lo es. En efecto, al sugerir que las proposiciones básicas son múltiples cuadra mejor con la versión empirista que con la racionalista del fundamentalismo. Para los empiristas sería el conjunto abierto de nuestras plurales creencias empíricas –aquellas que tienen por contenido nuestra experiencia sensorial– las que no se justificarían por ninguna otra y justificarían, a su vez, al resto. Por contra, los fundamentalistas de talante racionalista tenderían a restringir de manera drástica el número de proposiciones básicas. El ideal sería que tal reducción no dejara sino una: el principio anhipotético –la idea de bien– del que hablaba Platón en la *República* o el *cogito* cartesiano, por ejemplo. En este caso, quizás el modelo de la pirámide siguiera siendo válido pero habría que invertirlo. La fuerza justificatoria, que seguiría concibiéndose como unidireccional, iría desde el vértice hacia la base, desde un único principio intelectual hacia la pluralidad del conjunto de nuestras creencias empíricas.

Racionalista o empirista no son las únicas clasificaciones que caben del fundamentalismo. Se podrían distinguir otros tipos de fundamentalismo atendiendo a cosas tales como la concepción de la relación justificatoria (¿deductiva, inductiva, abductiva, intuitiva, reductiva, etcétera?) o al estatuto epistémico que se concede a las propias creencias básicas (¿incorregibles, autojustificadas, carentes de justificación, etcétera? Nótese que en este último caso el fundamentalismo desembocaría en cierto tipo de escepticismo, pues se admitiría que en la base de nuestras creencias justificadas se encuentran nuestras creencias injustificadas, un *dictum* que casi es una paráfrasis de alguna observación realizada por el último Wittgenstein). No se va a entrar aquí en detalles. Reténgase que lo definitorio del fundamentalismo es el ya aludido doble compromiso con el carácter unidireccional de la fuerza justificatoria y la consiguiente distinción tajante entre creencias básicas y derivadas.

Justamente las dos tesis que cuestiona el coherentismo. Para esta posición la fuerza justificatoria estriba en la coherencia que nuestras creencias puedan guardar entre sí. Y como la coherencia es una relación simétrica («a» es coherente con «b» exactamente en la misma medida en que «b» es coherente con «a»), ello significa que aquélla no tiene una dirección privilegiada ni, por consiguiente, se puede distinguir entre creencias básicas y derivadas.

Las razones que llevan al coherentismo son complejas pero poderosas. Hablábamos antes, a propósito del fundamentalismo, de nuestra familiaridad con la inferencia. Pero no menos familiar nos resulta la experiencia de que la creencia que en ciertas circunstancias se utiliza para justificar otras, puede, cuando las circunstancias cambian, pasar a ser justificada por éstas.

Y hay más. Como algunos historiadores de la ciencia han señalado, en muchas circunstancias no está claro qué debe preferirse: si cambiar de teoría porque las constataciones empíricas previstas no se cumplen, o si mantener la teoría y modificar la predicción (¿debió Galileo retractarse de su copernicanismo porque no constataba ninguna paralaje estelar, o hizo bien en mantenerse copernicano y defender que, dadas las limitaciones de los instrumentos de observación y la inmensa lejanía de las estrellas, lo lógico era que tal paralaje no pudiera constatarse?).

Y hay todavía más. Nuestras creencias, al menos las de mayor relevancia epistémica, tienen un contenido proposicional. Ahora bien, hay argumentos poderosos a favor del holismo semántico, esto es: a favor de la tesis de que el significado de un término viene determinado por el conjunto de proposiciones en las que puede figurar. De modo que no se podría tener una creencia aislada. Cualquier creencia (en la verdad de una proposición) implica un conjunto más o menos amplio de creencias (en la verdad de otras proposiciones). ¿Se podría creer, por ejemplo, que Marte es un planeta o que los tomates maduros son rojos si no se tuviera ninguna otra creencia astronómica o cromática?

Sigue habiendo más. La justificación, puede argumentarse, es una relación lógica que sólo puede darse entre proposiciones. Por lo tanto, no cabe hablar de justificación que apele a un ámbito extra-proposicional: la experiencia, por ejemplo. De modo que si queremos evitar el escepticismo (en la base de nuestras creencias justificadas yacen las creencias injustificadas) o el dogmatismo (las creencias básicas se autojustifican) la única opción es la del apoyo mutuo entre nuestras creencias.

Los coherentistas rechazan, por consiguiente, el modelo piramidal con que los fundamentalistas conciben el conocimiento. En su lugar apelan a una metáfora alternativa que acuñó Neurath, según la cual habría que concebir el sistema del conocimiento como un barco o balsa que no podemos sacar a dique seco para reparar. Siempre navegando, nunca anclada ni varada, sus elementos deteriorados deben ser sustituidos por otros desde su mismo interior. De la cohesión de estos elementos, de su coherencia, depende el que la balsa pueda mantenerse a flote.

Podría, no obstante, apurarse esta metáfora coherentista contra el mismo coherentismo. Sin algo externo a la propia nave: mar, lago, río, etcétera, ésta tampoco podría flotar ni tener rumbo ninguno. En términos no metafóricos: si nuestras creencias no tuvieran que ver con algo diferente de sí mismas parece difícil que pudiera evitarse el escepticismo más radical. Todo el sistema parecería flotar, sí, pero en el vacío de la gratuidad más absoluta. Quizá podría alegarse que una creencia particular está justificada por su relación con otras, pero ¿qué justificaría al conjunto? ¿Por qué, entre dos sistemas de creencias igualmente coherentes pero incompatibles entre sí, elegir uno en lugar de otro?

Estas objeciones al coherentismo son antiguas pero no por ello menos poderosas. Tan poderosas que parecen forzar el abandono del coherentismo. Pero ¿en qué teoría de la justificación refugiarse cuando, como hemos visto, el fundamentalismo parece no menos seriamente tocado?

Sobre tesis –fundamentalismo– y antítesis –coherentismo– se trataría de construir una síntesis que a la vez conservara lo que de verdad tienen cada una de estas dos alternativas y superara sus respectivas deficiencias. A esta alternativa es a la que se conoce con el nombre de fundherentismo.

A pesar de su radical oposición, si bien se mira fundamentalismo y coherentismo comparten una premisa: el carácter unívoco de la fuerza justificatoria. La relación unidireccional que va de las creencias evidentes a las necesitadas de justificación, en el caso del fundamentalismo, la relación pluridireccional de las creencias entre sí, en el del coherentismo.

Pues bien, es justamente esa premisa común a fundamentalismo y a coherentismo lo que el fundherentismo niega. Para el fundherentista la justificación no es una relación unívoca sino biunívoca. Por una parte –y esto se concede al fundamentalista– la justificación fluirá asimétricamente, de modo que cabe distinguir entre creencias justificatorias –por ejemplo, las creencias empíricas– y creencias justificadas –creencias que no cuentan con el apoyo directo de la experiencia, pero en cuyo favor se puede aducir una determinada relación inferencial con las creencias empíricas–. Pero también admitirá el fundherentista –y esto es lo que se concede al coherentista– que para determinar el grado de justificación de una creencia es pertinente considerar su compatibilidad o incompatibilidad con otras creencias justificadas.

De esta forma, es por negar el presupuesto común a fundamentalismo y coherentismo –el carácter unívoco de la fuerza justificatoria– por lo que el fundherentismo puede conservar las tesis sustanciales de ambos –se puede distinguir entre creencias justificatorias y creencias justificadas, pero también la relación que las creencias justificadas guardan entre sí forma parte de la justificación.

El grado de justificación del que goza una creencia, podríamos decir, es el vector resultante de la integración de dos fuerzas de naturaleza diferentes: la de fundamentación, que le proporcionan las creencias justificatorias, y la de la coherencia, que le da su relación con otras creencias justificadas.

Ni la metáfora de la pirámide, ni la de la balsa captan bien la naturaleza del conocimiento. Mejor que ambas es la del crucigrama. Nuestras creencias pueden ser comparadas con las diferentes entradas del mismo. Si la solución que propongamos del crucigrama debe satisfacer el doble criterio del ajuste de las entradas entre sí, por una parte, y de la adecuación de cada una de ellas con la definición que el autor del crucigrama nos proporciona, por otra, idealmente al menos nuestro conocimiento deberá constar de creencias coherentes entre sí y, además, adecuadas a la evidencia de la que disponemos.

III. LA TENTACIÓN NATURALISTA Y EL META-ESCEPTICISMO

El fundherentismo nos proporciona, sin duda, un modelo mucho más plausible del conocimiento que el fundamentalismo o el coherentismo. Lo que no quiere decir, no obstante, que no ofrezca un flanco importante al escepticismo y, por ello mismo, al meta-escepticismo.

Hemos visto que la clave del fundherentismo estriba en admitir el carácter biunívoco de la justificación, función tanto de una fuerza unidireccional –la que fluye de las creencias justificatorias a las justificadas– cuanto de una fuerza multidireccional –la que fluye entre las distintas creencias justificadas–. Pero lo biunívoco de la justificación en el paradigma fundherentista no es cuestión sólo de dirección.

Una pregunta clave que el fundherentista debe afrontar es la siguiente: ¿de qué depende la aceptabilidad de las creencias justificatorias? Si su respuesta es: de la coherencia que guardan con otras creencias, entonces el fundherentismo no es, en realidad, sino una variante mal disimulada del coherentismo, y tan vulnerable como éste al ataque escéptico. Porque ¿qué justificaría a nuestras creencias tomadas como un todo?

Quizá para evitar esta consecuencia escéptica el fundherentista no necesite negar que parte de lo que hace aceptables las creencias justificatorias es su relación con otras creencias (ya sean justificatorias, ya justificadas, aunque en este último caso, para evitar el peligro de la circularidad, debiera proscribirse la posibilidad de que la creencia justificatoria reciba apoyo de aquella creencia o creencias que ella justifica directamente); pero sí es seguro que necesitará afirmar que esa relación no es todo lo que las hace aceptables. Tras esta constatación se le abre una doble opción: o bien negarse a admitir una instancia extra-doxástica, confiriendo a esas creencias el estatuto de autoevidentes; o bien involucrar en la aceptabilidad de las creencias justificatorias un elemento extra-doxástico. Ambas opciones tienen sus problemas.

Por una parte, las creencias lógicas o conceptualmente evidentes –como llegó a admitir incluso un racionalista tan estricto como Descartes al postular la necesidad que llegado cierto punto el progreso del sistema tenía de la experiencia y del experimento– parecen un fundamento demasiado escuálido para poder sostener por sí mismas el vasto edificio de lo que creemos y aspiramos a conocer. Y completar el repertorio de creencias autoevidentes dotando de este estatuto a algunas que no lo son lógica o conceptualmente parece inevitablemente volver a conducirnos hacia un escepticismo de justificación que, como ya se apuntó, acecha al fundamentalismo, ya que sería reconocer que buena parte de las creencias justificatorias son evidentes simplemente porque son tomadas como tales, es decir, que realmente ellas mismas carecen de justificación. Un escepticismo, es obvio decirlo, que tiene como corolario inmediato el relativismo y el contextualismo, pues nada impediría tomar como evidentes creencias justificatorias mutuamente incompatibles y que, por consiguiente, sólo se pudiera hablar de justificación por relación a un determinado contexto de elección de creencias justificatorias.

Queda como alternativa, pues, involucrar en la aceptabilidad de las creencias justificatorias un elemento extra-doxástico. Y llegados a este punto, la experiencia sensorial es, evidentemente, el candidato más idóneo para desempeñar este papel. Ello significa, para empezar, negar el argumento, que los coherentistas han aducido con reiteración contra el fundamentalismo de corte empirista, y al que ya hicimos alusión, según el cual la justificación es una relación puramente lógica que, como tal, sólo puede darse entre proposiciones. El fundherentista, por contra, admitiría ahora que aquellas de nuestras creencias justificatorias que no sean lógicamente evidentes, están justificadas, al menos de manera parcial, por su relación con un elemento extra-doxástico: la experiencia. ¿Qué tipo de relación es ésta? Dado que no es una relación lógica, deberá ser una relación causal. Así las creencias justificatorias que no son lógicamente evidentes estarán justificadas, al menos de forma parcial, por estar causadas por la experiencia.

Se puede apreciar ahora que, como se adelantaba, lo biunívoco de la fuerza justificatoria en el fundherentismo no es sólo cuestión de dirección sino también, vamos a decirlo así, de naturaleza. No es sólo que el fundherentista admita que la fuerza justificatoria puede ser unidireccional –como la que va de las creencias justificatorias a las creencias por ellas justificadas– o multidireccional –la que fluye entre las creencias justificadas– sino que además admite que esa relación tanto puede ser de naturaleza lógica (o en cualquier caso evaluativa) –la que se da entre creencias– cuanto causal –como la que se da entre la experiencia y ciertas creencias.

Que la causalidad cuente como parte de la relación justificatoria no es, en principio, implausible. De hecho, varios han sido los filósofos –Alvin Goldman, por ejemplo– que han aducido verosímilmente que un elemento causal está involucrado en el proceso de conocimiento. Lo que permite completar el análisis clásico del conocimiento. Éste no sólo implicaría creencia verdadera justificada sino, he aquí la nueva condición, que al menos en el caso del conocimiento básico esa creencia fuera (causalmente) producida por el hecho sabido. No está claro, sin embargo, que este nuevo análisis permita ajustarse a los ideales regulativos de la epistemología. Veamos por qué.

Se ha dicho antes, por ejemplo, que el propósito de establecer una crisis, una separación, entre lo conocido (o cognoscible) y lo desconocido (o incognoscible) era una tarea de primera importancia para la teoría del conocimiento y su autocomprensión ilustrada. Pues bien, la agregación de la condición causal recién aludida, ¿contribuye o dificulta este propósito?

Según se ha formulado esta condición –según lo que es usual– la misma da un cariz externista al conocimiento. Estamos ahora en la antípoda de la concepción cartesiana (o también lockeana) del mismo. El criterio interno de conocimiento (la certeza con que se intuye la idea, o la relación entre las ideas) deja ahora su lugar a un criterio puramente externo: la fáctica vinculación causal entre un hecho del mundo y una creencia del sujeto acerca del mismo.

Pero mientras el sujeto es consciente de la certeza o de la evidencia de sus ideas (y de este modo, este criterio podía hacerse valer en favor del proyecto de ilustración), no tiene por qué serlo de la efectiva relación causal que media entre el mundo y sus contenidos doxásticos.

Y es que, por todo lo dicho, nada impide que el sujeto tenga una creencia verdadera justificada y producida por el hecho sobre el que aquella creencia versa... ¡sin que él sepa que este último es el caso! Lo que viene a ser tanto como decir que en los enfoques externistas del conocimiento nada impide que el sujeto sepa sin saber que sabe. Y la pregunta obvia, entonces, es: desde una perspectiva crítica, ¿de qué le serviría al sujeto tal saber?

En cualquier caso, la consideración de que nuestras creencias cognoscitivas están en una relación causal –o, más ampliamente, nomológica– con su entorno, no sólo presiona en favor del externismo; también se encuentra en la base del proyecto de naturalización de la epistemología.

En efecto, si tal es el caso, ¿por qué no considerar el conocimiento, en su conjunto, como un fenómeno empírico más? Y si así lo consideráramos, ¿por qué no habría que conceder a la teoría del conocimiento el mismo estatuto que al resto de disciplinas que estudian fenómenos empíricos?

La naturalización de la epistemología impone, pues, cierta consideración del conocimiento –como un fenómeno empírico–; pero también una tesis meta-filosófica según la cual no debe considerarse a la teoría del conocimiento como una filosofía primera sino como una teoría empírica más. O para ser más exactos, como un capítulo de alguna teoría empírica. ¿De qué teoría?

No hay una única respuesta a esta pregunta. La teoría del conocimiento puede verse como un capítulo de la biología, de la psicología, de la neurociencia, de las teorías de la información o, inclusive, de la sociología.

Obviamente no podemos entrar aquí a exponer detalladamente todas estas variedades –quizás más complementarias que incompatibles– de la epistemología naturalizada. Sólo podemos hacer una valoración global de la misma preguntándonos, para empezar, por su virtualidad para afrontar el desafío escéptico.

La pregunta parece pertinente desde el momento mismo en que las concepciones naturalistas parecen pasto adecuado de uno de los tropos escépticos más clásicos: el de la circularidad; o ¿acaso no suena a circular la apelación a la ciencia para explicar un fenómeno, el del conocimiento, del que aquélla no es sino una presunta parte?

Y esta presunción, necesaria para que el proyecto de naturalización sea asumible (pues, evidentemente, si no confiáramos en la ciencia como auténtico conocimiento no nos embarcaríamos en la tarea de dar una explicación científica del conocimiento), ¿no viene a mostrar que la epistemología naturalista no puede evitar tampoco la carga de dogmatismo?

Hay una respuesta naturalista a estas objeciones que resulta interesante. La carga de circularidad –empieza por decirnos– sólo parece convincente si no se tiene en cuenta que la naturalización del conocimiento, al implicar su consideración como un mero fenómeno empírico, cancela su dimensión normativa. Habría circularidad y dogmatismo, ciertamente, si teniendo a la ciencia por un conocimiento válido, se la intentara utilizar para dar cuenta de la validez del conocimiento. Pero justo es esto último lo que no se supone.

El partidario de la epistemología naturalizada, podría decirse, realiza una especie de reducción inversa a la fenomenológica. Si ésta consiste en poner entre paréntesis la existencia de los fenómenos para conservar su sentido, la reducción naturalista, vamos a decirlo así, exige desatender al sentido de ese fenómeno que es el conocimiento para atender, únicamente, a sus condiciones existenciales. No nos preocupemos, o al menos no nos preocupemos para empezar, de la dimensión normativa del conocimiento; viene a ser su recomendación. No nos preocupemos de si está justificado o no lo que se tiene por conocimiento. Tomémoslo simplemente como un dato, como un fenómeno, e indaguemos en sus relaciones causales y nomológicas con el mundo. Lo que se pretende no es justificar nuestras teorías sino explicar la relación fáctica que existe entre ellas y el mundo. Por eso no hay circularidad, porque aunque estemos dando por válidas nuestras teorías acerca del mundo, no estamos intentando servirnos de ellas para justificar su propia validez.

Por otra parte, la consideración del conocimiento que esta reducción naturalista impone permite afrontar también la carga de dogmatismo. Si el conocimiento se tiene por un fenómeno empírico más y lo único que se pretende es establecer sus antecedentes causales o el marco de conexiones nómicas en el que se inscribe, ¿por qué habría de ser más dogmático pretender hacer todo esto de una manera científica de lo que resulta serlo afrontar científicamente la investigación causal o nómica de otros fenómenos: físicos, químicos, biológicos, etcétera?

Formalmente, pues, parece que el partidario de la naturalización de la epistemología está en disposición de afrontar las acusaciones escépticas de circularidad y dogmatismo. Lo que no está nada claro es que su enfoque pueda impedir las más radicales consecuencias escépticas e, incluso, que no conduzca al metaescepticismo, pues es sumamente discutible que la epistemología naturalizada pueda ponerse en una relación de continuidad, y no de ruptura, con el proyecto epistemológico tradicional. Veamos.

Las consecuencias escépticas de la reducción naturalizadora se hacen evidentes desde el momento en que nos percatamos de su incapacidad para soslayar el más radical de los relativismos. Frente a dos creencias incompatibles, ambas con pretensiones de conocimiento, todo lo que podría hacer el epistemólogo naturalista es explicarnos cómo han llegado a producirse..., pero habiendo hecho *epoché* de toda dimensión normativa, nada tendría que decirnos a propósito de cuál de ellas tiene más verosimilitud.

Por otra parte, si realmente quiere soslayar la carga de dogmatismo el epistemólogo habrá de aplicar reflexivamente a sus propias conclusiones la perspectiva naturalista que preconiza para toda pretensión cognitiva, de modo que todo lo más que podrá decir de ellas es no que están justificadas sino, simplemente, que son el producto obtenido a partir de ciertas condiciones y procedimientos. En principio, nada justificaría la superioridad de las mismas sobre otras conclusiones obtenidas a partir de condiciones distintas o siguiendo procedimientos diferentes.

A quien esté familiarizado con la historia de la epistemología esta última objeción puede que le recuerde las críticas al historicismo (y al psicologismo) con que se inauguró el siglo XX. Si todo conocimiento está condicionado históricamente (o psicológicamente), la tesis que postula tal condicionamiento, ¿no está a su vez históricamente (o psicológicamente) condicionada? ¿No debe, por tanto, renunciar a la pretensión de una validez incondicionada y aceptar, por contra, que sólo puede tenerse por verdadera en determinadas épocas históricas (o con ciertas condiciones psicológicas)?

Algunos epistemólogos naturalizados –especialmente algunos de los que se han movido en la perspectiva sociológica– no han retrocedido ante estas consecuencias. Han aceptado por igual tanto el relativismo, cuanto la aplicación reflexiva del enfoque naturalizador –sociológico en este caso– a sus propias conclusiones.

Alternativamente, otros –de manera especial de entre los que se mueven en la perspectiva de la neurociencia– han terminado por adoptar una posición, que bien podría llamarse eliminacionismo, que reconoce que su enfoque poco tiene que ver con el proyecto epistemológico tradicional –y no debiera extrañarnos ahora que muchos de los más reputados meta-escépticos, Rorty no sería una excepción, hayan salido de las filas del naturalismo más radical–, y admite que la epistemología naturalizada nada tiene que decir ni de la justificación, ni frente al escepticismo. Sencillamente, éstos no serían problemas que les concernieran.

Sin embargo, hay que decir que el escepticismo y el meta-escepticismo están muy alejados de las intenciones de muchos de los partidarios de la naturalización de la epistemología (y, desde luego, no era la intención de pioneros de este enfoque como Quine, quien pensaba en la epistemología naturalizada como la heredera natural de la epistemología clásica). Lo cual significa que para ellos, como ya se advertía antes, si bien se puede empezar por prescindir de la dimensión normativa del conocimiento, ésta debe ser posteriormente recuperada, y que por lo tanto es posible afrontar desde coordenadas estrictamente naturalistas el problema de la justificación –o como lo denominaba Quine: el problema doctrinal.

Pero ¿dónde encontrar en un marco estrictamente naturalista un valor que pueda desempeñar una función normativa y al que, en consecuencia, se pueda apelar como justificación? Es justo en este punto donde los partidarios de la naturalización de la epistemología se vuelven hacia Darwin.

Algo filosóficamente importante que éste nos enseñó es que, aun prescindiendo de la teleología que la revolución científica había desterrado del ámbito de la realidad física a principios del siglo XVII, se podía encontrar un parámetro por el que evaluar diferencialmente las novedades biológicas, a saber: su relativo valor de supervivencia. ¿Por qué no aplicar este «valor» darwiniano a las creencias y las teorías? ¿Por qué no decir que están justificadas aquellas creencias y teorías que justamente más contribuyen a la supervivencia? Este valor, por otra parte, permitiría la justificación de todos aquellos principios heurísticos –especialmente encarnados en el proceder científico– que más contribuyeran a la obtención de las creencias y teorías dotadas de mayor valor diferencial de cara a la supervivencia.

La pregunta es: ¿puede reducirse la dimensión normativa del conocimiento a este valor darwiniano? Y la respuesta parece ser que difícilmente. Pues fijémonos en que si la justificación epistémica se reduce al valor de supervivencia, estamos condenados a no admitir otra validación del conocimiento que la puramente tecnológica e instrumental; ahora bien, es evidente que no todo lo que sabemos tiene esta finalidad.

Por otra parte, incluso si se reduce la racionalidad a su dimensión más estrictamente instrumental y el conocimiento a conocimiento tecnológico, dista de estar claro que este mismo conocimiento, como nos recordaba Gellner, no pudiera terminar por traicionar el valor que supuestamente lo inspira. ¿O acaso no sabemos hoy que con toda probabilidad el mayor riesgo para la supervivencia del género humano estribe precisamente en el conocimiento técnico que él mismo ha producido? ¿Estaría obligado por su lógica a decir el epistemólogo naturalista que ante la eventual desaparición del género humano por una conflagración nuclear éste no llegó a conocer los principios de la fisión del átomo? Al fin y al cabo, en una eventualidad semejante este pretendido conocimiento se mostraría después de todo como el más contrario al valor de supervivencia.

En definitiva, pues, lo que vemos es que la epistemología naturalizada es incapaz de hacerse cargo de modo satisfactorio de las tareas propias de la epistemología clásica. Es incapaz de cerrar el paso al escepticismo, alentando de esta forma el meta-escepticismo. El motivo último del fracaso de las epistemologías naturalizadas para cerrar el paso al escepticismo y, en consecuencia, al meta-escepticismo, posiblemente no sea otro sino la imposibilidad de reducir las razones a causas. De ahí que, dado que son aquéllas, y no éstas, las que están involucradas en la justificación, el epistemólogo naturalizado no pueda superar el obstáculo que la dimensión normativa de los conceptos epistémicos supone para su enfoque. Aunque el fenómeno cognitivo tenga causas –y esto está fuera de toda duda–, la explicación de las mismas –y éste es el terreno en el que las epistemologías naturalizadas tienen mucho que decir– nunca podrá equivaler a una clarificación de su dimensión normativa.

V. META-ESCEPTICISMO, ESCEPTICISMO Y RELATIVISMO

Recapitulemos. El meta-escepticismo se alimentaba de la sospecha de que los presupuestos de la epistemología abrían sin remisión las puertas al escepticismo. Las teorías de la justificación alumbradas en el seno de la tradición epistemológica parecen confirmar aquella sospecha. El fundamentalismo y el coherentismo no proporcionan una imagen realista del conocimiento, y el fundherentismo, más plausible, incluso en su deriva naturalista parece heredar de aquéllos una carga de dogmatismo y de relativismo –en el fondo las dos caras de la misma moneda– que dejarían satisfecho al más exigente escéptico. El meta-escéptico, pues, no está falto de justificación.

Ahora bien, si como ya dijimos la decisión a propósito de esta querella no puede ser sino prudencial, ponderativa, para ser justos debiéramos considerar no sólo lo que puede decirse en contra de la tradición epistemológica, sino también

lo que puede decirse en favor (o en contra) del meta-escepticismo. Más concretamente debiéramos preguntar si el espectro del escepticismo que recorre el continente epistemológico es solventemente conjurado en el continente meta-escéptico.

El meta-escéptico (aunque de nuevo lo que voy a decir quizá se ajuste mejor
que nadie a Rorty) puede apelar a una concepción causal de la relación de nuestras creencias con el mundo, a la reducción de la justificación a aceptabilidad
intersubjetiva y a la concepción de la «verdad» como un mero recurso retórico
que empleamos para dar a entender nuestro respaldo a una opinión en virtud de
su conveniencia o utilidad, para sostener que la respuesta a esta pregunta ha
de ser afirmativa.

Desde estas premisas, dirá, si nuestras afirmaciones son aceptadas por nuestro auditorio, ya no tiene cabida la duda escéptica acerca de su verdad. Pensar
de otra manera es seguir bajo la influencia de cierto autoritarismo teológico,
creer que hay una autoridad absoluta por fuera de la comunidad humana. La
amenaza relativista, añadirá, queda neutralizada apelando al principio de caridad y al etnocentrismo metodológico que le es consustancial. Si hemos de poder
entender lo que los otros nos dicen, necesariamente hemos de reconocerlos como
parte de nosotros, es decir, hemos de poder atribuirles un conjunto mayoritario
de creencias verdaderas –esto es, de creencias que nosotros aceptamos– pues, de
otro modo, su conducta lingüística nos resultaría ininteligible y por lo tanto no
podríamos siquiera tenerla por conducta lingüística. El meta-escepticismo, pues,
no sólo es una posición con ventajas teóricas sino también prácticas: nos permite ser más consecuentemente ateos, en la línea de Nietzsche y Sartre, y libe-
rales, en la mejor tradición deweyana.

Contra lo que muchos puritanos epistemólogos suelen pensar, este tipo de consideración no me parecen una *boutade* propia de un *enfant terrible* deseoso de
épater al mundo académico (obviamente, la acusación subsecuente contra el meta-
escéptico es la de afrancesado). Cuando se estudia la biografía de muchos de los
epistemólogos más reputados reiteradamente se aprecia que la búsqueda de una
objetividad rigurosa y estricta viene acompañada de una especie de entusiasmo
religioso. Descartes o Husserl podrían ponerse como ejemplos.

Ahora bien, cabría preguntarse si huyendo del autoritarismo no vendrá a caer
el meta-escéptico en el vicio antitético de la autoindulgencia. ¿No es un peligro también grave circunscribir cualquier normatividad al círculo familiar del
nosotros? ¿No es ponérnoslo demasiado fácil? ¿No puede hacernos ciegos, o
por lo menos miopes, para la diferencia? ¿Acaso no sabe quien acumula la suficiente experiencia vital lo fácil que es transigir con los hábitos más perniciosos,
precisamente en virtud de su familiaridad? Creo que Gellner, con la sorna que

le es propia, apuntaba a esto cuando le reprochaba a Rorty el ser un filósofo nor-teamericano y, por lo tanto, pragmatista.

Concretando el reproche podríamos, para empezar, como hizo McIntyre, con-ceder al meta-escéptico la validez del principio de caridad pero preguntarnos por sus límites. De acuerdo, cuando nos encontramos con los otros tendremos que atribuirles, para poder reconocerlos como «otros», muchas creencias asumidas por nosotros..., pero muchas no son todas, y quizás, mira por dónde, justamen-te aquellas que no podemos atribuirles son las más relevantes para que se genere determinado contexto conflictivo.

Por no salirnos del marco de una única tradición –donde, por lo tanto, los con-flictos debieran ser menores y más favorables al meta-escéptico–, ciertamente los copernicanos, para poder reconocer a los ptolomeicos como astrónomos te-nían que atribuirles muchas creencias que ellos tenían por verdaderas: que existen estrellas, y planetas, y órbitas... y, ¡cómo no!, que la nieve es blanca. Pero justo contra ese trasfondo inmenso de acuerdo se realzaba un minúsculo pero muy molesto descuerdo, a saber: aquéllos pensaban que el sol gira en torno a la tierra y los copernicanos justo lo contrario. Y esta diferencia, minúscula, es la que lle-vaba al enfrentamiento irreconciliable, lo que hacía las teorías astronómicas de unos y otros incompatibles, por más que ambos pudieran haberse ido tranquila y amigablemente a esquiar sobre la blanca nieve.

A mi entender lo que estas consideraciones muestran es que en el meta-escepticismo, al menos en el rortyano, el problema del relativismo se ha cerra-do en falso. Y se ha cerrado en falso porque, he aquí un ejemplo de autoindul-gencia, no se lo ha tomado con la suficiente seriedad. Parafraseando a Wittgenstein podríamos decir que lo que el meta-escéptico no quiere ver es que muchas veces, cuando la discusión se encona, uno no puede sino ver al otro como loco y el otro no puede evitar ver al uno sino como hereje. Tomarse el relativismo con la suficiente seriedad es el prerrequisito para poder afrontarlo de forma satis-factoria.

¿Y el escepticismo? Pues *mutatis mutandis* pienso que podría decirse algo análogo. No creo que el meta-escéptico, no al menos Rorty, esté en mejor dis-posición que el epistemólogo para afrontarlo. De hecho, creo que este meta-escéptico es tan escéptico, *malgré lui*, como el más dogmático epistemólogo. De hecho, sus tesis positivas, su concepción de la verdad, de la justificación, del conocimiento, en suma, a pesar de las revista de una nueva retórica, son pro-fundamente deudoras de algunas posiciones epistemológicas: de los enfoques coherentistas, causales y naturalistas, para más señas; pues por más que Rorty lo lamente, no deja de ser verdad que Davidson, de quien tan deudor se siente, calificó su concepción de la verdad como una teoría de la coherencia. Pero el problema, lo hemos visto, es que estos enfoques no parecen atajar el escepticismo (ni el relativismo) de manera mucho más convincente que el resto de enfoques epistemológicos.

Se dirá, y con razón, que este argumento no tiene sino la forma del *tu quoque*. El meta-escéptico le dijo al epistemólogo: «Tus presupuestos abren la puerta al escepticismo, al relativismo y son un vestigio de autoritarismo teológico»; y éste le repuso: «Tus tesis son autoindulgentes, conducen a un craso dogmatismo etnocéntrico incapaz de dar una respuesta adecuada al escepticismo y al relativismo». Con lo que el escéptico relativista es el único pescador que puede sacar provecho de este río revuelto.

Bueno, ya advertimos que había que empezar por tomarse en serio el desafío escéptico y relativista. Tan en serio que quizás habría que concederles su punto de verdad. Pero un punto prudencial, una concesión que para el escepticismo sería el falibilismo de nuestras pretensiones cognitivas, y para el relativismo la posible inconmensurabilidad entre algunas creencias relevantes. Falibilismo e inconmensurabilidad que, no obstante, no debieran anular la confianza en que podemos incrementar nuestro conocimiento del mundo y en que, al menos en algunas ocasiones, podemos decidir de manera justifica, esto es razonablemente, entre creencias inconmensurables. Lo que necesitaríamos sería una posición que aun concediendo que la justificación tiene una dimensión inevitablemente intersubjetiva, no por ello está cerrada a la objetividad. Necesitamos encontrar el equilibrio entre el autoritarismo y la autoindulgencia: una autoridad a la que podamos reconocer legitimidad. Algo parecido, aunque quizá no del todo coincidente, a lo que Putnam ha estado buscando con denuedo con su realismo interno. ¿Podemos conseguirlo?

V. CONOCIMIENTO Y PRAXIS

Volvamos al fundherentismo. Como vimos, éste, en su versión más prometedora, aun reconociendo el peso de la coherencia, reintroducía la apelación a la experiencia como fuerza justificatoria, y señalaba que ello significaba que la justificación tiene también una dimensión causal.

La conclusión es legítima. Al fin y al cabo, la experiencia sensorial incorpora un elemento causal que ineluctablemente sale a relucir en el análisis de los predicados perceptivos. Si decimos que vemos que *p*, implicamos que *p* es causalmente responsable de nuestra experiencia sensorial. Pero lo que es importante notar, si queremos precisar un poco más la relación entre razones y causas en la justificación, es que el componente causal por sí solo no convierte todavía a la experiencia de *p* en evidencia de que *p*.

Un ejemplo extraído de la historia de la ciencia puede aclarar este punto. Cuando en el valle del Neander se encontraron los primeros restos del hombre de Neandertal, aquella experiencia todavía no era evidencia de la existencia de una especie de homínido antecesora del *Homo sapiens-sapiens*. Aunque la experiencia sensorial de sus descubridores estaba causalmente producida por un fósil de Neandertal, ellos lo veían *como* los restos de un ser humano aquejado de imbecilidad, y no *como* del de un fósil neanderthalensis.

Se puede sacar una enseñanza general de este ejemplo particular. Para que la experiencia sensorial de *x* justifique su creencia de que *p*, no basta con que *p* esté causalmente involucrado en la experiencia de *x*. Es además necesario que *x* vea a *p* como *p*. Lo que no es sino otra manera de reafirmar una tesis de ascendencia kantiana, a saber: que la experiencia ha de venir conceptualmente articulada para ser epistémicamente relevante.

No debiéramos hacer una interpretación especialmente intelectualista de la noción de concepto o de creencia involucradas en la experiencia sensorial. Para los animales –y aquí la teoría ecológica de la percepción elaborada por J. Gibson resulta en extremado clarificadora– bastaría con una concepción pragmática que, a la manera de Peirce, nos permitiera comprender la creencia, y los conceptos que la articulan, como indisolublemente ligada a la acción. Que un animal huya es lo que hace que resulte verosímil decir que percibe un determinado olor, o un sonido, o una forma *como* evidencia de la presencia en los alrededores de un depredador.

En esta referencia a la acción ya hay involucrada una primera forma de normatividad, una protonormatividad si se quiere. Pues el animal puede no percibir el peligro que le acecha en una determinada situación o puede reaccionar huyendo cuando no hay motivo real para ello. En uno y otro caso podemos hablar de error. Su acción es inadecuada a la situación.

Para hablar de normatividad en un sentido pleno lo que se requiere es que aquella acción se convierta en praxis, que el concepto adquiera una naturaleza lingüística y sea el producto, más que de condicionamientos genéticos, del aprendizaje social. Percibir la realidad quiere decir entonces reconocerla como ejemplificando aquellos conceptos con los que nuestro lenguaje nos ha pertrechado, de modo que cuando apelamos a nuestra experiencia para justificar nuestras creencias, cuando apelamos a ella como evidencia, ya no hay sólo una referencia a una relación causal de nuestra experiencia con el mundo, sino también al conjunto de normas sociales, lingüísticamente articuladas, que permiten discriminar entre descripciones correctas o incorrectas de la situación causalmente responsable de nuestra experiencia.

Causalidad y normatividad vienen, pues, ligadas de manera inextricable incluso en el terreno de las creencias empíricas a las que puede competer, en un determinado contexto, el papel justificatorio más básico. Estamos de forma ineludible encerrados en el conjunto de líneas horizontales y verticales que constituyen el crucigrama de nuestro sistema conceptual. No tenemos un acceso independiente a las definiciones de los términos –una experiencia incontaminada de conceptos–. Mucho menos al solucionario –a cómo es la realidad independientemente de nuestra relación práctica con ella–.

Depurado el fundherentismo de cualquier interpretación ingenuamente empirista la pregunta es si se puede mantener la presunción de objetividad de nuestro conocimiento y hacerse cargo de la dimensión crítica que alentó el original proyecto epistemológico.

En principio, al subrayar el carácter práctico de nuestra experiencia y, con ello, su permeabilidad conceptual, puede pensarse que el fundherentismo empuja a una conclusión, por antirrealista, escéptica. Sin embargo, bien pensado lo que puede apreciarse es que todo lo que se descarta es esa peculiar forma de realismo que, ingenua y dogmáticamente, considera que nuestros conceptos, nuestro lenguaje o nuestra comprensión del mundo deben concebirse como un reflejo de la realidad. Nada lo hace incompatible con esa otra forma de realismo que nos recuerda que nuestros conceptos, nuestro lenguaje o nuestra comprensión, aunque nuestros, lo son del mundo. Si se tiene la tentación de pensar que, por estar necesariamente mediada de forma conceptual, la realidad a la que tenemos acceso es subjetiva (en todo caso, para ser más estrictos, intersubjetiva), piénsese, en compensación, que por tratar de la realidad nuestros conceptos son objetivos.

Quizás, después de todo, haya una manera bastante intuitiva y simple de ilustrar el realismo con el que el fundherentismo práctico –vamos a llamarlo así, pues la posición a la que me estoy refiriendo creo que es más amplia que lo que se conoce por pragmatismo– resulta coherente. Es claro, pongamos por caso, que el metro es una creación humana condicionada por intereses humanos –su manejabilidad, por ejemplo–. Pero no es menos claro que la longitud que medimos aplicando el metro no es una creación humana.

Por cierto que esta alusión a los intereses, aquí introducida como de pasada pero esencial para una comprensión cabal de lo que es la praxis, puede ayudarnos a entender que quizá después de todo la metáfora del crucigrama tampoco termine de ser acertada. Pues la misma sugiere una estructura prefijada a la que debemos atenernos. Pero en realidad, una característica de la praxis es lo que podríamos llamar su fecundidad. La satisfacción de necesidades puede generar nuevas necesidades que a su vez demanden satisfacción.

Cuando hemos conseguido que nuestras propuestas se ajusten a la estructura heredada, resolver los problemas a los que nos enfrentábamos con nuestro vocabulario, ello mismo puede generar nuevos problemas, la aparición de nuevas estructuras, cuya resolución quizá termine por exigirnos ampliar nuestros vocabularios lo que, a su vez, puede llevarnos a revisar lo que teníamos por una solución adecuada a los viejos problemas.

Con su teoría Darwin consiguió dar una respuesta ajustada a ciertos problemas como la aparición de un registro fósil o la distribución geográfica de las especies y variedades. Pero al resolver este problema abrió, sin que él acertara a resolverlo, el del mecanismo genético que se encontraba en la base de la herencia con modificación. Un problema cuya solución ha servido, como mínimo, para reformular con mayor precisión las tesis darwinianas.

Más que de un crucigrama con una estructura prefijada, nuestro conocimiento, al menos el científico, se parecería a un crucigrama que fuera autogenerándose en la misma medida en que vamos proponiendo soluciones.

Pero la referencia a los intereses también nos permite afrontar de otra manera el reto relativista. Ya advertíamos de la necesidad de tomarse dicho reto en serio. Si según se ha visto no hay justificación que no sea interna a un sistema conceptual u otro, ¿no se sigue de ahí que en diferentes sistemas puedan estar justificadas diferentes creencias, incluso creencias incompatibles entre sí?

Sin duda el fundherentista práctico deberá conceder que hay mucho de verdad en esta argumentación. Ahora bien, de la pluralidad conceptual, incluso de la concesión de que toda observación está conceptual o teóricamente cargada –lo que, por decirlo en términos kuhnianos, puede significar admitir que cada teoría conlleva su propio mundo y que, por lo tanto, aquéllas resultan inconmensurables– no se sigue necesariamente –como también sostenía el propio Kuhn– la indecidibilidad entre sistemas conceptuales y teóricos alternativos; una decidibilidad que depende, en última instancia, de que se compartan ciertos intereses.

Por volver a nuestro ejemplo, si lo que nos interesa es medir las cosas, desde luego podemos servirnos de patrones diferentes (a lo mejor inconmensurables, en el sentido más literal del término, es decir: no reductibles a una medida común).

Pero ello no significa que no se pueda llegar a una decisión razonable de, para cierto propósito, utilizar uno en detrimento de otro –por ejemplo, debido, como se apuntaba, a su mayor manejabilidad.

Si nos volviéramos hacia la historia de la ciencia no sería difícil encontrar casos de lo que aquí se está apuntando. Ciertamente las observaciones astronómicas de los ptolomeicos estaban cargadas de teoría geocentrista, del mismo modo como las observaciones de los copernicanos lo estaban de heliocentrismo. Pero ello no impidió que en un proceso –que bien considerado no fue excesivamente largo– la comunidad de astrónomos decidiera a favor de una de esas teorías y en detrimento de la otra, precisamente porque veía a aquellas en favor de las cuales decidía como satisfaciendo mejor los intereses que ya se tenían cuando se abrazaba la vieja teoría: simplicidad explicativa, fuerza predictiva, etcétera.

Claro que cuando Galileo, en su defensa del copernicanismo, frente a Bellarmino, primero, y a Maffeo Barberini, después, reivindicó el derecho de que la astronomía se preocupara de cómo va el cielo sin preocuparse de cómo se va al cielo, estaba defendiendo algo más que una teoría científica particular. En realidad estaba sentando las bases de una nueva concepción de la racionalidad, una concepción que tiene precisamente como uno de sus presupuestos, por decirlo a la manera de Weber, el desencantamiento del mundo, de modo que se alivia a la teoría de la responsabilidad de ofrecer ningún consuelo metafísico que fomente la cohesión social.

Ahora bien, dado que, como han tenido que reconocer incluso detractores de la epistemología como Taylor, la práctica científica que aquella racionalidad auspicia ha demostrado su mayor eficacia para la satisfacción de intereses cognitivos comunes a todos los seres humanos –inclusive a aquellos que viven en culturas donde la ciencia no existe como institución– nada impediría al fundherentista práctico reivindicar la superioridad epistémica de aquélla sobre otras instituciones que también aspiran a una dimensión cognitiva y, de esta manera, reapropiarse del proyecto crítico e ilustrado discriminando entre creencias mejor o peor fundadas o, en el extremo, absolutamente infundadas.

No obstante, la conciencia de que la evaluación es relativa, necesariamente, a unos intereses, podría conducir al epistemólogo hacia una ilustración, por así decirlo, menos ingenua. Después de todo, es discutible que incluso en el ámbito de la ciencia sólo deba perseguirse la satisfacción de unos únicos intereses cognitivos; y mucho más evidente todavía que los seres humanos abrigan creencias que no responden fundamentalmente a los intereses cognitivos que la ciencia indiscutiblemente satisface de una manera privilegiada.

O dicho de otra manera, el análisis del conocimiento, la clarificación del carácter práctico de la justificación, podría permitir al epistemólogo reconocer la superioridad de la ciencia en la satisfacción de ciertos intereses cognitivos y, a la vez, combatir su degradación ideológica en la forma de cientificismo.

NATURALISMO, AUTOORGANIZACIÓN Y UN MUNDO SECULAR

Bernulf Kanitscheider
(Universidad de Giessen - RFA)

EN el siglo de la Ilustración, la razón había capturado la mayor parte del conocimiento del universo. Los protagonistas de la cosmovisión newtoniana como Laplace no dudaban de que sólo había que seguir el camino de la explicación del mecanicismo hacia delante para llegar a un modelo completo de toda la realidad. El mismísimo Kant había extendido el alcance del pensamiento de la mecánica clásica hasta el origen del mundo, partiendo de un caos inestable que era capaz de engendrar la materia prima del universo. Ya en su obra temprana precrítica subyacía la idea de una producción de estructura sin valerse de fuerzas teleológicas y sin asistencia de un dios creador. Ya en su crítica del discernimiento encontramos la siguiente frase, en verdad sorprendente: «En realidad la naturaleza se organiza a sí misma y lo hace en cada especie de sus productos organizados siguiendo un modelo único, pero con las atinadas desviaciones que exige la autoconservación en cada circunstancia».[1] Hay que destacar dos puntos de la frase citada: el énfasis que pone Kant sobre la organización en sí misma sin ayuda de factores fuera del sistema y la acentuación de un modelo único que abarca todos tipos de crecimiento del orden.

Lamentablemente Kant no podía saber nada de las fuerzas que rigen el aumento de la complejidad, ni tenía un concepto claro de qué significa este término intuitivo. Sólo recientemente ha sido posible vincular la complejidad de una descripción con la forma de la secuencia binaria que la representa en una codificación estandarizada.

---

[1] I. Kant, *Kritik der Urteilskraft*, cap. 65, B. 293. Sexta edición, publicada con la dirección de K. Vorländer, Leipzig, 1924, pág. 237.

Dados los conocimientos científicos de la época kantiana era necesario interpretar la capacidad de la materia para autoorganizarse como «propiedad no inves-
tigable» de la naturaleza. Ante ello, los filósofos no podían hacer mucho más
que establecer unos conceptos que reflejaran esta extraña tendencia del desarrollo. En el fondo no eran más que explicaciones terminológicas siguiendo el modelo
aristotélico, si bien Schelling habla de la «productividad original» de la naturaleza.[2] Antes de la aparición de la termodinámica del desequilibrio la complejidad era un capítulo oscuro y enigmático en la explicación de los fenómenos
naturales. De esta forma no podía decidirse tampoco si la productividad original
correspondía a una fuerza propia no física, o habría de interpretarse como el sutil
resultado de la acción de diversas fuerzas físicas. En definitiva, hoy se ha acre-
ditado esto último. Sabemos, por ejemplo, muy bien que una estructura estable
como el sol remonta a la acción de dos fuerzas; supeditado solamente a la gra-
vitación, el sol se convertiría en una masa muerta en menos de lo que canta un
gallo.

Las modernas teorías de autoorganización tienen muchas raíces, entre las que
se cuentan la cibernética (Norbert Wiener), la teoría de la información (Claude
E. Shannon) y la teoría general de sistemas (L. v. Bertalanffy). Con Heinz von
Foerster recibieron un importante impulso. Este investigador no sólo propuso
una medida del orden apoyada en la teoría de la información de Shannon, sino
que también introdujo la idea de que el orden podía ser inducido mediante la
perturbación.[3] A la larga todo sistema se ve alterado en mayor o menor grado
por el medio ambiente en que se encuentra, lo cual, la mayoría de veces, supone una progresiva desventaja para dicho sistema. Sin embargo, en determinados
casos, cuando lo permite su dinámica interna, puede darse una perturbación proce-
dente del ambiente que, actuando sobre la estructura interna, lleve a un crecimiento del orden.

Sin embargo, el concepto de autoorganización, adquirió auténtica forma con
Ilya Prigogine y sus colaboradores de la llamada Escuela Belga. Ya desde los
años cuarenta Prigogine se ocupó de los problemas que plantea la termodinámica irreversible. En 1971 consiguió trasladar el formalismo de estos problemas
a los procesos de desequilibrio[4] y demostrar que, lejos del equilibrio termodinámico el flujo material podía transformarse en estructuras temporo-espaciales
organizadas.

---

[2] F. W. J. von Schelling, *Sämtliche Werke*, publicadas con la dirección de Manfred Schröter, segundo tomo:
Schriften zur Naturphilosophie, 1799-1801, Beck, Múnich, 1927, III, pág. 284.

[3] H. von Foerster, *On Self-Organizing Systems and their Environment*, en M. C. Yovits y S. Cameron (eds.),
Self Organizing Systems, Pergamon Press, Londres, 1960, pág. 31.

[4] I. Prigogine y P. Glandsdorff, *Thermodynamic Theory of Structure, Stability and Fluctuations*, John Wiley
& Sons, Nueva York, 1971.

En principio, los fenómenos de auto-organización pudieron demostrarse en los procesos químicos, en los «relojes químicos» o en determinadas reacciones (Belusov/Shabotinsky) donde lejos del equilibrio y a partir de un determinado punto crítico se observaban comportamientos coherentes de los elementos. La aplicación a los sistemas biológicos fue un paso relativamente natural.[5] La evolución es el lugar por autonomasia donde crece la información incesantemente durante la filogénesis.

Casi resulta trivial decir que los sistemas vivos nunca pueden separarse de su medio ambiente si han de seguir existiendo. El intercambio de energía y de materia con el medio ambiente es consustancial al mantenimiento de los procesos vitales. Lo mismo si se trata de una ameba, de un hombre, de una ciudad, de una sociedad o de nuestro propio planeta, una premisa indispensable para el establecimiento, la permanencia y la estabilidad del sistema es el intercambio de materia y energía con el medio ambiente. En este sentido, un elemento decisivo para el funcionamiento de los sistemas alejados de la situación de equilibrio es la presencia de un intercambio recíprocamente acoplado entre sus elementos (moléculas en los procesos químicos, células en los organismos, neuronas en el cerebro, humanos en la sociedad). Si se da este intercambio puede verse que a partir de determinado valor crítico del flujo energético y material surgen espontáneamente ciertas estructuras. Estas estructuras no son del tipo de las estructuras de equilibrio que se dan por ejemplo, en un cristal. En este caso el cristal, una vez formado y sin nuevo aporte energético, puede seguir existiendo sin destruirse mas allá de los límites del sistema, excepto si las particulas elementales estuviesen inestables. Por el contrario, las estructuras de desequilibrio únicamente pueden mantenerse mediante una constante disipación de energía. Por ello Prigogine las denominó «estructuras disipativas».

Las estructuras disipativas son la manifestación de procesos autoorganizativos que pueden adoptar formas diversas en cada plano de la realidad. En los sistemas químicos son alteraciones rítmicas de la composición o de la concentración. Es el resultado del movimiento coherente de miles de millones de moléculas y en modo alguno de un desorden molecular. Todos los sistemas biológicos y sociales presentan intercambios no lineales recíprocamente acoplados entre sus elementos, bien sea la complicada acción catalítica de enzimas y nucleótidos, los intercambios químicos mutuos en las sociedades de insectos o las actuaciones intencionadas de una población humana. El desarrollo de las estructuras disipativas tiene en este sentido dos aspectos complementarios. En una primera fase el sistema se modifica de forma determinista y los valores medios de las varia-

---

5 I. Prigogine, P. M. Allen y R. Herman, *Long Term Trends and the Evolution of Complexity*, Pergamon Press, Nueva York, 1977.

bles siguen un desarrollo causal. Sin embargo, en una segunda fase el cambio brusco del sistema se refuerza hasta tal punto que súbitamente se transforma la estructura global. Precisamente a través de cambios bruscos se introduce en el proceso de la morfogénesis el elemento imprevisible, estocástico, caótico. Esta duplicidad de la dinámica puede demostrarse incluso a nivel social.

También las sociedades presentan un complejo intercambio no lineal entre sus elementos cuando los individuos intentan conseguir sus objetivos entre la cooperación y el conflicto. Oscilaciones locales de la conducta tales como invenciones, nuevas ideas o convicciones pueden ser atenuadas o reforzadas por el medio ambiente.

Un ambicioso proyecto en el marco de la nueva termodinámica es la explicación del origen de la vida sobre la tierra. En este sentido, son decisivas las investigaciones experimentales de Manfred Eigen, biólogo molecular de Gotinga, que ha creado una teoría de la evolución molecular.[6] De acuerdo con ella hace aproximadamente cuatro mil millones de años de una mezcla de agua y moléculas orgánicas debieron surgir moléculas portadoras de información que automáticamente tuvieron capacidad de reproducción. Los ácidos nucleicos –que son las macromoléculas portadoras de la información hereditaria en el núcleo de las células– tendrían unos predecesores que, debido a su multiplicación, se encontraban en situación competitiva en la mezcla molecular original. Según la teoría de Eigen las primeras moléculas portadoras de información formarían una especie de asociación coperativa a la que denomina hiperciclo.

El hiperciclo es un círculo de moléculas portadoras de información que se catalizan a sí mismas. Cada uno de los portadores moleculares de información da origen a otras moléculas y, si durante el proceso catalítico se origina nuevamente una molécula predecesora, esta cadena puede llegar a cerrar un círculo tan grande como se quiera. De acuerdo con este modelo, en una situación de desequilibrio termodinámico, en principio, puede surgir paulatinamente la información propia de los sistemas orgánicos.

En muchos aspectos –si bien no en su formulación matemática– la postura del físico de Stuttgart Herman Haken es congruente con la teoría anterior. Haken defiende una nueva doctrina de acción conjunta a la que denomina «Sinergética».[7] El modelo paradigmático del que parte Haken es el láser. Se trata de un instrumento para la formación de luz monocromática en el que puede seguirse con

---

[6] M. Eigen, *Stufen zum Leben. Die frühe Evolution im Visier der Molekularbiologie*, Piper, Múnich, 1987.

[7] H. Haken, *Synergetik. Eine Einführung*, Springer, Berlín, 1983.

detalle el proceso mediante el cual a partir del efecto conjunto de muchas partículas independientes (los electrones) se instaura un comportamiento coherente (la luz láser) cuando se dan determinadas condiciones mínimas (espejo correctamente aplicado y suficiente aporte energético). La luz corriente de una lámpara de incandescencia está formada por una mezcla de ondas de diferentes frecuencias y en diversas fases. Cada átomo individual envía fotones de forma espontánea, sin la mas mínima correlación con los demás. Sin embargo, la luz láser posee una elevada coherencia. Toda la energía del campo eléctrico se concentra en una onda monocromática. Esto es debido a que todos los átomos que emiten la luz láser oscilan al unísono. Para la idea de la autoorganización resulta esencial el hecho de que esta coordinación no se da en virtud de una orden exterior sino que está dirigida por el propio láser. La forma de oscilación implantada obliga («esclaviza», como dice Haken) a cada tomo láser a cooperar.

La sinergética es una teoría que analiza las cooperaciones de partículas de un sistema en los más diversos campos e intenta demostrar que la interacción actúa fundamentalmente según el mismo patrón con independencia de las propiedades materiales de los elementos. Hay unas leyes generales que rigen los efectos colectivos en todos los planos de la realidad por muy diversos que sean los sistemas. En física se trata de la formación de modelos morfológicos en los fluidos o de regularidades atmosféricas como pueden ser las formaciones nubosas; en astrofísica, por ejemplo, de los brazos espirales de las galaxias; en biología están afectados las redes nerviosas, las coordinaciones de los movimientos musculares y los latidos cardíacos; en ecología la competitividad y la cooperación entre las especies; en economía la institución del mercado. En principio, allí donde se trate de la formación de patrones, sean de la forma que sean, encuentra aplicación la sinergética.[8]

La forma como se pueden establecer los nuevos estados en el orden macroscópico parece ser muy similar en los más diversos campos. Los sistemas experimentan siempre fluctuaciones internas, bien sean oscilaciones cuánticas en los sistemas materiales, mutaciones en biología o innovaciones en economía. Con ello el sistema pone a prueba diversos tipos de movimiento colectivo. Las fluctuaciones tiene carácter estocástico, son imprevisibles y constituyen el germen original de los cambios en el orden macroscópico.

Un sistema dinámico puede adoptar muchas configuraciones o patrones de conducta, llamados también modos. Entre ellos existe una especie de situación competitiva. Si se alteran los parámetros externos establecidos por las condi-

---

[8] H. Haken, *Synergetik und die Einheit der Wissenschaft*, en W. Saltzer (ed.), *Zur Einheit der Naturwissenschaft*, Wissenschaftliche Buchgesellschaft, Darmstadt, 1990, págs. 61-79.

ciones limitantes el sistema salta a un nuevo modo colectivo. Las magnitudes que describen los modos colectivos se denominan «parámetros de orden» u «órdenes». Estas «órdenes» «esclavizan» el subsistema microscópico, dando al término «esclavizar» un valor neutral. La esclavitud significa tan sólo una determinda relación entre un orden microscópico establecido y la conducta del individuo. Así, por ejemplo, si un niño nace en un determinado espacio cultural es esclavizado por su lengua, su estilo de vida, su religión. Ahora bien, el orden de la cultura no puede mantenerse sin el portador cultural individual. Los parámetros de orden y la conducta del individuo se condicionan mutuamente.

A las nuevas teorías de la autoorganización, como por ejemplo la sinergética, se les ha de reconocer el mérito de haber podido arrojar luz sobre el mecanismo de instauración de las estructuras en el importante período cosmológico transitorio. Este período comprende una serie de procesos que tienen lugar muy lejos del equilibrio termodinámico donde los sistemas abiertos intercambian materia y radiación con el ambiente que les rodea y en los que, después de una especie de competitividad entre varias configuraciones cinéticas, se impone una nueva estructura que se manifiesta al mundo como resultado estable de un proceso autoorganizativo.

El alcance de toda idea de autoorganización radica en que este modelo abstracto de morfogénesis puede aplicarse a los distintos planos de la realidad siempre que los parámetros se interpreten en cada ocasión de la forma adecuada. En todo caso hay que tener en cuenta que cada extrapolación o nueva interpretación semántica de la exposición equivale a una *nueva teoría*. Afirmar que en campos vecinos se dan relaciones análogas tiene siempre el carácter de hipótesis que hay que demostrar en cada caso concreto. Naturalmente resulta difícil sobre todo emitir un juicio allí donde en lugar de ecuaciones *cuantitativas* pueden aportarse tan sólo relaciones *cualitativas*.

Con todo resulta sorprendente que unos modelos cualitativos que tienen su origen en el análisis cuantitativo de sistemas químicos y físicos puedan aplicarse no sólo a los seres vivos individuales, sino también a sus *comunidades*. Las sociedades pueden explicarse como órdenes espontáneos. Las complejas interacciones no lineales entre sus elementos consisten en la cooperación y en los conflictos que surgen cuando los individuos intentan conseguir sus objetivos en el grupo. Oscilaciones locales en la conducta del grupo, un descubrimiento, una idea, una nueva creencia, pueden ser o bien *amortiguadas* por la sociedad, es decir, reprimidas, o bien potenciadas por el medio ambiente hasta el punto de que toda la sociedad tome conciencia de ello y experimente la correspondiente reestructuración.

Si se mantiene la extrapolación se obtienen excelentes argumentos para afrontar un problema filosófico tan cargado de tradición como es el del *naturalismo*. Ahora hemos llegado al punto clave. Según esta posición filosófica nuestro universo es un sistema causal cerrado y en consecuencia todos sus problemas internos y todas las cuestiones epistemológicas pueden solucionarse con los medios que presenta este sistema cósmico.[9]

Hay que hacer hincapié en que este llamado «principio débil del naturalismo» expresa el carácter cerrado de la causalidad interna del universo. A primera vista este principio no parece en contradicción con una trascendencia religiosa, puesto que no dice nada de un posible entorno del universo preternatural. Pero queda claro que un ser semejante, lo sea como fuese, sería condenado a la mudez eterna respecto al universo, porque cada interacción resultaría en una infracción de la ley de conservación de energía o de impulso. Ni siquiera el deísmo del siglo XVIII está en concordancia con las leyes de conservación, puesto que en el momento de la creación del universo estas leyes estrictas serían infringidas. Como todas las teorías, clásicas y cuánticas, concuerdan que la energía de un sistema se conserva, resulta que no hay la menor duda que un entorno metafísico no pueda tener la más mínima interacción con el universo. Además no es una solución acogerse a la idea de la incomensurabilidad de teorías, porque todas estas teorías conciben la energía de un modo esencialmente igual. Es más, este concepto constituye el principal lazo de unión entre ellas, de tal modo que el concepto de la energía resulta el mayor mentís a la tesis de que teorías de varias épocas son inconmensurables.

Del principio mencionado antes hay que distinguir el «principio fuerte del naturalismo», según el cual el universo es lo único que existe. Debemos admitir que en favor de este principio no se puede argüir agarrándose a teorías científicas, empero, para defender un fuerte naturalismo uno puede utilizar un argumento que se conoce bien desde los tiempos romanos: *Afirmanti incumbit probatio*, es decir, el que afirma tiene el cargo de la prueba. De tal máxima metodológica se sigue que el defensor de un entorno trascendente, como lo propugna la fe religiosa, tiene que hacerse cargo de probarlo. A falta de buenas razones en favor de un entorno trascendente de vez en cuando los defensores de la fe buscan amparo en el dicho de que la inexistencia de pruebas no es lo mismo que la prueba de la inexistencia. De acuerdo, pero cabe decir que queda la asimetría entre justificar y refutar un enunciado. Si no existe la más mínima indicación positiva que justifique el aserto que se refiere a la trascendencia entonces esto equivale a una prueba de la inexistencia. Gonzalo Puente Ojea lo ha expuesto así: «Es una regla

---

[9] Para más detalles, véase B. Kanitscheider, «Naturalismus und wissenschaftliche Weltorientierung», en LOGOS, Neue Folge Band 1, Heft 2, abril de 1994, págs. 184-199.

metodológica del conocimiento que los juicios afirmativos son falsos mientras no se prueben, y los juicios negativos de existencia son verdaderos si no se demuestra lo contrario».[10] No obstante, se puede imaginar una refutación más fuerte aún, por ejemplo, a base de una demostración de que la noción de un ser infinito que abarca todo lo existente (imaginado o real) fuera contradictorio. No toda la multitud de objetos forma una colección razonable, por ejemplo, la misma idea de un conjunto de todos los conjuntos es contradictoria. Desde el punto de vista pragmático, el naturalismo débil es suficiente para que la ciencia esté libre de intrusos sospechosos que no han sido invitados.

Así pues nuestro mundo dispone de «todo lo necesario» para que el universo material, con su estructurra temporo-espacial y causal, sea tan *epistemológicamente autónomo* como para tener por sí mismo todos los argumentos que expliquen el origen, el mantenimiento y el desarrollo de las estructuras existentes, incluyendo la razón y el conocimiento del hombre. El naturalismo tiene una larga tradición, sobre todo en la filosofía analítica, y dispone de relevantes representantes. El primero partidario fue el sucesor de Aristóteles en la Academia: Estratón de Lampsaco. Más tarde, los pragmatistas defendieron una postura naturalista. John Dewey insistía ya en que la experiencia no sólo se ocupa de la naturaleza sino que es por sí misma una parte de ella: «(...) *experience is* of *as well as* in *nature* (...).[11] Su más famoso alumno es el filósofo analítico Willard Van Orman Quine, quien desde su crítica al programa de los fundamentos empíricos siempre ha defendido que las ideas del hombre sobre la naturaleza forman también parte de este mundo y en consecuencia pueden y deben ser estudiadas con el mismo método. «*I hold that knowledge, mind and meaning are part of the same world that they have to do with, and that they are to be studied in the same empirical spirit that animates natural science*».[12] En consecuencia, por principio, sólo puede haber *una* teoría global de la naturaleza dentro de la cual se ha de colocar el conocimiento del mundo como parte del mismo. Por lo tanto, cuando se propone una teoría que describe el origen, desarrollo y mantenimiento de los sistemas neuronales que hacen posible la ideación y en cuyo marco el pensamiento adquiere un estatus dentro del mundo, no se están sobrepasando indebidamente las competencias de las ciencias naturales.

En esta situación un planteamiento teorético-sistémico como el de la sinergética proporciona buenos fundamentos para una *interpretación naturalista del mundo* en la que se eviten el materialismo eliminativo y el reduccionismo radical

---

[10] G. Puente Ojea, *Elogio del ateísmo. Los espejos de una ilusión*, Madrid 1995, pág. 14.

[11] J. B. Dewey, *Experience and Nature*, Dover, Nueva York, 1958, pág. 49.

[12] W. Van Orman Quine, «Epistemology Naturalized», en *Ontological relativity and Other Essays*, Columbia UP, Nueva York, 1969, págs. 69-90.

ya que esta teoría explica precisamente cómo aparecen nuevas y *emergentes cualidades* en fases avanzadas del desarrollo de la complejidad. Una teoría así garantiza la *unidad ontológica de la naturaleza* sin tener que renunciar al *pluralismo* de las cualidades en los distintos planos de la realidad. Se mantienen la multiplicidad y diversidad de las jerarquías de los sistemas complejos, pero son explicadas según unas leyes dinámicas.

Los críticos de la postura naturalista siempre han objetado que al menos las funciones más elevadas del espíritu humano, como es la *razón*, no pueden interpretarse como funciones históricamente adquiridas por el cerebro. Sin embargo, los científicos responden a su manera, es decir, mediante la elaboración de un modelo matemático explícito. Así O. Lumsden y E. Wilson publicaron un ensayo sobre la *historia natural del pensamiento* en el que las facultades espirituales del hombre eran entendidas como resultado de una *co-evolución* biológico-cultural. En todo momento se insiste en la base biológica portadora de la intelectualidad, sin embargo, el propio plano autónomo de lo cultural participa en el proceso evolutivo. En mi opinión esto apunta hacia una significativa convergencia de los modelos biológico y cultural.[13]

Filósofos de orientación vitalista, como por ejemplo Ortega y Gasset, anticipándose a este modelo científico-natural de la razón, llamaron ya la atención sobre la dependencia que muestra la razón hacia los sistemas biológicos que son sus portadores. Ortega caracteriza la razón como forma y función de la vida y la cultura como instrumento biológico. Esta convicción apunta plenamente hacia la sociobiología.

> El tema de nuestro tiempo consiste en someter la razón a la vitalidad, localizarla dentro de lo biológico, supeditarla a lo espontáneo (...) La razón es sólo una forma y función de la vida. La cultura es un instrumento biológico y nada más.[14]

En lo que atañe al modelo de Lumsden y Wilson, tenemos pues, por una parte, asegurada plenamente la *autonomía* de las *leyes vigentes* en el plano socio-cultural sin, por otra, renunciar al anclaje biológico del espíritu humano.

También hay que reconocer una notable confluencia de las formas científico-naturales y socio-teóricas de construir modelos en el hecho de que tanto los análisis filosóficos como los sociológicos de la dinámica de los sistemas sociales apunten en la misma dirección. Esto lo conocemos ya a la luz de los ejemplos químicos y físicos. La conducta humana y el desarrollo social participan

---

[13] O. Lumsden y E. O. Wilson, *Das Feuer des Prometheus*, Piper, Múnich, 1983.
[14] J. Ortega y Gasset, «Prólogo: Ideas para una Historia de la Filosofía», en E. Bréhier, *Historia de la Filosofía*, Buenos Aires, 1944, pág. 56.

también en un desarrollo dual: etapas largas, continuadas, deterministas, se alternan con rupturas revolucionarias, estocásticas. Precisamente el *momento aleatorio* impide hacer auténticos pronósticos en la historia y en la sociedad, como ha insistido repetidas veces Karl Popper.[15] Cuando un sistema social atraviesa una fase transitoria, por ejemplo en forma de revolución, no se puede prognosticar el resultado.

La decisiva intersección entre los puntos de vista científico-natural y socio-teorético es el *orden espontáneo* en la sociedad humana. Lo esencial es saber que el orden social no es producto de una *planificación racional* ni la consciente e intencionada creación de un espíritu inmaterial. Las actividades culturales y las instituciones sociales surgen *por sí mismas* como resultado de las interacciones de muchos individuos cuando se dan determinadas condiciones límite.

El *racionalismo constructivo*, que considera el orden social como resultado de una inteligencia que actúa teleológicamente, se queda demasiado corto porque en el establecimiento espontáneo de este orden se unifican los *conocimientos con que participan* todos los hombres en la instauración de la estructura de tal forma que nunca podría ser el resultado de la construcción planificada de *una sola* persona. Puede reconocerse aquí perfectamente el paralelismo como en el proceso autoorganizativo en el láser. No hay ninguna instancia superior que diga a cada electrón cuál es el tipo de oscilación que debe adoptar. El tipo de oscilación se establece por sí mismo y origina el orden espontáneo de la luz monocromática del láser. Probablemente la permanente desconfianza en la instauración de un orden no planeado se remonta a la *tradición platónica* según la cual la idea suprema o una razón sobrenatural daría lugar al orden en el mundo. El hecho de que estructuras complejas como la *vida*, la *conciencia*, el *espíritu*, el *conocimiento*, y también las *normas* morales, la *religión* y el *lenguaje* puedan surgir del mismo modo natural es un resultado de la ciencia *posmoderna*, es decir, de una ciencia *posterior* a la ciencia moderna de la teoría de la relatividad y de la mecánica cuántica. Precisamente el origen y la diferenciación del lenguaje humano pueden entenderse muy verosímilmente según el anterior modelo de morfogénesis. De acuerdo con él el lenguaje no sería nunca resultado de una planificación consciente de un individuo o de un grupo humano sino que simplemente surgiría. Su diferenciación y sus cambios podrían entenderse como amplificación (potenciación) de una oscilación local, por ejemplo de una *señal animal* portadora de información. El uso diario del lenguaje por innumerables individuos a lo largo de milenios fortalece la capacidad lingüística y la práctica de la intercomunicación.

---

[15] K. R. Popper, *Das Elend des Historizismus*, quinta edición, Mohr, Tubinga, 1979, págs. 83 y ss.

En el campo de la economía, ya en 1964 *Friedrich von Hayek*[16] demostró que el mercado libre representa también un orden espontáneo surgido como consecuencia de las actuaciones no locales (descentralizadas) de muchos individuos. El mercado contiene mucha más información que un individuo pudiera abarcar jamás.

> Realmente resulta sorprendente la poca admiración que ha suscitado el hecho de que el hombre haya aprendido a instaurar un orden en sus actividades del que depende el mantenimiento de una gran parte de la humanidad actual pero que sobrepasa en mucho los conocimientos de cualquier persona o la capacidad de cualquier cerebro individual.[17]

La *economía libre de mercado* resulta ser así un orden complejo de surgimiento espontáneo que ciertamente se refiere a actuaciones *direccionales* de los elementos de este orden, pero que en sí mismo es *no-direccional* y en consecuencia no puede ser alterado de acuerdo con ningún plan. El mercado aúna las actuaciones y objetivos de las personas individuales formando *un todo ordenado*. Ahora bien, todo el sistema se desarrolla en una dirección que nadie puede prever porque el conocimiento que se encuentra distribuido por el sistema y que mantiene el orden sobrepasa mucho la capacidad de un individuo. Como consecuencia natural de todo ello, si un individuo, a pesar de estas características internas del sistema, intenta dirigir *planificadamente* el orden social, por fuerza tiene que reducirse drásticamente la complejidad del sistema ya que esa persona concreta sólo puede contribuir a tal planificación con unos conocimientos muy escasos.

Christian von Weizsäcker[18] ha insistido en el hecho de que precisamente el *elevado grado de caos es lo que proporciona al mercado libre su gran eficacia*. En el *proceso capitalista de la economía* el conjunto de actividades individuales incoordinadas, aleatorias, da lugar a estructuras e instituciones económicas concretas. Ningún cerebro individual dirige todas las decisiones sobre qué es lo que hay que producir y cómo han de ser distribuidos los productos. Los complejos y diferenciados procesos económicos tienen lugar en una *anarquía* casi *completa*.

No cabe duda de que el esquema autoorganizador de explicación trae consigo una eficacia ilustrativa enorme. Si una teoría semejante puede hacer que se desvanezcan viejas ilusiones metafísicas y que el hombre se vea relegado al lugar que le corresponde en la naturaleza, todo ello no deja de ser un resultado antro-

---

[16] F. A. von Hayek, «The Theory of Complex Phenomena», en M. Bunge (ed), *The Critical Aproach to Science and Philosophy*, The free Press of Glencoe, Nueva York, 1964.

[17] F. A. von Hayek, «Sitte, Ordnung und Nahrung», en Giessener Universitätsblätter 1,1 (1983), págs. 23-29.

[18] C. C. von Weizsäcker, «Ordnung und Chaos in der Wirtschaft», en W. Gerok (ed.), *Ordnung und Chaos in der unbelebten und belebten Natur*, Hirzel, 1989, págs. 43-58.[3] W. v. O. Quine, *La relatividad ontológica y otros ensayos,* Tecnos, Madrid, 1969, pág. 109.

pológico perfectamente respetable de esa misma ciencia. La infantil creencia de estar ocupando un lugar central privilegiado se va transformando paso a paso en una convicción propia de la edad adulta en la que cada parte del mundo ocupa su lugar natural. Si las nuevas teorías de la autoorganización lo consiguieran habrían logrado mucho.

ACABÓSE DE IMPRIMIR
EL 20 DE ABRIL DE 2005
EN GUADA IMPRESORES